RECUEIL

DES DOCUMENTS

UTILES A CONSULTER

DANS LA CRISE ACTUELLE.

Paris. — Imprimerie de L. MARTINET, rue Mignon, 2.

RECUEIL
DES DOCUMENTS

POUR LA PLUPART

SECRETS ET INÉDITS

ET

D'AUTRES PIÈCES HISTORIQUES

UTILES A CONSULTER

DANS LA CRISE ACTUELLE

(Juillet 1853).

TESTIS TEMPORUM, LUX VERITATIS.

PARIS

PAGNERRE, LIBRAIRE-ÉDITEUR,

RUE DE SEINE, 18.

1853.

AVANT-PROPOS.

On ne saurait saisir l'origine de la crise qui en ce moment ébranle le monde, si l'on se bornait à n'en chercher la cause que dans le temps actuel, — dans les événements fortuits, — dans l'ambition d'un empereur, — dans la question orientale.

Le mal vient de plus loin. Pour en connaître la cause réelle, il faut remonter trois siècles en arrière, et abjurer, sous plusieurs rapports, la foi politique qui prévaut dans les conseils des puissances européennes.

Car, en effet, quel est l'ennemi qui provoque en ce moment une indignation si universelle et si unanime? C'est le gouvernement qui passe pour le protecteur de l'ordre et de la sécurité du monde, mais qui, au fond, depuis qu'il existe, n'a cessé de semer des germes de troubles et de révolutions. — C'est le gouvernement qui, lié par des traités avec tous les cabinets, réussissant toujours à se mettre à la tête de la diplomatie européenne, sait et peut préparer des piéges, dans tous ses pactes, par son astuce systématique, qu'il fait jouer en temps et lieu. — C'est l'empire qui se proclamait naguère défenseur de l'indépendance des nations, — tandis qu'il n'a marché, n'a grandi qu'en engloutissant cités, républiques, royaumes, qui se trouvaient sous sa main, pour menacer avec d'autant plus d'effet tous les autres États dont il s'approche en grandissant. — C'est une église chrétienne, mais c'est de son sein qu'éclate l'orage actuel, c'est de son chef que le vicaire du Christ dénonçait au monde, il y a quelques années, la fraude héréditaire, *avitam fraudem.*

L'Europe le sait. Elle se rappelle Rome ancienne. Elle tient deux millions d'hommes l'arme au bras.

Rome, cette cité victorieuse de l'ancien monde, éveillait, elle aussi, la malédiction des nations qu'elle subjuguait. Mais Rome, en poursuivant sa marche providentielle, portait dans les régions de ses conquêtes tous les bienfaits de la civilisation, — et dans ses beaux jours elle possédait un trésor de vertus sublimes qu'elle laissa en héritage à l'humanité.

La Russie, surgissant du sein de la barbarie, s'armant de tout le matériel d'une civilisation empruntée, pour en étouffer partout le principe divin, ne laisse au pays conquis que l'abrutissement organisé dans la société, et l'abaissement dans l'individu.

Une monarchie universelle n'est pas dans les destinées des nations. La barbarie en a fait justice dans son temps. La civilisation fera-t-elle son devoir dans les temps modernes !

On conserve dans le musée de Londres l'avis prophétique d'un des rois de Pologne. « Gardez-vous, écrivait Sigismond-Auguste à la reine Élisabeth, de laisser vos marchands fortifier le Moscovite de vos canons, de votre poudre, de votre industrie ; ne croyez pas qu'il ne soit l'ennemi que de moi seul ; il l'est de la chrétienté. »

Les flottes de la France et de la Grande-Bretagne attendent, à l'entrée des Dardanelles, le signal d'une lutte. La Russie marche sans en tenir compte; elle n'a pas peur des revers. Elle en a déjà éprouvé de terribles, et en est sortie avec d'autant plus d'éclat. *Mersus profundo clarior evenit.*

Ce qu'elle craint : c'est une suite et un système dans les attaques, — c'est le choix des moyens, — c'est une rétribution éclatante à lui infliger après la défaite, — un DEUS TERMINUS à son ambition.

Pendant que l'opinion publique se préoccupe de l'immense crise qui vient de surgir, nous croyons servir la bonne cause en publiant, dans les pages qui suivent, des documents qui offrent des avertissements salutaires et une étonnante analogie historique avec la situation actuelle; documents que nous tirons de l'oubli ou qu'une chance heureuse a mis entre nos mains.

LETTRE

D'HÉLÈNE,

FEMME D'ALEXANDRE JAGELLON, ROI DE POLOGNE,

ÉCRITE A SON PÈRE IVAN WASILEWICZ,

GRAND-DUC DE MOSCOVIE,

ET DATÉE DE WILNA EN 1502.

La reine se plaint de ce que les traités et les serments ne garantissent pas la Pologne contre les incursions et les envahissements de la Russie. — Son mariage même est considéré en Pologne comme précurseur de projets sinistres. On lui laisse toute liberté dans la profession de sa religion schismatique.

Alexandre, roi de Pologne, grand-duc de Lithuanie, mon époux et seigneur, a envoyé ses ambassadeurs à Votre Sérénité pour se plaindre des tribulations que ses domaines, ainsi que ses nombreuses villes et campagnes, ont à souffrir de vos sujets. Par la permission de Dieu et l'audace des méchants, beaucoup de sang a été versé déjà et est versé encore, des femmes et des enfants sont emmenés en esclavage, la sainte foi dépérit et les églises deviennent désertes, *et tout cela de par vos traités, serments et alliances, monarques chrétiens!* Rappelle-toi, seigneur et père, que je suis ta servante et ta fille, et que tu m'as donnée en mariage à un roi qui est ton frère et ton égal. Tu sais, seigneur et père, ce que je lui ai apporté en dot, et malgré cela, il m'a prise de bonne grâce de chez toi, il m'a tenue durant toutes ces années en abondance, respect et amour ; il m'accorde *la liberté de professer ma religion selon le rite grec, d'avoir à ma cour des popes, des diaks et des chantres,* de fréquenter les églises de ma communion, de suivre enfin notre liturgie aussi bien en Lithuanie qu'en Pologne, à Cracovie comme dans toutes les autres villes polonaises, et en cela comme en chaque autre chose, je ne puis découvrir qu'il ait contrevenu aux traités. Le seigneur mon roi, sa mère, et tous ici, croyaient que je leur amenais de Moscou des biens de toute sorte ; la paix, l'affection, l'alliance, des secours contre les païens, mais on s'aperçoit aujourd'hui, seigneur et père, que mon unique cortége a été le meurtre, la rapine, la violence, l'effusion du sang chrétien, les femmes devenues veuves, les enfants devenus orphelins, l'esclavage, la violence, les pleurs, les gémissements. Est-ce là ton amour pour moi, seigneur et père ? Moi, ta servante et ta fille, j'aurais préféré mourir dans ton pays, à tes pieds, que d'entendre dire ici : il n'a envoyé sa fille en Lithuanie que *pour mieux sonder et asservir cette contrée !*..... Rentre en toi, seigneur et père, cesse de nourrir un injuste courroux contre ton frère et gendre, reviens à l'ancien amour et à la fraternité que tu lui a jurés par des traités..... afin que les païens et les traîtres, dont les pères ont jadis trahi tes aïeux, comme les fils nous trahissent en ce moment, n'aient plus de sujet de joie. Ce sont eux qui ont tout brouillé parmi vous, témoin ce Semen Bielski (1), second Judas, qui, lors de son séjour en Lithuanie, a attiré son frère Théodore dans le parti de l'étranger. Considère seulement, seigneur, s'il est permis de se fier à ces nouveaux Caïns, qui ont massacré leurs propres frères et qui se sont plongés dans le sang jusqu'au cou. Vous apprendrez, seigneur et père, par les ambassadeurs qui vous sont envoyés, que le roi de Pologne, grand-duc de Lithuanie, n'a en rien enfreint les traités...... Rendez-lui donc votre ancien amour comme à un frère et à un gendre, et que mes larmes amères se changent en joie!.

(1) « Ivan violait *à la vérité* les clauses du traité de paix en » recevant l'hommage des princes lithuaniens, mais il y voyait » *une excuse assez valable dans la nécessité de protéger ses frères* » *en religion.* » C'est le grand historien de la Russie, Karamzin, qui fait cet aveu naïf, sans s'embarrasser de fournir la moindre preuve des persécutions exercées contre le traître Bielski.

DÉPÊCHE RÉSERVÉE

DU GÉNÉRAL POZZO DI BORGO,

EN DATE DE PARIS DU $\frac{4}{16}$ OCTOBRE 1825.

N° 85.

Requis par le cabinet impérial de Saint-Pétersbourg, d'émettre son opinion sur l'union qui semble s'être formée entre les puissances européennes et le projet de l'empereur, de mettre terme aux tergiversations de la diplomatie, le général Pozzo di Borgo trace un tableau de la disposition des principales cours, et il en déduit « l'obli-» gation de nous montrer inexorables, et de soutenir par la force » les droits que la force prétendrait nous contester..... Nous de-» vons nous résoudre à leur rendre tout le mal qu'ils voudraient » nous faire, sans craindre les vicissitudes que la guerre peut » amener. » Cette résolution prise, il faut mettre à profit les Serviens et les Grecs, par des agents non avoués, pénétrer jusqu'à la capitale, agir avec promptitude.

Votre Excellence m'annonce, dans une de ses dépêches réservées en date du $\frac{6}{18}$ août, que le cabinet impérial, convaincu par expérience de l'inutilité des efforts afin d'amener les alliés à contribuer efficacement à la pacification de l'Orient, s'est décidé à *rompre des négociations qui ne peuvent désormais avoir d'autre résultat qu'une controverse interminable.*

Cette détermination étant adoptée, il a plu à Sa Majesté de prescrire à ses représentants auprès des cours d'Autriche, de France, d'Angleterre et de Prusse, de prendre une attitude réservée, guidée par les instructions qui s'y rapportent.

L'empereur veut également que dans une dépêche secrète et confidentielle il lui soit fait part de mes opinions sur la nature de l'union, qui semble s'être formée entre les autres puissances, pour paralyser les vues bienfaisantes de Sa Majesté Impériale relativement à la pacification de l'Orient, sur le degré de force que pourrait acquérir l'opposition qu'elle nous fait éprouver; sur la part que pourrait y avoir l'Angleterre, sur les meilleurs moyens de déconcerter ce système; enfin si les appréhensions énoncées dans la dépêche venaient à se réaliser, sur les mesures les plus propres à assurer les droits, les intérêts et la dignité de la Russie, sans compromettre la paix générale.

Je regarderais, monsieur le comte, la tâche qui m'est imposée comme la faveur la plus insigne, si la difficulté de la remplir ne m'inspirait plus qu'une juste méfiance de moi-même et ne me glaçait en quelque sorte de terreur.

La question sur laquelle Votre Excellence m'appelle à manifester une opinion embrasse la dignité et les intérêts les plus précieux de l'empire. La manière dont elle sera résolue aura également une grande influence sur le monde en général. Les complications dont le temps, les événements et la fausse politique de nos alliés l'ont pour ainsi dire enveloppée, augmentent les périls, et ce n'est que par obéissance que j'ose à peine m'en approcher.

Il est cependant une considération qui doit faire renoncer aux hésitations, celle de la nécessité. Ni nous ne pouvons rester plus longtemps dans la situation où nous sommes, ni ceux, qui, depuis quatre ans, nous ont entourés de leurs piéges et qui ont compté sur le succès de leurs calculs erronés ne sauraient prétendre de nous y maintenir. L'honneur et l'intérêt bien entendu commandent d'en sortir; il s'agit seulement d'examiner et de choisir avec prudence les moyens qui peuvent nous présenter l'issue la plus convenable et la moins périlleuse pour nous et pour la tranquillité générale.

Cette dernière condition ne saurait cependant être de rigueur; dans le cas contraire, tout raisonnement et toute mesure deviendraient impraticables. Il existe dans le mode de traiter la question deux parties distinctes : les résolutions que le cabinet impérial jugera d'adopter, et la manière dont ces résolutions seront envisagées par les alliés ou par quelques-uns d'entre eux. Les premières dépendent de notre sagesse, la seconde de celle d'autrui. Dans cette situation, notre devoir est de ne rien faire qui donne de justes motifs de plainte ou de résistance; mais si, après n'avoir consulté que ce qui est conforme à la dignité de l'empire, à la justice et à l'équité en général; si, après avoir observé, même avec scrupule, toutes les règles de la bonne foi, et avoir réclamé la confiance à laquelle nous avons droit de nous attendre, l'injustice ou la jalousie étrangère aspiraient à des exigences inadmissibles, alors tout nous impose l'obligation de nous montrer ienxorables et de *soutenir par la force les droits que la force prétendrait nous contester.*

Votre Excellence me permettra d'ajouter que rien, selon moi, n'a plus contribué à enhardir nos alliés dans la conduite proditoire et dans le faux système politique qu'ils ont suivis par rapport aux affaires d'Orient, que la certitude où ils ont été que la guerre ou les moyens coercitifs de la part de la Russie envers la Porte ne devaient dans aucun cas être envisagés comme possibles. Forts de cette conviction, et loin de voir dans la générosité de l'empereur une raison de plus d'entrer dans les vues bienfaisantes de Sa Majesté, ils s'en sont prévalus au contraire pour faire triompher les leurs, c'est-à-dire pour procurer aux Turcs le temps et les moyens de rester les maîtres de la question et de la fixer non selon les traités et les convenances réciproques résultant des événements, mais selon les intérêts et les prétentions exclusives de la Porte.

Cette observation ne tend pas à conseiller une rupture sans ménagement et sans prendre toutes les précautions que la prudence indiquera afin de l'éviter, mais à nous familiariser avec l'idée que nous sommes prêts à tout entreprendre, et j'ajouterai à tout risquer, s'il est absolument nécessaire, pour soutenir ce que nous aurons regardé d'une manière définitive, comme indispensable au maintien de nos droits, de notre dignité et de cette considération que nos alliés se montrent depuis quelque temps disposés à méconnaître.

Le reproche de troubler l'alliance ou de l'exposer à des altérations graves ne saurait nous atteindre. L'univers est convaincu, et les alliés le sont tous sans exception, que l'empereur est loin de vouloir abuser de ses forces ou de mettre à l'épreuve celles des autres. Si donc Sa Majesté se décidait à prendre quelque mesure qui nous rapprochât davantage de la solution de la question qui nous occupe, loin de s'en alarmer, les autres cabinets, s'ils sont sages, s'en prévaudront envers la Porte comme d'un argument propre à la décider à entrer dans les vues qu'ils ont eux-mêmes regardées comme les plus désirables et qu'ils lui ont présentées sous d'autres formes. Telle est la marche que doit leur dicter la politique unie à la reconnaissance ; mais dans le cas où, malgré les dispositions bien connues de notre auguste maître, les autres souverains, ou quelqu'un d'entre eux, prendraient

les armes contre nous, moins parce que nous aurions violé la paix que parce que notre cabinet se
serait décidé à mettre un terme à leur tergiversation et à sa propre longanimité, alors nous devons
nous résoudre à nous défendre à outrance et à leur
rendre le mal qu'ils voudraient nous faire, sans
craindre, plus qu'ils ne craindraient eux-mêmes,
les vicissitudes que la guerre ou la fortune peuvent
amener.

Le but de l'alliance est spécifié dans l'acte même
de sa formation et dans les autres qui ont succédé.
Les affaires d'Orient dans l'état des choses, à cette
époque, n'y sont nullement comprises. A la rigueur,
Sa Majesté l'empereur était en droit de maintenir
ce principe exclusif, même à l'égard des troubles
qui ont éclaté en Grèce, et elle pouvait y intervenir sans la participation de personne. Sa génércsité en décida autrement. Loin d'apprécier une
politique tout européenne et toute désintéressée,
les autres cours en ont fait une arme contre celle
de Russie. Cette conduite nous replace dans notre
position primitive, et nous rentrons dans nos droits
avec une entière liberté de nous régler selon notre
propre jugement, et sans d'autres barrières que
celles qui nous sont indiquées par notre propre
prudence.

Pour ce qui concerne les principes généraux de
l'union européenne, il est notoire que le cabinet

impérial en a été le plus ferme soutien. Tous les
États du continent en ont ressenti les effets, et
c'est à l'ombre de la paix que nous avons maintenue et protégée, que l'Angleterre s'est délivrée de
ses embarras intérieurs et a saisi le temps et l'occasion d'exploiter l'industrie de l'univers. La prospérité publique et la sûreté générale, loin d'avoir
confirmé les puissances dans l'observance du principe qui en était l'origine, les a toutes portées,
plus ou moins, à le méconnaître. La Grande-Bretagne s'est séparée de l'alliance, dès qu'elle a cru
en avoir retiré tous les profits. L'Autriche l'a in-
voquée lorsqu'il s'agissait de préserver l'Italie de
l'action révolutionnaire, en a abusé ensuite, et l'a
fait servir à ses fins prétendues, dans les affaires
d'Orient; elle l'a désertée entièrement dans celle
du Portugal et du Brésil. La France, de son côté,
ou M. de Villèle qui la gouverne, semble en être
fatigué et presque honteux. Il n'a d'autre soin qui
l'occupe davantage que celui de persuader tout le
monde qu'il agit sans égard pour le système général, et qu'il n'en reconnaît d'autre que celui qu'il
croit convenir aux exigences du jour, réclamées
par sa position personnelle ou par les doctrines li-
bérales auxquelles il le sacrifie sur ce point. La
reconnaissance de Haïti, proclamée huit mois après
qu'il avait donné les promesses les plus solennelles
du contraire; le secret dans lequel elle s'était opérée, les circonstances scandaleuses qui l'ont ac-
compagnée, le parti que les libéraux de France et

de tous les pays en ont tiré, les conséquences qui ne peuvent manquer d'en être la suite, loin d'arrêter ce ministre dans la carrière qu'il a entreprise, ne feront que l'y précipiter. Déjà il se prépare à la reconnaissance des gouvernements qui se sont formés de la dissolution de la puissance espagnole en Amérique, et s'il hésite, ce n'est pas par respect pour le principe ou pour l'alliance, mais uniquement parce que, plus que l'Angleterre, la France a besoin du consentement ou de la tolérance de l'Espagne, attendu la situation politique et morale de ce pays, et l'influence qu'exercent ici les événements qui le concernent.

Toutes ces observations préliminaires, monsieur le comte, n'ont nullement pour but d'accumuler les reproches sur nos alliés ou d'exciter des irritations. Elles tendent uniquement à définir et à montrer la position générale telle qu'elle est au moment où nous nous consultons, pour prendre la résolution la plus grave à laquelle nous ayons été appelés depuis la paix et le nouvel ordre de choses qu'elle a établi.

La nature de la question, la rapidité des événements et l'attitude que nous avons prise envers l'Europe, ne nous permettent plus de différer longtemps à nous prononcer sur le parti que nous jugerons d'adopter. L'empereur a décidé dans sa sagesse de mettre un terme à des négociations qui ne peu-

vent avoir de résultat qu'une controverse interminable. Sa Majesté a ordonné ensuite à son Cabinet
et à ses représentants d'observer le silence et la
réserve la plus complète. Si notre maintien ne devient pas imposant, il produira l'effet contraire et
nous ne saurions atteindre le but que nous nous
sommes proposé en le prenant, que par des démarches réelles qui annoncent ce que nous voulons et
de quelle manière nous sommes décidés à les soutenir. Je laisse à la pénétration du ministère impérial à considérer quel serait l'effet de notre inaction
sur nos alliés et sur le monde en général dans la
position où nous avons jugé de nous placer.

Il est une circonstance toute singulière qui ne
peut manquer de réveiller notre attention. Lorsque
les troubles de la Turquie ont éclaté, l'Europe
ainsi que les parties belligérantes avaient les yeux
tournés vers la Russie, quoique avec des sentiments
différents. C'était une disposition naturelle, parce
que la Russie était la puissance la plus intéressée à
s'occuper de ces mouvements. Après quatre ans de
combats, d'intrigues, et de mille autres incidents
inséparables d'une affaire qui n'exclut aucun intérêt
et qui ne laisse en repos aucun sentiment, c'est de
la Russie seule, dont ni l'Europe, ni les Turcs, ni les
Grecs, ne croient devoir faire mention. L'Angleterre
fournit des secours par l'intermédiaire de ses libéraux et crée des influences par ses escadres et son
gouvernement des îles Ioniennes. Les Grecs, ou

quelques uns de leurs chefs, implorent sa protection
et sont prêts à se livrer à sa discrétion. Que cette
offre soit acceptée ou non, c'est déjà très remarquable
qu'elle ait pu exister.

La France envoie des officiers instructeurs en
Égypte pour discipliner les Arabes destinés à soumettre les Grecs et tolère que des comités se forment
à Paris afin de diriger et de soutenir les Hellènes.

L'Autriche s'associe à l'intervention pacifique
dans les conférences de Saint-Pétersbourg, et com-
bine en même temps le plan de campagne avec les
Turcs. Elle envoie des agents qui s'entendent avec
Ibrahim-Pacha, ordonne à sa marine de se montrer
favorable aux musulmans et paralyse l'action collective des alliés, dans l'espoir de voir la question
décidée par l'action exclusive de la Porte.

Au milieu de ce drame, c'est la Russie seule qui
n'a ni rôle ni place. Elle est censée hors de toutes les
combinaisons, ou, pour mieux dire, toutes les combinaisons s'accordent à la tenir dans cet état. La
dépêche de Votre Excellence annonce que l'empereur est justement décidé d'en sortir, et que c'est
sur le mode le plus conforme aux vues de Sa Majesté
qu'il s'agit d'établir nos recherches et d'exercer
notre raisonnement.

Si le cabinet de Russie ne devait consulter que

ses forces, et je me permettrai d'ajouter, ses intérêts particuliers, sans égard pour aucune autre considération, une guerre ouverte contre les Turcs serait le parti le plus décisif et peut-être le plus sûr;
mais il existe, d'autre côté, de grands avantages
dans une marche plus mesurée, quoique ferme,
soit parce qu'en offrant à nos alliés la faculté de s'y
associer et de réparer leurs torts, un refus de leur
part les rendra plus odieux, soit parce qu'il est
sage de ne pas renoncer au caractère de modéra-
teur de l'Europe sans y être autorisé par des motifs dont la justice ne saurait être contestée par
personne.

En prenant ce principe pour guide, mon opinion
serait de nous tenir, pour le moment et quant au
fond, au système proposé par nous et accepté par
les alliés, pour ce qui regarde la pacification de
l'Orient, en adoptant, de notre propre mouvement,
pour forcer les Turcs à y adhérer, les mesures
auxquelles nous n'aurions voulu avoir recours que
du consentement préalable de nos alliés.

La conférence de Saint-Pétersbourg a convenu
qu'il était juste et prudent de proposer aux Turcs
l'intervention collective. Le cabinet impérial a sug-
géré, en outre, d'aviser aux moyens coercitifs en
cas que la Porte refuse de se prêter à nos insinuations amicales. Les alliés ont décliné cette ouverture, et le Divan a rejeté, en attendant, leurs conseils et leurs demandes et les nôtres.

Il aurait appartenu aux souverains, qui ont, en grande partie, pris sur eux la responsabilité de la conduite des Turcs envers nous, de rentrer dans nos vues dès que la Porte ne s'était pas prêtée aux leurs; mais ils ont trouvé plus commode de rester tranquilles. Dans cette situation, nous sommes en droit d'aviser par nous-mêmes aux moyens d'exécuter un plan déjà accepté par tous, et d'employer les mêmes moyens coercitifs que nous avons déclarés indispensables, en cas que la Porte refuse d'accepter ceux qui lui étaient proposés.

Dans l'état naturel de la question, l'empereur désirait de n'agir que comme membre de l'alliance, et d'après un plan arrêté d'un commun accord. Maintenant que cette hypothèse, qui aurait tant convenu à tout le monde, n'a pu se vérifier par l'opposition de nos alliés, Sa Majesté s'y décidera d'elle-même, quoique toujours dans le même but, c'est-à-dire dans celui de mettre à exécution, si les autres veulent bien y contribuer, le plan de pacification qu'ils ont reconnu désirable, et qui n'est pas encore mis en pratique, parce qu'ils se sont refusés à y recourir.

Si les alliés avaient conservé l'union pour laquelle nous avons fait tant de sacrifices, et dans le cas où ils auraient consenti à l'emploi des moyens coercitifs, l'empereur aurait fait occuper par ses troupes les provinces turques jusqu'au Danube, en justifiant cette démarche par les motifs qui l'auraient provoquée, et par le but qui la rendait nécessaire à la tranquillité de l'Europe et à la conservation de l'Empire ottoman lui-même. Ce qui n'a pas été fait du consentement préalable des autres, mon opinion serait de le faire de notre propre mouvement, sans changer ni de projet ni de langage, et en laissant la porte ouverte à cette action collective et à cette intervention rendue illusoire jusqu'à présent par la duplicité de nos coopérateurs, et qui ne manquerait pas de devenir décisive s'ils voulaient l'employer avec toute l'énergie que lui donneraient la générosité des principes de l'empereur et la position forte où Sa Majesté se trouverait placée.

En occupant les deux principautés, le cabinet impérial pourrait déclarer :

Que des personnes étrangères à ces provinces en ayant troublé la tranquillité, il y a quatre ans, la cour de Russie consentit à ce que la Porte envoyât des forces afin d'y rétablir l'ordre.

Que plusieurs combats s'étant donnés, les troupes russes sur la frontière observèrent la plus stricte neutralité.

Qu'à la suite de ces dispositions et de ces événements, l'insurrection fut comprimée et les provinces délivrées des troubles qui venaient de les agiter.

Que les causes accidentelles de désordre ayant disparu, la Valachie et la Moldavie retournèrent de droit dans leur état habituel, et dans la jouissance de l'administration et des priviléges qui leur sont assurés par les traités, et dont la Russie a garanti l'exécution.

Que les habitants des deux provinces étaient d'autant plus autorisés à demander l'exécution des traités sus-mentionnés, et la Russie à les protéger dans leurs réclamations, qu'aucun d'entre eux n'avait pris part, ni directement ni indirectement, aux troubles qui étaient survenus.

Que loin de déférer à de si justes représentations, la Porte s'obstina à y maintenir un corps de troupes, et à soumettre le pays à des exactions ruineuses et des exécutions sanguinaires.

Que l'empereur était en droit de faire cesser, par la force des armes, une violation aussi manifeste des engagements les plus sacrés, mais qu'ayant pris en considération les circonstances générales dans lesquelles plusieurs États de l'Europe se trouvaient alors, Sa Majesté se décida à tolérer une conduite qu'il aurait pu faire cesser à l'instant.

Que, pour faciliter le retour à un ordre de choses

qu'elle aurait pu admettre, la cour de Russie confia ses intérêts et la négociation tout entière, au zèle et à l'impartialité des souverains ses alliés.

Que leurs représentants à Constantinople insistèrent auprès du Divan pour que les traités entre les deux empires fussent rétablis, et qu'ils obtinrent après des longueurs et des tergiversations presque interminables, la promesse qu'ils le seraient en effet.

Que, malgré cette promesse solennelle, la Porte n'a jamais voulu évacuer les principautés, et qu'elle y entretient, dans ce moment même, un corps sous la dénomination de Bach-Beschys-Aga, dont la présence et l'autorité qu'il exerce, est en contravention expresse des traités sus-mentionnés.

Que le cabinet de Russie s'est adressé lui-même directement au Divan, pour lui demander la cessation de cette infraction aux conventions existantes entre les deux empires, et à la promesse faite de les observer, mais que cette démarche, dernière épreuve dont la longanimité de l'empereur a bien voulu faire l'expérience, n'a rencontré que le refus le plus obstiné.

Qu'en conservant ses troupes dans les deux provinces, et en y exerçant une autorité contraire aux traités, la Porte ne saurait mettre en avant le pré-

texte de garantir le pays contre les troubles intérieurs déjà assoupis depuis trois ans. Son but est
donc celui d'en changer l'état politique, et d'effa-
cer les différentes transactions qui l'ont établi et
défini de la manière la plus claire et la plus notoire.

Que, dans cette situation, l'empereur s'est décidé
à soutenir ses droits par ses propres moyens, et à
ne plus permettre qu'ils soient violés impunément,
contre la justice et contre les représentations faites
à ce sujet, tant par ses alliés que par Sa Majesté
elle-même.

On pourrait ajouter qu'immédiatement après les
troubles de la Moldavie et de la Valachie, les mas-
sacres du clergé grec à Constantinople, et l'insurrection de la Morée ayant eu lieu, la cour de Russie s'empressa de signaler à la Porte et à ses alliés
la gravité de ces événements, et les complications
qu'ils devaient faire naître.

Son zèle et sa délicatesse furent méconnus du
Divan, au point de la mettre dans la nécessité d'interrompre les relations diplomatiques ; mais ni les
violences des Turcs, ni les pertes immenses qu'elle
éprouvait dans ses intérêts, ne purent la décider à
mettre un terme aux sacrifices qu'elle fit alors et
qu'elle a continués depuis, au désir de n'occasionner
aucune altération dans la situation des affaires générales.

La conscience de ses droits, la nature de ses rapports avec la Turquie, ceux existants d'après les
conventions, relativement aux Grecs, et les maximes d'une politique générale et désintéressée, por-
tèrent l'empereur à exciter le zèle de ses alliés afin
de mettre un terme, par leur intervention, à la
guerre d'extermination qui désolait les deux peuples. Sa Majesté fit plus. Elle consentit, à leur
prière, à rétablir les relations diplomatiques que la
conduite du Divan avait rendues impraticables, dans
l'espoir que cette condescendance le disposerait à
respecter les traités et à écouter les conseils de la
modération.

Après une infinité de démarches, toujours in-
fructueuses, de la part des représentants des souverains auprès de la Porte, les cours d'Autriche,
de France et de Prusse, réunies à celle de la Russie,
se décidèrent à en faire une, il y a quelques mois,
dans laquelle ils la conjurèrent de leur permettre
d'employer leurs bons offices et l'action tout entière de leur influence, afin d'amener une réconci-
liation compatible avec la sûreté future des deux
parties, et surtout de suspendre, en attendant, les
hostilités féroces qui menacent d'exterminer les
générations, et qui ont excité l'intérêt et l'animadversion du monde entier.

Cette ouverture a été rejetée par le Divan sans
laisser aucun espoir qu'il veuille renoncer à son

obstination, ni à la vue de ses propres périls, ni à cause des droits qu'il attaque et des intérêts qu'il compromet.

Dans cette situation, la cour de Russie convaincue que, ni sa propre longanimité, ni l'intervention de ses alliés, ne sauraient améliorer un état de choses devenu intolérable à tous égards, s'est décidée à faire cesser dans les deux principautés de Valachie et de Moldavie les abus d'autorité que les Turcs y exercent contre les traités ; et comme ni les remontrances des souverains ses alliés, ni les siennes, n'ont pu obtenir le but désiré, elle se trouve dans la nécessité de faire usage des seuls moyens qui lui restent pour l'atteindre, en faisant occuper par ses troupes les provinces sus-mentionnées. En prenant cette détermination, l'empereur n'entend changer nullement l'état de la question politique. Sa Majesté est toujours prête à rétablir ses rapports avec la Porte, tels qu'ils doivent être selon les traités, et elle pense qu'il importe à la tranquillité générale et aux intérêts de tous, de porter le Divan, par les moyens qui sont nécessaires, à adopter un système de conciliation avec la Grèce. Les alliés peuvent donc faire valoir la démarche de la Russie comme un motif de plus de reprendre les négociations et de renouveler les mêmes instances que le Divan a rejetées avec tant d'imprudence dans les dernières communications qui ont eu lieu.

Depuis environ quatre ans les Turcs occupent

la Valachie et la Moldavie en dépit des traités et malgré les exhortations de tous les alliés. L'empereur, qui pourrait regarder cette violence comme un acte d'hostilité, en a supporté la durée, et certes la Porte redoublerait ses torts si elle voyait un motif de guerre dans une mesure devenue nécessaire pour faire cesser un tel désordre, mesure qu'elle a provoquée elle-même par ses refus constants de se rendre à la voix de la justice. La cour de Russie continuera donc, pour ce qui la concerne, à conserver l'état de la paix et les relations diplomatiques avec la Porte, dans la nouvelle situation où elle a dû se placer, et ce ne sera que dans le cas où le Divan voudrait chercher une rupture, que l'empereur aviserait à sa propre défense et à donner à la guerre ce caractère que ses droits et les circonstances rendraient indispensable.

Tel est, monsieur le comte, le sens des explications qu'il me semblerait prudent de communiquer à tous les alliés, sans en excepter l'Angleterre, en les exhortant à les faire apprécier par le Divan, de manière à éviter une rupture définitive et à s'en servir, au contraire, comme moyen de rétablir les négociations.

En supposant l'adoption du plan proposé, il conviendrait également de s'expliquer avec la Porte dans les termes les plus mesurés et de l'assurer que, si elle ne veut pas se précipiter dans une guerre,

l'empereur est prêt, comme Sa Majesté l'a toujours
été, à terminer les différends et à calmer les troubles par la conciliation. Nous devrions également
donner communication de tous ces actes aux États-
Unis d'Amérique, comme une preuve d'égards de
la part du cabinet impérial, et du prix qu'il met à
éclairer son opinion et même à obtenir son suffrage.
Quant à la Suède, on pourrait la mettre à part de
la démarche adoptée, d'une manière confidentielle,
afin de flatter l'amour-propre de celui qui la gouverne, sans négliger néanmoins aucune des précautions défensives en Finlande.

Le projet que je viens de soumettre me semble
n'offrir aucune objection sérieuse, ni par rapport à
son exécution immédiate, ni relativement aux principes. Je conviens cependant que ce travail serait
incomplet s'il ne contenait un examen également
réfléchi sur ses conséquences.

Pour apprécier les obstacles que les autres puissances seraient disposées à nous opposer, il me
paraît indispensable, avant tout, de bien définir
l'attitude que nous prendrons envers elles, parce
que le mal que nous aurons à craindre de leur part
sera toujours en proportion inverse de celui qu'elles
auront à appréhender de la nôtre.

Du côté de la Turquie, il faudrait donc avoir tout
prêt pour pénétrer même jusqu'à la capitale, si

nous étions forcés à prendre cette résolution. La promptitude de l'opération en diminuerait les dangers et déjouerait les combinaisons de nos adversaires.

Il me semblerait également indispensable, dans ce cas, de mettre à profit les Serviens et en général tous les chrétiens qui voudraient se joindre à nous.

Dès que la résolution d'occuper les provinces serait prise, il n'existe plus de raison pour que nous n'établissions pas des rapports avec les Grecs. Tous les souverains de l'alliance en entretiennent déjà, et aucun d'eux ne saurait se plaindre que nous les irritions après quatre années de réserve sans exception.

En soumettant cette opinion, je n'entends pas de suggérer une démarche qui impliquerait la reconnaissance de ce peuple, ou des engagements d'aucun genre. Il suffirait de leur faire sentir par des agents non avoués que leur salut dépend de la résolution prise par Sa Majesté l'empereur, qu'ils doivent se préparer à suivre ses directions selon le cours des événements, et qu'ils peuvent, en attendant, se défendre contre les Turcs par les moyens en leur pouvoir, et avec d'autant plus de succès que l'attitude de la Russie empêchera la Porte de diriger contre eux toutes ses forces.

Notre armée en Géorgie doit également se tenir prête. En cas que nous soyons obligés de faire à la Porte une guerre à outrance, il serait utile d'y associer la Perse, s'il est possible.

Ainsi préparé envers la Turquie, il est indispensable d'être en mesure du côté de l'Autriche. Lorsqu'il s'agit de si grands intérêts, la politique commande premièrement de se confier dans ses propres forces ; c'est la manière la plus sûre de contenir celles des autres et d'obtenir leur amitié, parce qu'elle devient alors le résultat de leurs calculs.

En supposant donc que nos troupes soient avancées jusqu'au Danube, que nous ayons fait connaître aux puissances les motifs et le but de cette démarche, qu'elles voient notre attitude et la résolution prise de la soutenir, examinons ce que nous avons à craindre du reste de l'Europe, et quelle peut être envers nous la conduite des cours de Londres, de Vienne, de Paris et de Berlin, considérées isolément ou réunies dans la crise supposée.

S'il nous était permis de compter sur leur sagesse, les trois cours du continent spécialement devraient s'empresser de déclarer aux Turcs que la tempête qui les menace est l'ouvrage de leur injustice et de leur obstination ; qu'ils n'ont d'autre moyen de salut que celui d'accepter l'intervention, de consentir à un armistice avec les Grecs et à des négociations sous l'influence des puissances, afin de calmer les troubles et d'établir un ordre de choses compatible avec la conservation et la sûreté des uns et des autres. Mais ce n'est pas dans cette supposition uniquement que nous devons raisonner. Elle nous présenterait une marche simple et facile si elle venait à se réaliser. Il est un autre point de vue, moins clair et plus compliqué, que nous devons scruter et approfondir : savoir la disposition contraire qui pourrait se manifester, collectivement ou séparément, de la part des autres souverains.

L'Angleterre était, il y a trois ans, dans l'impossibilité de recommencer une guerre. Sa situation s'est améliorée depuis ; ses embarras ont cessé, et un déluge de richesses, réelles ou factices, a fertilisé son trésor et élevé son orgueil.

L'introduction de M. Canning au ministère et l'influence qu'il y exerce, en qualité de chef populaire, ont affaibli les anciens rapports de la Russie avec le cabinet britannique. La différence des doctrines les a presque anéantis. Sa conduite dans les affaires de Turquie prouve que, ni la confiance la plus complète de notre part, ni les sacrifices les plus évidents, n'ont pu changer ses sentiments ou sa politique envers nous. Elle a été soupçonneuse

et jalouse, ce qui nous annonce qu'elle peut devenir hostile.

Il n'est pas démontré que cette présomption doive
se convertir en réalité ; cependant nous devons
nous préparer à subir ce danger. Sans cette disposition, la surprise serait trop grande, si elle venait
à se vérifier.

Nos idées une fois arrêtées sur ce sujet, nous
pouvons cependant raisonner sur les données contraires qui existent, et qui sont de nature à suspendre les déterminations hostiles du cabinet britannique.

Malgré la prospérité du pays, une guerre en arrêtera toujours plus ou moins l'essor. Les capita-
listes et les manufacturiers anglais ont employé
des fonds immenses, et formé des entreprises ou-
trées en Amérique. La rupture avec nous alarmera,
jusqu'à un certain point, le crédit, augmentera la
baisse des fonds qui se manifeste déjà, et en ren-
dant l'argent ou ce qu'ils appellent *circulating me-
dium*, plus rare et plus cher, fera manquer tous
ceux qui ont spéculé dans la persuasion qu'il serait
abondant et à bon marché, c'est-à-dire à un intérêt
très bas.

Cette guerre pourra nous faire du mal, mais elle
ne leur produira aucune compensation, parce qu'ils

n'ont pas de prise positive sur nous. Excepté le plaisir de nous nuire, ils n'en retireront aucun avantage.

Les hostilités une fois commencées, les Anglais bloqueront nos ports et voudront exercer envers les neutres les prétendus droits maritimes. Les États-Unis d'Amérique ne le souffriront pas, ce qui peut faire naître des discussions amères et des situations dangereuses.

Si le cabinet anglais se déclare pour les Turcs, il nous livre les Grecs contre lesquels il faut qu'il agisse dans cette hypothèse. Les conquêtes qu'il peut faire dans les îles ou ailleurs, augmentent plus ses embarras que sa puissance. Ayant Malte, Corfou, etc., la supériorité maritime, il ne saurait être plus fort qu'il n'est, tandis que nous réuni-rons alors tous les chrétiens de la Turquie euro-péenne à notre cause. Dans le cas, au contraire, qu'il pense à s'agrandir et qu'il aide pour ainsi dire à la dissolution de l'empire Ottoman, il en-trera en quelque sorte dans notre système, et s'il peut dominer la mer sur le théâtre de la guerre, nous aurons la terre à notre disposition.

Il est une autre circonstance qui ne manquera pas d'avoir une grande influence sur les détermi-nations du cabinet britannique, savoir : la possibi-lité de former des alliances continentales contre

nous. S'il se trouvait seul, nul douté qu'il hésite-
rait davantage à nous faire la guerre, ou bien que
ses efforts, tout nuisibles qu'ils puissent nous devenir, ne rempliraient pas le but qu'il se propose.
Cette question sera examinée autant qu'elle peut
l'être par des calculs de simple probabilité, lorsque
nous parlerons des dispositions des autres puissances.

Les observations que je viens de soumettre à
Votre Excellence, à l'égard de ce que nous avons à
attendre de la Grande-Bretagne, dans le cas de la
mise à exécution du plan proposé, doivent nous
faire supposer qu'elle peut se déclarer contre nous,
et qu'il est prudent de notre part de nous préparer à cet événement ; mais que ses hostilités, surtout si elles ne sont pas soutenues par une coopération continentale, n'empêcheront pas les progrès
de nos armées, et ne nous causeront pas un mal
que nous ne saurions supporter : circonstances qui
lui feront désirer un arrangement, lors même que
la rupture aurait lieu.

L'Autriche est, selon moi, l'auteur principal de
la situation critique où se trouve maintenant la
question qui nous occupe. Dès la première année
des troubles de la Turquie, le prince Metternich et
lord Castlereagh se réunirent à Hanovre. Les mé-
morandums qu'ils combinèrent ensemble, à cette
époque, prouvent évidemment les plans qu'ils

adoptèrent alors, savoir : d'empêcher la Russie d'intervenir, soit isolément, soit conjointement avec les autres puissances, dans les affaires d'Orient.

Il serait inutile de détailler par quels détours les cabinets de Londres et de Vienne ont eu l'habileté de parvenir à leur but ; jusqu'à présent, la vérité est cependant que même en réussissant, au lieu d'éloigner la crise, ils l'ont rendue probable et j'oserai dire nécessaire.

Il est vrai que lorsque M. Canning se décida à renoncer aux conférences de Saint-Pétersbourg, et qu'il envoya M. Stratford-Canning à Vienne pour associer cette cour à ses vues, le prince de Metternich rejeta la proposition et taxa d'imprudence le ministère anglais ; mais cette conduite, quoiqu'elle semblât alors conforme à ce que nous pouvions désirer, était dictée par des raisons tout opposées.

Le chancelier de cour et d'État regrettait l'absence d'un représentant de l'Angleterre à la conférence, comme d'un auxiliaire opposé à nos vues, et nullement parce qu'il aurait voulu s'y associer. S'il en était autrement, il les aurait adoptées lui-même ; mais puisqu'il les a combattues et qu'il les combat sans cesse, il est naturel qu'il aurait encouragé l'ambassadeur anglais à l'imiter.

Sa réprobation de la conduite du capitaine Ha-

milton et du protectorat britannique sur la Grèce,
dérive du même principe. Le prince Metternich
veut que les Turcs ne soient ni arrêtés ni molestés
dans leur guerre contre les Grecs, jusqu'à tant que
ceux-ci soient soumis ou exterminés. Son grand art a
été de conduire le monde d'année en année et d'illusions en illusions, en attendant cette conclusion.
L'incident dont nous parlons menace de compromettre son plan, il s'élève contre, et dès qu'il l'aura
neutralisé, il rentrera dans ses idées primitives avec
une persévérance d'autant plus ferme, qu'elle est
jusqu'à présent justifiée par le succès.

La divergence tant vantée du cabinet de Vienne
envers celui de Londres à l'époque sus-mentionnée
et celle qui paraît exister aujourd'hui, n'est donc
qu'une dispute sur la manière de nous nuire et de
nous tromper. Mon opinion est que, d'accord sur le
fond, ils travaillent maintenant, comme ils ont toujours travaillé, à faire l'un et l'autre (?).

Malgré cette connivence, leurs embarras se ma-
nifesteront dès qu'il s'agira de tirer l'épée. Le
prince de Metternich doit avoir dit ici : qu'il peut
toujours lâcher l'Angleterre contre nous, si nous
avons recours aux armes ; mais l'Angleterre exi-
gera également que la cour de Vienne se décide à
son tour : et alors ce sera l'Autriche qui devra s'exposer aux plus grands dangers et se résigner à des
sacrifices incalculables.

La Grande-Bretagne sans alliés, quoique puissante, devient moins formidable. Dès qu'elle com-
promettra l'Autriche, elle sera, à mon avis, plus
faible, parce qu'elle exposera dans ce cas une partie de son système à la destruction. Notre politique
nous commande donc de nous montrer à cette dernière sous un aspect terrible et de la persuader, par
nos préparatifs, que si elle fait un mouvement contre nous, elle verra éclater sur sa tête un des plus
grands orages qu'elle ait encore essuyés.

Les Turcs sont de mauvais alliés pour quiconque
voudra les défendre. Rien de plus aisé, dans un
cas de nécessité, que de les laisser pour se tourner
contre l'armée qui s'exposera pour eux. Il est impossible que le cabinet autrichien écarte des considérations aussi naturelles et aussi évidentes.

Loin de se précipiter dans cette mer d'événements incalculables, le prince de Metternich, à mon
avis, se réunira à un système qu'il ne saurait combattre par son adresse. Ou il déclarera aux Turcs
qu'ils doivent écouter les propositions d'arrangements et présentera notre entrée dans les deux
principautés comme une résolution qu'ils ont provoquée, ou bien il se jettera sur d'autres provinces
de l'empire Ottoman à sa convenance. Dans le premier
cas, nous serions d'accord ; dans le second, nous
le deviendrons. La seule chance que nous aurions
à craindre, serait donc celle d'une déclaration ou-

verte contre nous. J'ai déjà observé que les proba-
bilités diminueront en proportion de l'attitude militaire dans laquelle nous nous serons placés et de
la conviction qu'on aura à Vienne de nos sentiments. Le chancelier de cour et d'État ne cesse de
persuader à tout le monde, et il vient d'en assurer
la France, comme j'aurai l'honneur de l'exposer
dans d'autres dépêches, qu'il répond de nos résolutions. Si l'expérience lui prouve le contraire, il
changera de langage et de conduite, ou il exposera
la monarchie à des épreuves qu'il lui sera difficile
de soutenir.

La nature de ce travail ne permet pas d'entrer
dans l'énumération des moyens comparatifs des
deux empires, dans leur situation relative et dans
la possibilité qu'ils ont de se nuire si ce malheur
devenait inévitable ; mais il suffit de prendre la
carte militaire et morale des deux pays, pour tirer
l'horoscope de l'un et de l'autre, s'ils venaient à
se mesurer les armes à la main.

Ces vérités ne peuvent échapper au prince Metternich. Si le parti qu'il prendra est sage, il évitera
la guerre; s'il est violent, il en sera puni. Avec
un ministère placé dans une situation comme la
sienne, un cabinet tel que le nôtre trouvera dans
les événements mille moyens de terminer les différends.

La France avait adopté une conduite sage et sensée au commencement des troubles d'Orient. En faisant des vœux pour nous voir éviter des mesures extrêmes, elle se réunissait sans cesse à celles que nous proposions d'une nature conciliatoire, décidée en même temps à nous suivre et à s'associer à nous, si les circonstances forçaient le cabinet impérial à prendre des résolutions différentes.

Lorsque M. de Villèle a pris les rênes du gouvernement, il a trouvé ces maximes établies. M. de Montmorency et M. de Chateaubriand les ont suivies durant leur gestion au ministère des affaires étrangères.

Le baron de Damas a partagé les mêmes vues et les mêmes sentiments, mais avec moins de fermeté et d'influence, parce que le président du conseil ne lui permet pas d'agir d'après sa propre pensée.

M. de Villèle a toujours témoigné peu d'affection à la Russie. L'ascendant que l'empereur a exercé sur la question relative à la guerre d'Espagne en a fait pour ainsi dire un révolté contre l'alliance, quoique ce soit à la conclusion de la guerre d'Espagne et à la destruction de la révolution dans ce pays que le roi de France doit en grande partie sa tranquillité actuelle, et M. de Villèle la conservation de son pouvoir.

Les libéraux, ayant deviné les dispositions du premier ministre, l'ont sommé, par les moyens infinis qu'ils ont ici de manifester leurs sentiments, de s'affranchir (selon leur langage) de l'influence étrangère, et il a eu la faiblesse et la malignité à la fois de céder à ces insinuations.

S'étant jeté dans des opérations de finances impopulaires et pour le moins hasardées, il a cru que pour se soutenir contre les effets de son imprévoyance et de ses erreurs, il devait faire des concessions à l'opinion libérale sur les principes, et par conséquent, abandonner cette austérité qui formait le caractère de ceux professés alors par les alliés du continent et sur lesquels la restauration de la dynastie de Bourbon sur le trône de France était fondée.

En désertant ainsi les drapeaux de l'alliance, la conscience de M. de Villèle lui a fait sentir que le souverain à l'égard duquel il avait le plus de reproches à se faire, serait l'empereur; par conséquent, il s'est roidi contre son juge, parce qu'il sentait qu'il avait enfreint, si j'ose m'exprimer ainsi, les lois de la communauté des monarques.

En avançant dans la carrière qu'il s'était ouverte, le ministre a donc reconnu l'indépendance des nègres de Saint-Domingue, et ne cache plus ses intentions à l'égard de celle de l'Amérique espagnole.

Dans ce système, il rencontre l'approbation de l'Angleterre et en grande partie l'assentiment de la France, parce que la majorité de cette nation, élevée dans le gouvernement de fait, veut que le principe soit reconnu, même par les Bourbons qui règnent de droit. La concession est dangereuse, mais M. de Villèle la croit nécessaire à la conservation de sa place et au succès de son système financier.

Cette digression, qui semble n'avoir pas de rapport avec les affaires de Turquie, m'a cependant paru utile à énoncer, parce qu'elle indique les motifs qui causent plus ou moins l'éloignement du cabinet français des vues du cabinet impérial. Situation erronée, dans laquelle M. de Villèle est retenu par la conscience de ses torts et par une sorte d'assentiment qu'il obtient du libéralisme ou de la vanité nationale, toutes les fois qu'il donne à entendre de vouloir s'affranchir de l'influence étrangère.

Le cabinet autrichien, loin de se montrer surpris de la défection du ministère français, par rapport aux doctrines générales de l'alliance qu'il a su si bien faire valoir, a témoigné la plus complète indifférence, ce qui dans l'état des chances équivalait à une approbation.

Par cette conduite, le prince Metternich a flatté M. de Villèle, et s'est rapproché de l'Angleterre :

deux préliminaires qui convenaient à son plan de
tout sacrifier au succès de ses vues sur la direction
et la conclusion qu'il veut donner aux affaires
d'Orient.

M. de Villèle a longtemps hésité et il hésite encore, à mon avis, sur la route qu'il doit tenir dans
une question si épineuse. La crainte qu'il a eue, et
dont il n'est pas encore tout à fait délivré, d'une
guerre contre les Turcs de notre part, l'a porté et
le porterait encore, selon moi, à consentir à tout
ce que le cabinet impérial proposerait, afin de
forcer la Porte à un traité. Mais le prince Metternich ne cesse de le persuader que toute condescendance à cet égard ne fera que compliquer les
affaires, bien sûr que la résistance à nos propositions est le meilleur moyen de gagner du temps
et de prolonger en faveur du Divan les chances de
terminer la querelle par ses propres forces. Cette
tactique étant dans le fond conforme aux vues principales des Anglais, si elle pouvait réussir définitivement, et ayant obtenu jusqu'à présent le succès
désiré, M. de Villèle la suit, parce qu'il n'a pas de
données assez sûres pour en suivre une autre.

La correspondance de Vienne contribue à le tenir
dans ces errements. Les rapports du comte de Cara-
man sont dictés par le chancelier de cour et d'État.
Tous les renseignements parvenus de Saint-Pétersbourg, toutes les conférences avec M. de Tatistscheff,

sont communiqués ici, expliqués et commentés dans le sens qu'il convient le plus au prince Metternich d'inculquer, ainsi que j'en ferai mention dans la dépêche subséquente. La confiance qu'il obtient n'est pas entière ; mais dans l'incertitude, il produit pour le moment l'effet qu'il désire, c'est-à-dire de tenir la France en suspens et de nous susciter des difficultés.

Cet état de choses durera jusqu'à tant que nous ne prenions un parti qui établisse une crise. Alors, comme il faudra se prononcer, nous verrons ce que chacune des cours qui nous circonviennent dira, et comment elle se conduira devant les conséquences réelles et positives qui se présenteront à côté de la résolution prise, quelle qu'elle soit.

La France est loin de nourrir aucun sentiment de malveillance, et encore moins d'hostilité envers la Russie. Le ministre qui la gouverne peut dire un mensonge ou entamer une intrigue, mais il n'oserait jamais prononcer le mot de rupture ou de guerre contre nous, sans qu'au bout de six mois et le ministre qui l'aurait proposé, et le roi qui l'aurait écouté, ne fussent exposés à une ruine presque certaine.

Pour agir contre nous, il faudrait se livrer à l'Angleterre et à l'Autriche d'une manière évidente ; cet abandon servile provoquerait plus de mécon-

tentement que nos entreprises n'exciteraient de jalousie. D'ailleurs quels dédommagements les cours
de Londres et de Vienne offriraient-elles à la France
pour les dangers et les sacrifices auxquels une
guerre l'exposerait ? Il n'existe pas un village ni
un rocher qu'on voulût lui laisser prendre. Elle
serait donc traitée comme un gladiateur qu'on
mène à l'arène pour le plaisir de le voir mourir.
De plus où choisirait-elle son champ de bataille?
Ses flottes n'ajouteraient rien à la force de l'Angleterre, et ses armées, si toutefois elles parvenaient
à se mettre en contact avec nous, ce qui me paraît
impossible, savent le sort qui les attend.

M. de Villèle sacrifie les principes généraux de
l'alliance à ses vues personnelles comme ministre
en France, et à la nécessité des plans dont il s'est
fait l'auteur ; par conséquent à la conservation de
sa place. La part qu'il prendrait à une guerre lointaine, dispendieuse, et sans probabilité d'aucun
résultat utile, ferait avorter les mesures d'administration intérieure dans lesquelles il est engagé,
et compromettrait l'existence de la dynastie elle-
même. Ces considérations doivent le retenir d'autant plus que, situé entre l'Angleterre et l'Autriche,
il ne pourrait se fier ni à l'une ni à l'autre, et que
nous ayant justement offensé, il devrait s'attendre
à être exclu de tout arrangement futur, ce qui ne
saurait manquer d'être la conclusion naturelle de

la crise, quelle qu'elle soit, produite même par la guerre que nous voudrions éviter.

Mon opinion est donc que la France s'abstiendra de se déclarer contre nous, et que si, par malheur pour elle, son mauvais génie l'y décidait, elle ne saurait la soutenir, attendu sa position géographique, politique et morale, qui ne lui permet pas de prendre part à une ligue contre la Russie.

La Prusse étant moins jalouse, et par conséquent plus impartiale, a montré constamment par ses opinions, qu'elle avait une juste idée de la nature et de l'importance des affaires d'Orient, et si la cour de Vienne avait partagé ses vues et ses bonnes intentions, il n'est nullement douteux que le plan du cabinet impérial n'eût été accompli.

Supposant donc que la Russie entreprenne à elle seule de mettre en pratique ces mêmes moyens coercitifs auxquels le prince Metternich n'a pas voulu consentir, tout porte à croire que la cour de Berlin ne s'y opposera d'aucune manière, et qu'au contraire son attitude, à la fois libre et amicale, gênera infiniment celle des autres, et contribuera à les ramener à désirer une conclusion qui, sans leur être désastreuse, convienne cependant à la dignité et aux intérêts de la Russie. Ces considérations indiquent suffisamment à quel point il nous est nécessaire de mettre le cabinet prussien, pour ainsi dire, dans notre confidence, et de le convaincre que le rôle que nous lui destinons contribuera efficacement au maintien des rapports communs à son propre honneur, et à l'augmentation de l'heureuse intimité déjà existante entre les deux souverains et les deux cours.

Avant d'arrêter dans ma pensée l'opinion que je viens de soumettre au cabinet impérial, j'ai recherché, avec toute la diligence possible, s'il existait une autre manière de procéder dans l'affaire qui nous occupe, qui, étant de nature plus pacifique et moins exposée aux chances d'une guerre, fût également propre à nous offrir la possibilité d'un résultat honorable; et j'avoue que, malgré mes dispositions à lui accorder la préférence, il ne s'en est présenté aucune à mon esprit.

Notre auguste maître a déjà reconnu, dans sa sagesse, que la continuation de la conférence de Saint-Pétersbourg, sans un changement de conduite de la part des autres puissances intervenantes, n'aurait servi qu'à les encourager dans le système de duplicité et de déception qui les a plus ou moins guidées dans le cours prolongé de cette négociation.

Cette base une fois posée, il ne nous reste que deux alternatives, celle de tout abandonner et de sacrifier *la dignité, les droits, les intérêts* compromis de la Russie, ou bien de prendre un parti, *pour aviser*, ainsi que Votre Excellence me l'a commandé, *aux moyens les plus propres à assurer cette dignité, ces intérêts et ces droits.* Le bon droit, la politique et l'honneur ont décidé la question.

En faisant choix des moyens, je me suis rapproché le plus près possible de ceux qui étaient encore compatibles avec la conservation de la paix. La Russie a présenté un plan qu'elle aurait voulu mettre à exécution au nom de l'alliance et avec son consentement. Les souverains qui en ont eu communication ne l'ont jamais rejeté, ils ont seulement cherché à le paralyser pour gagner du temps et pour donner aux Turcs le loisir de faire une autre campagne. Cette épreuve est consommée, et la question n'en est devenue que plus compliquée, soit entre les Turcs et les Grecs, soit par rapport à la démarche de ces derniers ou d'une partie d'entre eux pour se mettre sous le protectorat de l'Angleterre.

D'un autre côté, l'état des principautés ne peut être toléré par nous plus longtemps, ni la position des Serviens devenir habituelle entre la nécessité de s'insurger et le danger d'être privés de leurs priviléges, c'est-à-dire de la sûreté de leur existence et de leur vie.

Dans cette situation, la Russie se décide, toute

seule, à la démarche qu'elle a demandé à faire
d'un consentement commun. Elle déclare aux
autres souverains que rien n'est changé, ni par
rapport à ses vues, ni à l'égard de ses dispositions.
Elle les invite, dans la nouvelle position où elle a
dû se placer, à renouveler auprès des Turcs les
propositions mises en avant dans ses communications antérieures, c'est-à-dire à convenir d'une
suspension d'armes et à se réunir en congrès, afin
d'aviser à un arrangement convenable.

Si les alliés, ou, pour mieux dire, si le prince
Metternich, car tout dépend de lui, préfère la paix
à la guerre, il s'empressera de faire ce que la raison et le bon sens lui dictent pour maintenir l'une
et pour éloigner les chances de l'autre. Dans le cas
contraire, la Russie n'a pas de motif de reculer
devant les dangers que lui-même voudrait braver.

Il y aurait de la présomption, sans doute, à vouloir prédire la conduite que la cour de Vienne
tiendra dans l'hypothèse donnée. Cependant il est
difficile de se défendre d'un certain pressentiment,
qui porte à croire qu'elle n'aimera pas à se jeter
dans les extrêmes. La guerre est une calamité pour
tous. Pour elle ce serait, à mon avis, une ruine.
Lorsque le prince Metternich verra qu'il ne saurait
plus compter sur le succès de son idée favorite,
c'est-à-dire d'annuler la Russie, et de ménager aux
Turcs la faculté de continuer la guerre sans crainte

d'une diversion, il entrera dans l'esprit de notre cabinet, parce qu'il sera convaincu qu'en se conduisant ainsi, il peut éviter les conséquences incalculables d'une rupture prononcée.

Loin d'exciter l'Angleterre à la guerre, il est probable que le chancelier de cour et d'État cherchera à la retenir et à la faire rentrer dans le système des négociations. Il sait, si les choses s'enveniment et si elles sont poussées à outrance, que les Turcs seront chassés de l'Europe, quelles que soient les querelles qui résulteront du partage de leurs dépouilles. Cet événement serait la conclusion la moins désirable pour la cour de Vienne. Des agrandissements de territoire même compenseraient bien mal les inconvénients qui résulteraient pour elle de la nouvelle position que nous prendrions.

En mettant en avant ces considérations, je me garderai de les donner comme des certitudes; elles sont uniquement des raisons auxiliaires pour justifier davantage le plan proposé sur la base de la nécessité, et comme une condition sans laquelle nous ne pouvons *assurer les droits, les intérêts et la dignité de la Russie.*

La commotion que notre résolution va donner à l'Europe sera proportionnée à la manière dont l'Autriche, en particulier, la France et la Prusse l'envisageront. Si elles acceptent nos explications et se réunissent à notre système, tout restera *in statu quo*. Dans le cas contraire, ceux qui auront excité les orages penseront à se garantir des conséquences de leur propre conduite. Ce serait porter les prétentions jusqu'à l'absurde que d'exiger de nous d'endurer leur déception et leur refus dans une affaire juste et nécessaire, par la raison que, si nous résistons aux unes et aux autres, ils s'en trouveraient inquiétés. Il y a dans ce procédé quelque chose d'insultant, non pas envers nous, qui ne pouvons en être atteints, mais envers la simple raison et le sens commun.

Lorsque j'ai tracé ce plan, j'ai cherché à me défendre de toutes les influences favorables ou contraires qui pouvaient affecter mon jugement, quel qu'il soit. J'ai examiné la conduite passée et présente de nos alliés ; j'ai raisonné sur celle qu'ils peuvent tenir, selon les calculs de probabilité, sans prévention d'aucun genre, et j'ai apprécié le tout par rapport à ses effets envers la Russie ; mais j'ai pris garde en même temps de me laisser arrêter par ce qui pourrait leur arriver à eux-mêmes.

Le bien et le mal qui les concerne dans cette affaire est dans leurs mains ; nous ne devons par conséquent pas enchaîner les nôtres pour alléger les leurs.

Il est un point sur lequel il ne m'appartenait nullement d'entrer, savoir : les moyens réels que nous avons de faire valoir nos droits et de les défendre dans les hypothèses différentes que j'ai supposées. J'espère qu'ils sont proportionnés à notre position, et que notre résolution, une fois prise, serait soutenue avec persévérance. Sans cette conviction, je n'aurais jamais osé hasarder la moindre conjecture.

Avant de mettre fin à ce travail, je prendrai la liberté de faire observer à Votre Excellence, qu'en déduisant les motifs et le but de notre commencement d'action, et par conséquent de l'entrée des troupes impériales dans les deux principautés, je me suis abstenu de toute déclaration contenant des promesses générales sur notre désintéressement, autres que celles mentionnées et qui supposent la conservation du système pacifique et la coopération de nos alliés dans les mesures proposées qui doivent le maintenir. S'il en était autrement de leur part ou de celle des Turcs, il faut nous réserver dans ce cas une entière liberté de nous conduire selon les circonstances, et sans en préjuger aucune par des renonciations anticipées, peu appréciées au commencement des affaires, et très nuisibles à la conclusion, parce que le cabinet, qui les a faites, diminue ses moyens de négocier et se prive du parti qu'il aurait le droit de tirer de ces mêmes sacrifices, si, en s'y décidant, il était en mesure

d'en demander d'autres comme une juste récipro-
cité, ou d'obtenir le prix entier de sa générosité,
de ceux qui seraient forcés de l'implorer au moment
décisif.

Telles sont, monsieur le comte, les réflexions
qui se sont présentées à mon esprit sur la question
grave dont il s'agit. On aurait pu sans doute obéir
aux ordres du cabinet impérial avec plus de succès,
mais non avec plus de zèle et de soumission.

J'ai l'honneur, etc., etc.

DÉPÊCHE

SECRÈTE ET CONFIDENTIELLE DU COMTE LIEVEN,

EN DATE DE LONDRES, LE $\frac{18}{30}$ OCTOBRE 1825.

———

Le comte Lieven, ambassadeur de Russie à Londres, appelé de même
que le général Pozzo di Borgo, à donner son opinion sur la situation
politique de l'Europe, après en avoir fait un exposé analogue à
celui de son collègue à Paris, finit sa dépêche en ces termes : « Si le
» printemps prochain trouve la Russie dans la position dans laquelle
» elle est à présent, c'est la guerre qui peut seule trancher ses diffi-
» cultés. Et cette guerre doit prendre l'Europe au dépourvu ; elle
» doit être prompte. »

En me donnant communication de la dépêche réservée que le ministère impérial a adressée le 6 août aux représentants de Sa Majesté Impériale auprès des cours de Paris, de Vienne et de Berlin, Votre Excellence m'intime, au nom de l'empereur, l'ordre de soumettre à son cabinet, ainsi qu'il leur a été prescrit à eux-mêmes, mon opinion :

Sur la nature de l'accord qui semble s'être formé entre nos alliés pour paralyser nos vues dans les affaires d'Orient ;

Sur le degré de force que pourrait acquérir l'opposition qu'elle nous fait éprouver ;

Sur la part que pourrait y avoir l'Angleterre ;

Sur les meilleurs moyens de déconcerter ce système ;

Enfin, dans le double cas d'un soulèvement en Servie et du rejet définitif de nos réclamations à l'égard des principautés, sur les mesures les plus propres à assurer nos droits, nos intérêts et notre dignité, sans compromettre la paix de l'Europe.

Je commencerai par offrir à Votre Excellence un tableau succinct de la position actuelle de la Russie dans la question du Levant, et en examinant ensuite l'attitude qu'elle nous commande et les conséquences qui en peuvent dériver, je m'efforcerai de remplir, autant que possible, la tâche honorable que m'impose la confiance de l'empereur, tâche dont la difficulté n'est allégée pour moi, que par la latitude que Sa Majesté Impériale daigne m'accorder de lui exprimer mes opinions sans détour.

L'empereur, dès l'origine même du soulèvement de la Grèce, frappa cette entreprise d'une désapprobation publique. Les suites de la lutte engagée entre les Grecs et la Porte Ottomane déplacent et compromettent tous nos rapports avec cette puissance, qui enfreint à notre égard toutes les stipulations des traités. L'empereur, soigneux d'éviter les conséquences trop probables d'une discussion directe avec le gouvernement ottoman, s'interdit de revendiquer ses droits lui-même, et remet ce soin à ses alliés. Il s'abstient de hâter le redressement de ses griefs, faisant généreusement leur part aux difficultés pressantes dans lesquelles la Porte se trouvait engagée.

Les alliés reconnaissent hautement la justice de sa cause et se chargent d'aplanir ses différends. Mais, après quatre années de négociations tédieuses avec le plus impuissant de tous les gouvernements, les quatre cours intervenantes n'arrivent à aucun résultat. Cependant, la Russie ne cesse, durant ce temps, d'épuiser auprès d'elles tous les avis de la prudence; elle pousse jusqu'aux bornes même du possible une patience, une longanimité, un désintéressement dont l'histoire ne fournit pas d'exemple; et pour prix de la conduite la plus généreuse, elle se voit successivement abandonnée d'elles toutes; la Porte refuse de reconnaître l'existence de ses promesses les plus solennelles; et la Russie reste seule aujourd'hui placée vis-à-vis de la double difficulté de venger ses droits méconnus et de faire cesser dans le Levant une complication incompatible avec ses intérêts et ses principes.

Il était digne de la puissance de l'empereur, digne surtout d'un caractère placé au-dessus de toutes les gloires, et plus grand encore après cette épreuve de patience et de sacrifices, qu'après ses plus belles victoires, de faire taire à la fois tous ses intérêts les plus directs, pour ne songer qu'à la conservation de la paix générale. Mais aujourd'hui il est arrivé au dernier terme de cette patience, et fort de tous ses droits, ainsi que de sa constante loyauté, fort de l'expérience malheureusement acquise que toutes les voies de la négociation ont été épuisées, il y va de sa dignité aussi bien que des intérêts de son empire, de rechercher désormais son droit par ses propres moyens.

Trois questions demandent à être examinées et résolues, avant d'arrêter une détermination aussi forte.

La Russie est-elle en mesure d'entreprendre une guerre, dont le succès doit être rapide et éclatant ?

A-t-elle, en la commençant, à redouter plus que l'ennemi immédiat qu'elle va combattre ?

Et quels seraient les moyens de prévenir ce danger ?

Je suppose la première de ces questions résolue par l'affirmative.

La seconde nous présente les chances d'une

agression isolée ou combinée. La paix générale pourrait de plus être compromise par quelque mouvement révolutionnaire.

Dans l'état actuel de l'Europe, lorsque les grandes puissances se trouvent dégagées de toute occupation directe, il serait difficile d'admettre qu'une puissance quelconque pût prendre les armes et chercher à profiter de nos embarras sans l'aveu de l'un ou de plusieurs des grands cabinets. Une semblable tentative rentrerait donc dans la catégorie d'un plan combiné.

Cette combinaison, seule chance redoutable pour la Russie, peut-elle se former ?

Jusqu'au moment actuel elle n'existe point ; l'Angleterre au moins n'en fait point partie ; et une ligue, dont cette puissance ne serait pas, n'est point à craindre, rien de menaçant ne pouvant se former sans qu'elle en soit ou sans qu'elle s'y oppose.

Il est naturel de supposer cependant que l'apparence seule d'une guerre entre la Russie et la Porte amènerait une union peut-être générale ; car quel est le sentiment que l'on porte à la Russie ? L'Europe entière regarde avec effroi ce colosse, dont les forces gigantesques n'auraient besoin que d'un signe pour se précipiter sur elle. Aussi la voyons-nous intéressée au maintien de la puissance ottomane comme à l'ennemi naturel de notre empire.

Toutefois, quelque conformité d'intérêt qui existe sur ce point entre les cabinets de l'Europe, il est difficile de croire que les éléments divers dont se compose leur politique leur permettent une action commune. Mais il est dans les règles de la prudence d'admettre cette chance comme possible.

D'un autre côté, les fauteurs de troubles, dans tous les pays, accueilleraient avec transport un événement qui, en occupant les forces de la Russie, les délivrerait pour le moment de la surveillance la plus redoutée par eux, et peut-être profiteraient-ils de cette circonstance pour tenter de nouveaux bouleversements. Quoique, dans une politique ordinaire, ces incidents dussent être regardés comme autant d'auxiliaires favorables à notre entreprise, tel n'est point le fond de la pensée de l'empereur. Il veut garantir l'Europe de nouveaux troubles, et cette hypothèse se range en conséquence dans le nombre des dangers qu'il s'agit de prévenir.

Ce danger cependant semble le moins pressant. Les peuples sont las de tant de tentatives avortées. Peut-être commencent-ils aussi à comprendre qu'une félicité chimérique est payée trop cher par des malheurs réels; et les gouvernements, de leur côté, instruits par l'expérience, apportent-ils plus de force et de vigilance à prévenir toute tentative semblable.

Quoi qu'il en soit, il s'agit d'opposer à toutes ces chances un remède efficace. Ce remède, c'est une *attitude prudente* jusqu'au moment où sonnera pour la Russie l'heure de venger ses droits et *la rapidité même du coup* qu'elle se verra alors obligée de porter.

Nous avons six mois par devant nous, jusqu'à l'époque convenable pour le commencement des opérations. Notre position en attendant est belle; elle pourrait être qualifiée d'adroite, si elle n'était par-dessus toute chose digne et noble. Avec tout le droit de le faire, l'empereur n'a articulé aucun reproche, irrité aucun amour-propre, proféré aucune menace. Il s'est renfermé dans le silence qui convenait à sa dignité. Ce silence a imposé; il effraiera peut-être, comme précurseur probable d'une résolution énergique; mais le premier effet de cette crainte sera de chercher à conjurer le danger et d'accourir à nous pour le prévenir.

C'est alors qu'il importera de donner le change à nos alliés, en ne repoussant aucune ouverture de leur part; mais, en même temps, en ne s'engageant avec eux à rien de ce qui ne nous mènerait pas directement à notre but. En un mot, il faut les empêcher d'acquérir aucune certitude morale de notre résolution, écarter, s'il se peut, leurs soupçons à cet égard ; mais ne pas sortir un instant de la position forte dans laquelle la maladresse de nos alliés, aussi bien que la conduite droite et ferme de l'empereur, a placé son cabinet.

Notre cause est si légitime, la marche de l'empereur a été si conséquente et si magnanime, les sacrifices qu'il a faits au maintien de la paix générale ont été si grands, que lorsque le moment de nous déclarer sera venu, il est impossible que la simple exposition de nos droits et de notre conduite ne frappe de conviction tous les esprits, et ne rende, par conséquent, malaisé aux autres gouvernements, quel que puisse être leur intérêt particulier, d'entraîner leurs peuples contre la plus juste des causes. Or, parmi ceux dont l'hostilité nous serait la plus redoutable, deux au moins ont trop à respecter le contrôle de l'opinion publique pour s'engager facilement dans une lutte qu'elle n'aurait point sanctionnée.

Si, à côté de ces considérations, l'empereur déclarait le but de sa politique dans la guerre qu'il entreprend, s'il le montrait tel qu'ont toujours été et que seront invariablement ses actions, dépouillé de tout intérêt isolé, quel est le cabinet qui ne placerait pas dans sa loyauté une foi implicite ?

Les événements viendront encore au-devant de

nous ; bien des incidents peuvent nous favoriser et nous dispenser d'un recours à des moyens extrêmes ; déjà l'Angleterre nous recherche : telle combinaison que la prévoyance humaine ne saurait calculer peut s'offrir à nous. La prudence et la profonde sagacité de l'empereur sauront la juger et en tirer parti ; mais j'ose affirmer que si le printemps prochain trouve la Russie dans la position dans laquelle elle est à présent, c'est la guerre qui peut seule trancher ses difficultés. *Et cette guerre doit prendre l'Europe au dépourvu ; elle doit être prompte*, afin qu'aux entraves morales qui retarderaient une entente entre les cours, ainsi que l'emploi de leurs forces, vienne encore se joindre l'impossibilité matérielle de prévenir le coup que nous voudrions frapper.

J'ai l'honneur, etc.

DÉPÊCHE

RÉSERVÉE DE M. DE TATICHTCHEFF,

EN DATE DE VIENNE DU $\frac{3}{15}$ AVRIL 1826.

Le prince Metternich nous reconnaît le droit de redresser nos griefs par la force. — Sa politique dilatoire. — Il a peur des libéraux en cas de guerre. — Probabilité d'entraîner l'Autriche. — Si nos armes franchissent les Balkans, l'Autriche s'empressera de s'assurer une part dans les dépouilles. — Il serait prudent d'occuper, la guerre commencée, Crayova et toute la petite Valachie. — En aucun cas, une levée de boucliers contre nous n'est à craindre de la part de l'Autriche.

Je dois ajouter à ma dépêche principale de ce jour, quelques réflexions sur la conduite que suivra l'Autriche dans la double hypothèse, ou que la Porte accède à nos propositions, ou bien que son refus nous place dans la nécessité de recourir aux armes.

Votre Excellence peut avoir relevé des rapports que je lui ai adressés de Milan, ainsi que de mes lettres confidentielles de cette époque, que le prince

Metternich, tout en se refusant à l'emploi de mesures coercitives pour la pacification de la Grèce, n'a point contesté à la Russie le droit de recourir à ce moyen pour le redressement de ses propres griefs. Il a désiré, sans doute, qu'un état indécis pût être prolongé, il a coloré ce désir par la crainte que le commencement des hostilités ne fournisse aux libéraux des occasions de machiner de nouveaux bouleversements en Europe ; mais si la Russie, se décidant à la guerre, avait jugé nécessaire d'y entraîner l'Autriche, je crois que cela même n'eût pas été impossible. A présent, le prince Metternich va faire des efforts sincères pour porter la Porte à satisfaire à nos demandes. Si la négociation s'établit sur nos frontières, il ne me sera pas difficile de veiller avec fruit, qu'elle ne soit point entravée par l'Autriche ; si au contraire la guerre a lieu tant que nous nous bornerons à l'occupation des principautés, il est probable que l'Autriche restera passive ; mais si les opérations portaient nos armées sur l'autre rive du Danube, si elles franchissaient le Balkan, comme alors l'existence même de la puissance ottomane serait menacée d'un péril imminent, je suis convaincu que l'Autriche se hâtera de s'assurer une part dans les dépouilles. Cette disposition me paraît tellement probable, que si après que nos troupes auront pris possession des principautés, les Turcs ne se hâtent point de se soumettre aux conditions qui leur seront offertes, et que l'état de guerre dût se prolonger sans même

que le théâtre en fût transporté au delà du Danube,
je n'hésite point à émettre l'opinion que, dans ce
cas, l'occupation de Crayova et de toute la petite
Valachie ne doit pas être négligée, car si cette partie
était vide, les événements pourraient y amener les
Autrichiens. Mais dans aucun cas une levée de
boucliers contre nous n'est à craindre de la part de
l'Autriche.

Recevez, etc.

DÉPÊCHE

DE M. LE COMTE DE NESSELRODE

A S. A. I. LE GRAND-DUC CONSTANTIN.

———

(Les dépêches qui précèdent, de MM. de Lieven et Pozzo di Borgo, ont mis en parfaite évidence les plans de la Russie en 1825. Elle ne tarda pas à procéder à leur exécution avec un aplomb, un calcul et une énergie dignes d'admiration, à tel point, que la diplomatie *éphémère* des grandes puissances de l'Europe, tout averti, tout irritée qu'elle fût contre les desseins *séculaires* de la Russie, finit par aider, involontairement, à leur accomplissement. — La dépêche qui suit, proclame ce triomphe de la Russie, — *superbiam quæsitam meritis !* En voici le sommaire.)

Le traité d'Andrinople vient de couronner la plus glorieuse des guerres, malgré l'activité hostile de l'Autriche et l'opposition sourde de l'Angleterre. — L'Europe rend justice à la modération de l'empereur. — Notre prépondérance dans le Levant assurée. — La question de la Grèce résolue à notre avantage. — Motifs de l'empereur à ne pas refuser son vote au prince Léopold ; à son défaut on s'adressera au prince Frédéric des Pays-Bas. — Il ne tenait qu'à nos armées de renverser l'empire turc ; mais il convient mieux à nos intérêts de le réduire à n'exister que sous notre protection et à n'écouter désormais que nos désirs. — Des États substitués à l'empire ottoman ne tarderaient pas à rivaliser avec nous. (Ils ne sont pas encore en mesure d'organiser cela à leur avantage). — Le passage du Bosphore, assuré à notre pavillon, frappe d'étonnement les autres puissances. — 400,000 ducats d'indemnité. — Accueil inaccoutumé fait par le sultan à Orloff. — Imprudente bravade de Sir R. Gordon,

vengée. — Occupation des principautés en garantie des indemnités.
— Inutilité de leur conquête.— Générosité. — Halil-Pacha. — Nous
laissons à la Turquie la certitude de sa ruine, si elle essayait de nous
braver une autre fois. — Nous sommes satisfaits de nos rapports
avec les grandes puissances de l'Europe.

Saint-Pétersbourg, le 12 février 1830.

Monseigneur ,

Par mes dépêches en date du 18 septembre et
du 16 octobre, j'ai eu l'honneur de communiquer
à Votre Altesse Impériale le traité de paix qui venait de couronner la plus glorieuse et la plus légitime des guerres que la Russie ait eu à soutenir
contre la Porte-Ottomane.

Cette guerre, acceptée par l'empereur, quand
elle était inévitable et conduite à une heureuse fin,
malgré l'activité hostile de l'Autriche et l'opposition sourde de la Grande-Bretagne, a laissé la
Russie dans une situation *trop imposante et trop
élevée* pour qu'il soit nécessaire d'en développer
les avantages.

D'une part, la voix unanime de l'Europe a rendu
justice à la modération de l'empereur ; de l'autre,
les conditions du *traité d'Andrinople* ont néanmoins
*consolidé la prépondérance de la Russie dans le Le-
vant.* Elles ont renforcé ses frontières, affranchi
son commerce, *garanti ses droits, assuré ses intérêts.*

Je n'ai cependant pas osé, dans mes dépêches à Votre Altesse Impériale, m'appesantir sur les résultats de cette transaction, avant que le témoignage des faits n'eût confirmé les espérances qu'elle devait nécessairement nous autoriser à concevoir.

Le traité d'Andrinople réservait d'ailleurs deux questions à des négociations subséquentes, et tant que l'issue de ces négociations est demeurée incertaine il m'a été impossible d'adresser à Votre Altesse Impériale des communications qui ne lui auraient présenté que de vagues conjectures, impossible de remplir une de mes fonctions auxquelles j'attache le plus d'honneur et de prix (1).

Les deux questions dont je viens de parler se rapportaient, l'une au sort de la Grèce, l'autre à l'exécution et au mode de garantie des engagements pécuniers que le gouvernement turc avait contractés envers Sa Majesté Impériale.

La première ne dépendait pas exclusivement de la Russie. La Porte avait, il est vrai, accédé au protocole du 22 mars, mais nous n'avions exigé son accession à cet acte que parce que c'était le premier et le seul qui eût défini d'une manière quel-

_____

(1) Le comte de Nesselrode a été chargé par l'empereur Nicolas de porter périodiquement à la connaissance du grand-duc Constantin, à Varsovie, le résultat des travaux du ministère russe pour la partie politique. (*Note de l'éditeur.*)

conque l'avenir de la Grèce, et parce qu'à *défaut
de celle base, nous n'en aurions eu aucune dans nos
discussions ultérieures,* soit avec la Porte, soit avec
nos alliés. Ce ne fut en effet qu'après la signature
de l'article X du traité d'Andrinople que nous
trouvâmes enfin dans le cabinet de Saint-James
l'intention réelle de terminer cette difficile affaire
sur des principes propres à affermir la paix de l'O-
rient, et à fonder en Grèce un état de choses qui
puisse contribuer au développement des ressources
de ce pays, sans compromettre la tranquillité des
autres par la forme de ses institutions. La conférence de Londres prit alors en sérieuse considération les défauts et les lacunes du protocole du
22 mars. L'Angleterre et la France reconnurent
avec nous que ce protocole et la suzeraineté qu'il
établissait ne pourraient amener que de perpétuels
différends, non seulement entre les Grecs et les
Turcs, non seulement entre la Porte et les trois
cours, mais entre ces cours elles-mêmes ; qu'il en
résulterait de véritables dangers pour le maintien
de la paix générale, et que puisque ces cours s'é-
taient décidées à créer une Grèce indépendante de
fait, elles devaient se garder de mettre en contra-
diction le fait avec le droit et les mots avec les
choses, elles devaient se garder surtout d'attirer à
l'Europe le plus grand des malheurs en semant
avec une funeste imprévoyance les germes de discussions, dont une guerre universelle pouvait trop
facilement être la suite. Ces motifs d'un ordre su-

périeur, dont certes personne ne contestera la gravité, déterminèrent la conférence de Londres à adopter une combinaison plus simple que toutes celles qui l'avaient précédée et que l'empereur regarde comme infiniment préférable. Votre Altesse Impériale la trouvera définie dans le protocole ci-joint que je n'ai pu vous communiquer plus tôt, Monseigneur, parce que je ne l'ai reçu qu'il y a deux jours par un courrier de Londres, et que cette convention heureusement finale a donné lieu depuis le mois d'octobre, à des débats qui en ont continuellement altéré soit le fond, soit la forme jusqu'au jour même de sa signature.

Le protocole du 3 février 1830 impose sans nul doute de grands sacrifices à la Grèce, mais il lui ouvre un avenir de paix et de bonheur, et en assurant ses relations commerciales il assure un des intérêts essentiels de la Russie, il satisfait au besoin de ses provinces méridionales où le commerce grec avait formé des rapports d'une utile et croissante activité jusqu'à l'époque de la déplorable révolution de 1821, et à cet égard *aucun autre État ne saurait avec succès disputer à la Russie ni des avantages que la nature des choses a créés, ni l'influence prépondérante qui en sera le résultat nécessaire.*

Au départ du courrier de Londres le choix du prince qui gouvernera les Grecs n'était pas encore entièrement fixé. Les suffrages des trois puissances avaient fini par se réunir en faveur du *prince Léopold* de Saxe-Cobourg ; mais il n'avait point définitivement accepté encore leurs offres. Plusieurs considérations ont déterminé l'empereur *à ne pas lui refuser son vote :* la conviction acquise que le prince Léopold n'apportera dans l'administration de la Grèce que des principes sains, essentiellement monarchiques et opposés aux doctrines révolutionnaires, — la certitude que *loin d'avoir contracté une affection pour l'Angleterre,* il désire la quitter, parce que ses relations avec le roi, le ministère et le pays en général sont pénibles et fausses, — les dispositions qu'il laisse entrevoir, *à embrasser la religion de sa nouvelle patrie,* — la déclaration formelle faite au protocole par le cabinet de Saint-James, que sa fortune est indépendante, et que quelle que soit sa politique, quels que puissent être les événements, il continuera de jouir de cette fortune qui lui a été assurée comme don national, à titre de propriété viagère et privée, sans aucun égard pour le lieu de son séjour, ni pour ses rapports futurs avec la Grande-Bretagne, — la considération enfin que, par la force des choses, il doit nécessairement s'identifier au pays dont les destinées seront remises entre ses mains et faire abstraction de sa position antérieure, vérité que l'histoire même de notre siècle atteste jusqu'à l'évidence, par des exemples qui frappent encore nos yeux au moment où je trace ces lignes.

Le prince Léopold s'est, au reste, chargé de confirmer nos prévisions à ce sujet, dès le jour où la souveraineté de la Grèce lui a été offerte, *car il a demandé que l'île de Candie y fût annexée* et en a fait une condition de son adhésion aux désirs des trois cours. Or, parmi les îles habitées par les Grecs, Candie est celle que l'Angleterre a toujours péremptoirement écartée de toute délimitation de la Grèce, celle dont le cabinet actuel de Londres regarderait l'affranchissement comme le plus contraire aux intérêts de son commerce et de sa marine marchande dans la Méditerranée. Nous-mêmes, nous ne saurions aujourd'hui demander au Grand-Seigneur le sacrifice d'une possession si importante dont il a conservé la majeure partie.

Le prince Léopold sera donc probablement obligé de renoncer à la condition qu'il a mise en avant, et que nous ne pouvons ni soutenir ni accepter ; mais qui, d'un autre côté, annonce en lui des intentions que nous devons souhaiter de sa part.

A son défaut, des ouvertures seraient adressées au prince Frédéric des Pays-Bas, et Votre Altesse Impériale connaît trop les mérites qui le distinguent ; elle connaît trop les sentiments dont l'honore l'empereur, pour douter de l'empressement avec lequel Sa Majesté lui accorderait son suffrage. Ce choix, ou celui du prince Léopold une fois arrêté, le protocole dont j'ai eu l'honneur de transmettre ci-dessus une copie à Votre Altesse Impériale, sera notifié aux parties intéressées, par les trois cours, qui n'admettront de refus d'aucune d'elles, et qui toutes trois sont décidées à terminer au moyen de cet arrangement, une affaire qu'elles ne peuvent laisser plus longtemps indécise.

La seconde question qui excite aujourd'hui la sollicitude de l'empereur, embrasse d'autres articles du traité d'Andrinople et l'ensemble de nos relations avec la Turquie.

Le but de ces relations est celui que nous nous sommes proposé par le traité d'Andrinople lui-même, et par le rétablissement de la paix avec le Grand-Seigneur. *Il ne tenait qu'à nos armées de marcher sur Constantinople et de renverser l'empire turc. Aucune puissance ne s'y serait opposée,* aucun danger immédiat ne nous aurait menacés si nous avions porté *le dernier coup à la monarchie ottomane en Europe.* Mais dans l'opinion de l'empereur, cette monarchie, *réduite à n'exister que sous la protection de la Russie* et *n'écouter désormais que ses désirs, convenait mieux à nos intérêts politiques et commerciaux,* que toute combinaison nouvelle qui nous aurait forcés, soit à trop étendre nos domaines par des conquêtes, soit *à substituer à l'empire ottoman des États qui n'auraient pas tardé à rivaliser avec nous, de puissance, de civilisation, d'industrie et de richesse.*

C'est sur ce principe de Sa Majesté Impériale que se règlent aujourd'hui nos rapports avec le Divan. *Puisque nous n'avons pas voulu la ruine du gouvernement turc, nous cherchons les moyens de le soutenir dans son état actuel.* Puisque ce gouvernement ne peut nous être utile que par sa déférence envers nous, nous exigeons de lui l'observation religieuse de ses engagements et la prompte réalisation de tous nos vœux.

Sous ce double point de vue, les relations que nous venons de rétablir avec la Porte, par l'intermédiaire de l'aide-de-camp général comte Orloff et du conseiller d'état actuel de Bouténeff, nous présentent quelques indices satisfaisants.

Les articles essentiels du traité d'Andrinople s'exécutent. L'affaire si importante des règlements de détail qui devaient réellement assurer à notre pavillon *le libre passage du Bosphore, s'est terminée d'une manière qui ne peut que frapper d'étonnement les autres puissances et même l'Angleterre, dont le pavillon est loin d'être traité avec les mêmes égards dans le canal de Constantinople.* Dans tout ce qui concerne la Servie et la restitution des districts qui doivent lui être rendus, la Porte a obtempéré avec autant de *docilité que d'empressement* à toutes ces demandes.

Il paraît vraisemblable que les 400,000 ducats

d'indemnité commerciale, qui doivent nous être payés au mois d'avril, sont déja prêts dans les caisses du Grand-Seigneur.

Votre Altesse impériale a pu juger par les détails que nous avons fait publier dans les gazettes, de l'accueil inaccoutumé, fait par le sultan au comte Orloff et du langage que ce monarque s'est hâté de lui tenir.

Sir R. Gordon, *humilié par le rôle qu'il avait joué* à Constantinople, s'était imprudemment efforcé de donner une preuve de son crédit, en obtenant pour la frégate anglaise, *la Blonde*, la permission d'entrer dans la mer Noire. Cet acte imprévoyant lui a attiré une sévère réprimande de la part du gouvernement britannique, qui est d'autant plus au regret de cette *inutile bravade*, que nous en avons profité, pour forcer la Porte à accorder à un de nos vaisseaux de guerre, la permission de traverser à son tour le Bosphore et de mouiller sous les murs du Sérail, où il a été rejoint par une frégate et un brick, à bord desquels se trouvait M. de Ribeaupierre avec sa suite. Ces deux bâtiments ont franchi les Dardanelles, sans couvrir leurs batteries, et ont même reçu des forts un salut qui n'avait jamais encore été accordé à aucun ministre ni ambassadeur étranger, en pareille occasion.

Ces marques de respect ne suffisent assurément

pas pour prouver que la politique du Grand-Seigneur, à l'égard de la Russie, repose sur les principes qui devraient la diriger maintenant ; mais elles sont loin d'être indifférentes chez les Orientaux.

Votre Altesse impériale puisera au surplus des notions plus circonstanciées, et sur les faits que je viens de retracer ici rapidement et sur le véritable état de nos relations avec la Porte, dans les extraits ci-joints des rapports de l'aide-de-camp général comte Orloff, que je me fais un devoir de lui soumettre.

Il nous reste une grave négociation à terminer, soit ici avec l'envoyé turc Halil-Pacha, soit avec le gouvernement de Sa Hautesse à Constantinople.

Elle a pour objet le mode d'acquittement des indemnités de guerre, stipulées par une convention additionnelle au traité du $\frac{2}{14}$ septembre 1829. *L'oc-cupation des principautés* de Valachie et de Moldavie, pendant dix années consécutives, devait originairement servir de garantie au payement de ces indemnités. Mais l'empereur a jugé que cette occupation nous exposerait à de nombreux inconvénients, à des dépenses considérables, et qu'elle équivaudrait à une prise de possession de ces provinces, dont la conquête lui a toujours paru d'autant moins utile, que *sans y entretenir des troupes, nous en disposons à notre gré, en temps de paix et en temps de guerre.*

C'eût été d'ailleurs dévier de nos déclarations et attirer sur nous les justes protestations des autres puissances de l'Europe, que de les annexer ainsi de fait aux provinces méridionales de l'Empire. Ces motifs, et l'appel, que la Convention du $\frac{2}{14}$ septembre autorise de la part du Grand-Seigneur, à la générosité de Sa Majesté impériale, nous mettent dans le cas de stipuler d'autres garanties pour l'acquittement des sommes qui nous sont dues. L'empereur daignera en remettre une portion à la Porte ; mais pour fixer nos idées sur le solde, du reste, ou sur les compensations que nous pourrions accepter au lieu du numéraire, dont la pénurie se fait vivement sentir dans l'empire ottoman, nous attendons la communication d'un mémoire, qui doit m'être remis par Halil-Pacha, et qui nous fera connaître avec plus de précision, les termes du recours de la Porte à la magnanimité de l'empereur, les désirs de cette puissance, ses propositions et l'étendue des pouvoirs de son envoyé. Sa Majesté impériale arrêtera alors ses déterminations. Elles ne surchargeront point l'empire ottoman d'un fardeau dont le poids causerait sa chute ; mais elles laisseront entre nos mains des *clefs de position*, d'où il nous sera facile de le tenir en échec, et consacreront l'existence d'une dette à sa charge, qui lui fera sentir, pendant de longues années, sa vraie situation envers la Russie et *la certitude de sa ruine, s'il essayait de la braver une autre fois.*

Comme la convention additionnelle du $\frac{2}{14}$ septembre a posé le principe qu'en définitive ce serait à l'empereur de prononcer sur le mode du payement des indemnités de guerre, le résultat final de cette négociation dépendra uniquement et toujours de Sa Majesté impériale.

Nos rapports avec les grandes puissances européennes ne nous offrent que des sujets de satisfaction. Ils sont encore froids, et ne peuvent que l'être avec l'Autriche, après toutes les contrariétés qu'elle nous a suscitées pendant notre dernière guerre. Mais ils sont exempts de discussions et d'aigreur. Avec l'*Angleterre*, ils viennent de se replacer sur le pied *le plus satisfaisant*, la question grecque, qui seul pouvait les compromettre ou les altérer, se trouvant enfin résolue. Avec la Prusse, leur utile intimité se prolonge et s'accroît. Avec la *France*, ils portent le cachet de l'identité d'intérêt, qui *n'a cessé de nous unir à ce pays*. Son état intérieur est malheureusement loin de répondre à nos vœux; mais je n'essayerai pas de développer moi-même à Votre Altesse impériale les motifs réels ni les effets probables de la crise dont il est encore menacé. Je laisserai parler l'ambassadeur de Sa Majesté (1) et je m'empresse

(1) Dépêche du général Pozzo di Borgo, en date de Paris, du $\frac{2}{27}$ mars 1830. — Nous publierons dans la suite de notre Recueil les pièces annexées à la présente dépêche du comte de Nesselrode.

de vous communiquer, Monseigneur, tous les renseignements que je possède sur ce sujet, en plaçant sous vos yeux sa dernière dépêche.

Je suis avec un profond respect, Monseigneur,

De Votre Altesse Impériale,

Le très humble, très obéissant et très dévoué serviteur.

NESSELRODE (1).

(1) La dépêche du comte de Nesselrode est imprimée d'après l'original, et les autres dépêches d'après des copies provenant des archives diplomatiques du grand-duc Constantin, à Varsovie.

DÉCLARATION DE CATHERINE II,

REMISE A LA DIÈTE DU ROYAUME DE POLOGNE,

LE 20 AVRIL 1766,

En faveur des Grecs non-unis et des Dissidents,

PAR S. EX. LE PRINCE DE REPNINE,

AMBASSADEUR DE RUSSIE PRÈS LA COUR DE VARSOVIE.

(Theisner, *Vicissitudes de l'église catholique*, t. II, p. 51.)

La religion et l'humanité déterminent l'impératrice à protéger les ruthéniens grecs en Pologne, qui, s'ils n'obtenaient satisfaction, auraient le droit de faire alliance avec les États voisins pour revendiquer ce qui leur est dû. — Les puissances étrangères en stipulant avec la République, n'ont pas moins contracté avec tous ses membres. — L'impératrice ne peut pas mettre de bornes à sa protection sans manquer à sa dignité. — Bienfaits de l'impératrice envers la Pologne. — L'impératrice demande : la restitution des églises enlevées aux ruthéniens grecs ; — le droit d'en bâtir des nouvelles ; — la diminution des impôts sur les églises grecques ; — une liberté entière pour le séminaire grec de Mohylew ; — la conservation de l'évêché grec de Mohylew à *toute éternité;* — l'exemption des popes des tribunaux ecclésiastiques catholiques ; — la liberté des mariages mixtes ; — l'égalité des droits par rapport au temporel.

La communauté de religion et la gloire de contribuer à la félicité humaine (1) ne sont point les seuls motifs qui déterminent Sa Majesté Impériale à renouveler aujourd'hui, de la manière la plus pres-

(1) Voyez l'article intitulé : KOSAKS NÉKRASSOVIENS, page 142.

sante, en faveur des sujets du culte grec et des autres dissidents de la Pologne, son intervention,
afin qu'il soit mis un terme à l'oppression sous
laquelle ils gémissent, et pour les rétablir enfin
dans la jouissance de leurs droits. Le soussigné,
dans le but d'exposer les raisons qui motivent la
présente déclaration, rappellera ici un fait, dont le
recueil des lois de la nation polonaise fait foi,
savoir : que les Grecs et les Dissidents ont toujours été considérés comme ayant droit à la qualité qu'ils réclament aujourd'hui, et furent traités
en conséquence dans les temps les plus heureux
de la République ; ils jouissaient paisiblement
et sans restriction de tous les avantages et priviléges qui leur étaient assurés en commun avec les
autres citoyens du pays ; ces droits furent solennellement reconnus et garantis par tout ce qui constitue
le lien des nations, et par les pactes les plus sacrés ;
établissant ainsi un droit public entre eux et leurs
concitoyens, dont ils pourront en tout temps réclamer l'exécution ; droit imprescriptible, et ne
pouvant jamais être annulé par des constitutions
civiles d'une partie seulement de l'État.

Ce serait nier l'évidence que de ne pas reconnaître, comme un principe invariable, *que le refus
prolongé de faire droit aux réclamations des Dissidents finirait nécessairement par les affranchir de
toute obligation envers une société, aux avantages
de laquelle ils n'auraient aucune part ; que ce refus*

prolongé ferait des Dissidents une communauté d'hommes parfaitement libres, et leur donnerait, sans qu'aucune loi humaine ni divine pût les condamner, le droit de choisir parmi leurs voisins des juges entre eux et leurs égaux, et de s'en faire des alliés s'ils ne pouvaient autrement se soustraire à la persécution. Dans des temps passés, la République avait été menacée de cette situation désastreuse ; on a heureusement réussi à la prévenir par la sanction que les traités conclus avec les puissances étrangères imprimèrent à ces conventions intérieures de la Pologne. Dès lors, le maintien de l'ordre et de la tranquillité de la République cessa d'appartenir exclusivement aux citoyens ; le maintien de l'ordre devint, en outre, un devoir impérieux pour les puissances qui, en traitant avec la République, avaient contracté des engagements envers tous ses membres divers.

C'est ainsi que la Russie, en vertu du traité de 1686, et les autres puissances qui, de concert avec elle, tendent au même but, en vertu du traité d'Oliva, considèrent comme un devoir de veiller à la sécurité de chacune des parties de l'État, de prévenir toute discorde entre elles, leur procurant une justice rigoureuse, et la jouissance pour tous et pour chacun, de ce qui constitue leurs droits réciproques et généraux. *C'est donc pour demeurer fidèle aux traités, que l'impératrice s'efforce de réhabiliter les sujets grecs et les autres Dissidents*

dans tous leurs droits, et de leur en assurer la con-
servation. Des motifs non moins puissants surgissent
de la position particulière de l'empire de Russie à
l'égard de la République ; car il est évident qu'elle
ne saurait mettre de bornes à la protection qu'elle
accorde aux Dissidents, *sans manquer à sa gloire,*
à la dignité de sa couronne et à la confiance de ses
amis.

Ce n'est point pour provoquer de nouveau les re-
mercîments de la République que l'on retrace ici,
encore une fois, ce que Sa Majesté Impériale a fait
pour elle ; c'est uniquement pour faire ressortir le
motif qui la détermine à agir, et faire mieux sentir
l'importance de donner satisfaction à la cause qui
l'intéresse, tout en démontrant l'impossibilité absolue où la République elle-même a placé Sa Majesté impériale, de se désister de cette protection.
C'est par l'effet de l'amitié la plus sincère, et pour
satisfaire aux devoirs de bon voisinage, que l'impératrice a pris et continue de prendre intérêt au
bien-être de la république, *et elle s'est sentie heu-*
reuse de voir la nation polonaise, confédérée, l'ap-
peler à rétablir la tranquillité chez elle, à conso-
lider ses libertés, et à amener l'élection libre d'un
roi Piast. Tous ont pu voir la générosité et l'affection avec laquelle Sa Majesté Impériale a accordé
cette demande de secours, et ce fut pour assurer
la félicité de tous les citoyens de la République
qu'elle prit une part si vive aux affaires de sa voi-

sine. L'élection libre d'un roi polonais fut un des
motifs, et même le plus important de ceux qui
avaient motivé un appel à l'intervention de l'impératrice ; cette élection eut lieu avec une tranquillité
et une unanimité dont la république citerait diffi-
cilement un autre exemple. Mais, quoique Sa Majesté Impériale ait réussi dans ce cas au delà de ses
espérances, *elle considérerait son œuvre comme
incomplète si une partie quelconque des habitants
continuait encore à être frustrée des heureux effets
de son amicale intervention.* Elle croira toujours
n'avoir accompli que la moitié de ce qu'elle s'était
proposé, et de ce qui lui a été demandé, tant que
durera cette désunion intérieure, relative aux dissidents. C'est pourquoi Sa Majesté croit conforme à
sa gloire de justifier jusqu'au bout la confiance que
la République tout entière a placée dans son affection, et de continuer sans interruption l'envoi si
risquant de ses secours, jusqu'à la décision finale
d'une question si intimement liée au bonheur d'une
partie des habitants.

Sa Majesté Impériale vient donc renouveler ses
instances auprès de la présente diète, pour qu'il soit
mis un terme à cette source d'interminables discordes, et qu'une parfaite tranquillité soit enfin
rendue à la République. Tout en priant le roi et la
nation d'accorder à cette affaire les égards et l'attention qu'elle mérite par son importance pour le
bien général, Sa Majesté Impériale la considère

sous deux points de vue distincts ; savoir : sous le
point de vue spirituel, et sous le point de vue temporel. Par rapport au premier, la république, sans
avoir annulé les droits des Grecs et des Dissidents,
a cependant tellement multiplié les abus, et leur a
permis d'arriver à un tel degré, que la liberté de
conscience est réduite à rien, ou à presque rien.
En conséquence, le soussigné demande, au nom de
l'impératrice, sa souveraine, « que tous ces abus
» soient supprimés, et que dorénavant tout soit
» réglé de manière à ce qu'on n'ait plus lieu de crain-
» dre le renouvellement de ces abus, ou d'autres
» pareils ; ce qui ne peut se réaliser que si la pré-
» sente diète décrète les articles suivants :

ART. Ier. Les Églises appartenant de droit aux
Dissidents, et qui leur furent indûment enlevées,
leur seront rendues ; il ne sera mis aucun obstacle
à la reconstruction de celles à qui le temps ou les
incendies auraient porté dommage. Il ne sera fait
aucun empêchement à l'administration des baptêmes et mariages, au service des morts, à la
prédication de la parole de Dieu, tant dans les
Églises qu'auprès des malades ; il sera permis aux
ecclésiastiques grecs et dissidents, dans l'accomplissement des actes sus-mentionnés, de s'entourer
de tout ce que réclame la décence et le respect dus
aux choses sacrées, de sonner les cloches, de faire
usage d'un costume convenable, d'avoir des cimetières, en un mot, d'accomplir, sans aucune oppo-

sition, tout ce que réclamera l'administration des sacrements, et le service divin d'une religion quelconque; tous ces détails réunis constituant la liberté des cultes.

Article II. Pour fixer dans ce royame, d'une manière définitive et complète, la liberté des cultes, la diète actuelle décrétera que, dans toutes les villes, bourgs et villages, où les Grecs et Dissidents n'auraient ni chapelles, ni églises, il sera désormais permis aux membres de ces différentes confessions, voulant s'y fixer, d'y établir des églises, des cimetières, des prêtres et des pasteurs, et que la juridiction ecclésiastique ne viendra, en aucune façon, gêner ces prêtres et pasteurs dans l'accomplissement de leurs devoirs, et l'administration des sacrements.

Article III. La liberté de conscience est de droit divin, et ce fait intéresse tout citoyen. Il est donc du devoir de tout État bien ordonné d'en faire jouir tous ses sujets, et de ne les faire dépendre, sous ce rapport, d'aucune autre religion. Ce principe une fois posé, il est évident que le tribut prélevé par les curés catholiques sur les Dissidents, pour funérailles, mariages et baptêmes, est abusif; les variations, quant à sa quotité, dans les différentes provinces, suffiraient, au besoin, pour démontrer qu'elles sont sans titre légal. Des abus aussi vicieux dans leur principe ne peuvent acquérir force de loi, par aucune constitution particulière, si ceux qui y sont intéressés ne l'ont point votée librement. Il paraît donc de toute justice de réformer cet abus ; et, si toutefois les ordres réunis d'un État libre voulaient stipuler quelque distinction en faveur de la religion dominante, il conviendrait de fixer, une fois pour toutes, une légère rétribution, considérée plutôt comme une marque de déférence que comme un tribut.

Article IV. Le séminaire grec de Mohilew ne sera inquiété en aucune façon, et continuera à vouer tous ses soins à l'éducation de la jeunesse grecque, sans que personne puisse y mettre empêchement.

Article V. Le séminaire et l'évêché de la Russie-Blanche, ainsi que toutes leurs dépendances, seront à jamais réservés au culte grec. Les Églises grecques et celles des dissidents continueront à appartenir à leurs confessions respectives.

Article VI. Aucun prêtre grec, aucun pasteur ni dissident quelconque ne pourra, sous aucun prétexte, être cité devant un tribunal ecclésiastique ; ils dépendront uniquement de la juridiction séculière.

Article VII. *Les mariages entre personnes de communion différente ne seront point défendus, et*

*les enfants suivront, d'après le sexe, la religion de
leurs parents respectifs.* En un mot, les Grecs et les
Dissidents jouiront en Pologne, quant à leur religion, d'une paix entière, et de cette douce protection que l'équité et la raison doivent assurer à tout
citoyen, et qui, à raison de cette seule qualité, est
déjà de droit strict.

Le rétablissement des Grecs et des Dissidents
dans leurs droits, quant au temporel, n'est pas
moins réclamé par la justice, et intéresse tout aussi
vivement Sa Majesté Impériale comme voisine intéressée par amitié, et obligée, par les devoirs de sa
couronne, *à assurer la félicité de la Pologne et à
y maintenir le bon ordre, qui en est la condition.*

L'égalité de la noblesse est, sans aucun doute,
la base de la liberté polonaise et le plus sûr garant
de ses constitutions. Toutes celles qui ont eu pour
but, à différentes époques, de dépouiller la noblesse
grecque et dissidente de ses droits et prérogatives,
furent l'œuvre malencontreuse des dissensions et
de l'anarchie; une partie de la nation, courant à sa
ruine, croyait trouver de grands avantages à s'élever aux dépens d'une autre partie des habitants,
et détruisait ainsi, par égoïsme et en vue de bénéfices passagers, les vrais et les seuls liens qui unissent
les nations. Dans un temps de paix et d'accord universel, où tout conspire au rétablissement d'une
félicité entière et inaltérable, dans un moment où

les lois retrouvent dans le zèle et dans le concert unanime des patriotes leur ancienne force, et promettent de rendre la République plus florissante que jamais, tous les membres de l'État doivent comprendre qu'il n'est pour eux de félicité possible que s'ils sont parfaitement unis; et qu'en présence des anciennes lois de la République, qui accordent à toutes les religions une part égale dans le gouvernement de l'État, maintenir une partie de la nation dans la possession exclusive des charges et dignités, serait sacrifier à un intérêt particulier la grandeur de la patrie. Ce point du droit public de la Pologne, à peu près anéanti par une suite de constitutions civiles, faites par une partie de l'État seulement, dans des temps de troubles et de dissensions, est précisément celui sur lequel se fonde Sa Majesté l'impératrice, pour demander qu'une négociation, avec cette partie des sujets de la république, qui ne diffère des autres qu'en ce que leur religion n'est point la religion dominante, détermine la part qui leur revient dans l'administration de l'État et dans leurs rapports avec la couronne. Ce ne sera qu'après avoir amené un accord parfait sur ce point que Sa Majesté croira avoir rempli ses obligations et satisfait aux sollicitations des divers ordres de la République. *Les secours qu'elle a accordés à la nation entière, pour son bien-être général, elle les doit pareillement, et ne peut les refuser, à une partie de la nation aussi considérable que les communautés des grecs et des Dissidents.*

Le cœur de l'impératrice ne serait point satisfait
si elle n'avait procuré à la République qu'une tranquillité apparente ; si elle ne l'avait préservée de la
violence dont étaient menacées ses lois, sa liberté
et ses constitutions, que pour abandonner une partie de la nation aux persécutions de l'autre ; si elle
n'avait contribué à remettre en vigueur certaines
lois que pour augmenter et perpétuer le joug des
abus ; son cœur, enfin, ne serait point satisfait si,
pendant qu'une partie de la nation accepte avec
bonheur ses secours et en recueille les fruits, une
autre, plus considérable, ayant les mêmes droits à
la sollicitude de Sa Majesté Impériale, n'ayant pas
moins invoqué son appui, n'ayant pas moins contribué à le rendre efficace, si, dis-je, cette partie de la
nation continuait à gémir dans le malheur.

La religion, les devoirs d'amitié et de bon voisinage, les obligations qu'imposent les traités, l'honneur attaché à l'accomplissement de son œuvre, le
désir de répondre aux espérances de la nation entière, placent Sa Majesté dans la nécessité absolue
de continuer ses efforts pour amener le rétablissement des grecs et Dissidents dans la jouissance de
droits que leur confère la qualité de membres d'un
État libre, tant au spirituel qu'au temporel. L'impératrice est convaincue que les bons offices d'une amie
et d'une voisine suffiront pour que les dispositions
que nourrit à cet égard la partie la plus sensée et la
plus patriotique de la nation deviennent communes à

tous. Et comme ceux qui voudront s'y opposer ne doivent être considérés que comme des ennemis de leur propre félicité et de celle de leur patrie. Sa Majesté Impériale ne se laissera détourner par aucune considération particulière de ce qui a pour but de ramener la tranquillité générale. Elle considère comme un devoir d'employer contre eux tous les moyens quelconques, et ne croira pas en avoir fait jamais un emploi plus louable.

Voilà ce que le soussigné a ordre de déclarer, au nom de sa souveraine, à Sa Majesté le roi et à la république de Pologne, convaincu que des demandes si justes recevront une entière satisfaction de la part d'un gouvernement essentiellement dominé par les principes de liberté et d'égalité, et qui, par conséquent, ne peut qu'accueillir favorablement toute *demande faite au nom de l'humanité.*

Nicolas prince REPNIN.

PRÉCIS DU RAPPORT

SUR

LES MOUVEMENTS SÉDITIEUX QUI ONT ÉCLATÉ

EN POLOGNE AU PRINTEMPS DE L'ANNÉE 1789,

PRÉSENTÉ EN 1790

A LA DIÈTE CONSTITUANTE,

PAR

LA DÉPUTATION SPÉCIALE CHARGÉE DE L'INSTRUCTION DE CETTE AFFAIRE.

(Réimpression littérale de l'imprimé publié dans le temps, sous le titre : EXTRAIT
DU DISCOURS, etc. Le Rapport officiel fut publié en polonais, à Varsovie, chez
Zawadzki, en 1790, en 2 vol. in-8°.)

Origine des insurrections de Cosaques en Pologne. — La grande majorité des habitants de religion grecque, réunie en 1595 à l'église
catholique romaine. — Révolte de Chmielnicki en 1648, appuyée
par l'irruption de la Moskovie en Pologne. — La communication avec
Constantinople étant interdite aux schismatiques polonais en 1676,
à la suite de leur connivence avec les Turcs, ils commencent à regarder
Kiiow, comme leur métropole. — Le Tzar retient cette ville après la
paix, et en violation du traité d'Andruszow. — Influence de la nouvelle métropole en Pologne. — Incurie du gouvernement polonais. —
Koninski, sujet polonais, évêque schismatique de Mohylew, devient
agent de la Russie. — Ignorance des popes. — Les popes russes
s'installent en Pologne. — La propagande russe s'accroît. — Révolte
en 1765, étouffée par le prince Auguste Czartoryski. — Traité
de 1768 imposé par la Russie. — Cette stipulation synallagmatique
en faveur des dissidents, porte un coup mortel à l'indépendance de
la Pologne. — Confédération catholique de Bar, en 1768, inspirée

par un patriotisme désespéré. — Carnage schismatique de Human, soufflé et soldé par la Russie. — Sadkowski, aumônier de l'ambassade russe à Varsovie, devient le chef des menées schismatiques. — Traité de partage en 1772. — Les catholiques et les schismatiques polonais, y sont considérés, tout simplement, comme sujets respectifs de la Pologne et de la Russie. — Les cures schismatiques en Pologne se remplissent de popes russes au mépris des droits des collateurs. — Synode de Saint-Pétersbourg. — Il n'est qu'un bureau administratif. — Ses ordonnances sont publiées en Pologne en forme d'ukases. — Le catéchisme russe avec son dogme de l'obéissance aveugle aux tzars, introduit en Pologne. — Prières publiques, en Pologne, pour l'impératrice. — Érection de l'évêché de Pereyaslaw, sans participation du gouvernement polonais. — Sadkowski mandé à Kiów en 1787, lors du passage de l'impératrice par cette ville. — Il contribue à la nouvelle rédaction du serment des popes. — Formule minutieuse des rapports ecclésiastiques à envoyer au Synode. — Les confessionnaux convertis en foyers de conspirations. — Tout livre de dévotion, s'il ne sort des imprimeries du Synode, est défendu. — Mesures ourdies contre les Grecs unis. — Les églises gréco-russes, par l'activité de Sadkowski, montent en Pologne de 94 à 300. — Même en 1788, des prières publiques se font en Pologne, pour la prospérité des armées russes. — Sadkowski dispose de fonds considérables. — Introduction clandestine d'armes par les marchands russes. — Symptômes de révolte en Ukraine en 1789. — Mesures du gouvernement polonais. — La Russie, dans l'affaire des Dissidents, obtient le concours des autres cabinets de l'Europe, et poursuit, à leur insu, son propre but.

La roideur outrée d'un gouvernement, le caractère indocile d'un peuple, la rudesse ou la dissolution des mœurs publiques, sont les sources ordinaires et connues des insurrections. Communes à tous les pays, ces causes de révolte avaient aussi quelquefois allumé en Pologne des troubles dangereux ; mais ces crises, amenées par une collision d'intérêts ou de vices domestiques, n'étaient que des secousses accidentelles, dont aucun corps politique n'est à l'abri.

De nouveaux dangers menacent aujourd'hui la République, dangers d'autant plus graves et plus imminents, que ce qui n'est ailleurs qu'un désastre passager devient en Pologne un mal permanent, dont le germe, toujours en fermentation, peut à chaque moment produire des explosions nouvelles; et que cet état des choses n'est plus l'ouvrage d'un concours d'événements intérieurs, mais le résultat suivi du système d'une politique étrangère.

Toutes les révoltes qui avaient autrefois ensanglanté la Pologne, avaient pris naissance dans le caractère farouche et indompté des habitants des contrées méridionales de la Pologne, connus sous le nom de Cosaques. Celles de nos jours sont les fruits des combinaisons profondes d'un voisin redoutable. A quelle époque, par quels moyens, par quelles gradations des événements purement fortuits se trouvèrent subordonnés aux calculs et au besoin d'un système étranger, et l'insurrection domestique se transforma en une conspiration politique; le rapport fait aux États par la députation désignée pour examiner les personnes inculpées de complicité dans les machinations qui éclatèrent au printemps de 1789, l'a complétement dévoilé.

On se propose ici de présenter en raccourci l'origine, les progrès et la maturité de ce plan politique. Dans la relation mentionnée, étayée d'une multitude de preuves, et de pièces authentiques, l'abondance des détails se réunit au nerf du raisonnement. La nature de cet écrit interdit les mêmes développements, elle ne permet de s'attacher qu'à des faits majeurs. Mais si les limites qu'on s'est imposées n'admettent point le détail de la discussion, la vérité du tableau exige de n'y laisser entrer aucun trait qui ne porte le caractère d'une vérité démontrée. Les Cosaques, ce peuple vagabond, sans mœurs, sans police, dévoué à l'ignorance, ennemi de tout assujettissement, avaient fait connaître les premiers en Pologne le nom de révolte et les calamités qui l'accompagnent.

Avant 1648, les troubles dont l'Ukraine fut la source et le théâtre, étaient purement le résultat de cet esprit d'indépendance et de licence naturel à un peuple inquiet, à qui les occupations sédentaires, les travaux de la campagne, les établissements fixes, étaient également étrangers qu'odieux. La religion, si propre à avancer la civilisation, ne lui était guère plus connue ; aussi ne pouvait-elle influer sur les motifs qui lui faisaient lever l'étendard de la rébellion. Si ses lumières pénétrèrent depuis dans les repaires de ces hommes plongés dans la barbarie et la dissolution, l'uniformité du culte grec, devenu dominant dans tout le pays

qu'ils habitaient, en écartait les troubles fanatiques
dont la diversité des opinions religieuses fait éclore
le germe. La séparation ne s'y établit que de
l'an 1595, lorsque le métropolitain de Kiiovie,
l'archevêque de Poloçk et les évêques de Vlodimir,
de Luceorie et de Helm, allèrent porter au Saint-
Siége l'offre de leur accession à la communion romaine. Offensé de cette démarche, décidée sans
sa participation, le prince Constantin Ostrógski
s'opposa fortement à l'union des deux églises, et
soutenu par un parti nombreux, il jeta les premiers
fondements d'une scission dont devaient résulter
les troubles postérieurs.

Mais quelque fréquentes que furent les dissen-
tions qui suivirent de près cette séparation, elles
n'avaient d'abord rien de commun avec les préten-
sions des deux églises devenues rivales. C'est ce
qu'attestent les fastes publics et les arrêtés multipliés de la législation, auxquels ces troubles domestiques avaient donné lieu. La diversité du culte
ne produisait encore d'opposition que dans les sentiments religieux du citoyen. Elle n'influait pas
dans les révolutions désastreuses dont les annales
du royaume nous ont transmis les récits fidèles, et
dont les vastes champs de l'Ukraine, teints du plus
beau sang de Pologne, offrent encore à l'œil des
monuments douloureux.

L'an 1648 fut l'époque des calamités nouvelles.

Vladislas IV était descendu au tombeau. La Pologne pleurait encore la mort de ce souverain chéri, lorsque l'audace d'un homme, fameux par les désastres de sa patrie, vint la plonger dans les horreurs d'une guerre civile et religieuse. Chmielnicki était son nom. Irrité de se voir frustré par l'administrateur de Czechryn d'une métairie dont le général de camp Koniecpolski l'avait gratifié, il conçoit le projet de soulever les Cosaques ; il leur fait partager son ressentiment en leur représentant l'injure qu'il prétendait avoir essuyée, soit comme un outrage fait à leur religion, soit comme une atteinte portée à leurs libertés. Ainsi le fanatisme religieux se mêlant au fanatisme de l'indépendance joua pour la première fois son rôle dans les pillages, les meurtres et les dévastations qui désolèrent la Pologne.

Cherchant à étayer son parti d'un appui étranger, Chmielnicki associa d'abord les Tartares au complot de sa vengeance, mais ces barbares, incités plutôt par l'appât du butin qu'intéressés aux motifs qui lui avaient mis les armes à la main, ne lui parurent pas longtemps des alliés commodes. Il en trouva un plus naturel dans un peuple en qui l'esprit fanatique, l'uniformité du culte et les vues d'agrandissement aux dépens de la Pologne, garantissaient des dispositions plus favorables au succès de ses desseins. Une guerre opiniâtre et meurtrière qui suivit cette union avec le Moscovite ne justifia que trop l'attente raisonnée de Chmielnicki.

Dès lors la Russie pouvait compter sur un parti puissant en Pologne, attaché par une communauté de religion à ses intérêts ; mais ce ressort, aujourd'hui entièrement à la disposition du cabinet de Pétersbourg, ne se pliait point encore au gré de la politique. Le trône des tzars de Moscovie obéissait lui-même à l'impulsion de l'autorité religieuse, qu'il a subjuguée à son tour.

Attentive cependant à se prévaloir de tous les événements qu'amenait le sort de la guerre, la cour de Russie, devenue maîtresse des provinces où la communion grecque comptait le plus de prosélytes, retint la ville de Kiiow au mépris des stipulations du traité d'Andruszow qui en avait garanti la réversion à la Pologne, au bout de deux ans. Sa politique attachait une importance majeure à la possession d'une cité, connue pour renfermer dans son sein ces tombeaux révérés par l'opinion où la religion grecque se plaît à trouver son triomphe, et ses sectateurs un aliment à leur piété. Ces lieux chers aux non-unis, objet constant de leur dévotion, offrent un attrait puissant aux sujets polonais professant la même communion.

Lors de la révolte de Chmielnicki, la religion grecque en Pologne reconnaissait encore pour chef le patriarche de Constantinople. Des événements postérieurs rompirent cette communication avec l'antique rivale de Rome. Doroszenko, héritier de l'audace et des projets sanguinaires de Chmielnicki, réveilla l'esprit séditieux des Cosaques, et secondé par les Tartares, il alluma une guerre civile sanglante et opiniâtre. Les désastres de cette guerre étaient en partie le fruit des intrigues et de la trahison des grecs non-unis, qui sous prétexte de pourvoir aux besoins de leur culte, passaient les frontières turques et conspiraient la perte de l'État de concert avec ses ennemis. Une perfidie aussi noire nécessita la loi émanée en 1676, qui défendit aux non-unis polonais toute déférence au siége de Constantinople.

Ce règlement, provoqué par le besoin des circonstances, entraîna dans la suite des inconvénients plus graves que ceux qui l'avaient motivé.

Soustraits à l'autorité d'une juridiction lointaine, les grecs non-unis de Pologne s'accoutumèrent insensiblement à envisager la ville de Kiiow sous l'aspect d'une métropole, qui, restée sous la domination de la Russie à la suite du traité confirmatif de celui d'Andruszow, devint un point d'adhésion entre les non-unis des deux États.

Le règne d'Auguste II, cet allié fidèle de Pierre Ier, fut l'époque de l'affermissement de l'influence de la Russie en Pologne, sur la base nouvelle d'un pouvoir qui commande aux consciences. Le césar du Nord, faisant ployer sous son sceptre le caractère indocile des peuples nombreux réunis en un vaste empire, croyait n'avoir pas assez fait pour l'autorité du trône, tant qu'elle serait séparée et gênée par l'autorité spirituelle. Il les réunit toutes les deux en sa personne, et se déclarant chef de l'Église grecque, son pouvoir acquit dans cette suprématie toute l'énergie de l'ancien gouvernement théocratique. Dès lors les décisions synodales furent des ordres absolus de souverain, et la sujétion politique se trouva confondue avec une soumission religieuse.

D'après ce nouvel ordre des choses, le danger des relations déjà avancées entre les non-unis de Pologne et ceux de Russie, devenait de plus en plus sérieux; il s'accrut encore par un événement qui suivit la mort d'Auguste II. Les partisans de Stanislas Leszczynski cherchèrent à s'appuyer des Cosaques, vivant alors sous la protection de la Porte. Ce peuple inconstant, armé pour la défense d'un parti favorisé par la cour ottomane, finit par se soumettre à l'impératrice Anne-Ivanovna, et ajouta à l'étendue d'un voisinage dangereux à la Pologne.

Exempts à la vérité, sous le règne d'Auguste III, des troubles d'une guerre civile, les États de la République paraissaient jouir d'une tranquillité sou-

tenue; leurs frontières néanmoins, toujours expo-
sées aux incursions des Cosaques russes, avaient
fait de l'Ukraine polonaise une demeure peu assurée;
et les terres fertiles de cette province ressemblaient
à des déserts. Sietz et Zaporoze devinrent l'école et
le séjour chéri de la jeunesse ukrainoise, comme la
ville de Kiiow était pour le clergé non-uni le dépôt
sacré des mystères de leur religion.

Les conséquences de ces liaisons étaient de nature à solliciter puissamment l'animadversion d'un
gouvernement vigilant; mais à cette époque, le
relâchement général de toutes les parties du régime
intérieur, la nullité absolue du pouvoir suprême,
dissous au milieu des diètes aussitôt rompues que
convoquées; l'insouciance nationale, nourrie par
les douceurs d'une longue paix et les jouissances
d'un luxe fastueux, n'avaient guère permis d'étendre les vues de l'administration jusqu'à la prévoyance de l'avenir. Cette incurie du gouvernement polonais servit à souhait la politique étrangère.
La Russie s'attacha à cultiver avec soin le penchant
des grecs non-unis de Pologne vers sa domination
en le nourrissant par l'attrait d'une douceur étu-
diée, propre à développer en eux la répugnance
naissante pour une autorité légitime.

Ici commence la période, où les révoltes en Pologne, n'étant plus le résultat passager d'un concours de circonstances, sortirent du rang des

événements auxquels la vigilance du moment suffit.

Depuis que la ville de Kiiow cessa d'être sous la domination de la République, et que les grecs non-unis de Pologne furent soustraits à l'autorité du siége de Constantinople, la Russie devint pour eux une seconde patrie. Leur éducation, l'institution de leurs prêtres, leur dépendance de la nouvelle métropole, étaient autant de liens qui les y attachaient dès l'enfance. Sujets de la République par la position locale, ils tenaient à une puissance étrangère par des rapports moraux plus forts que ceux de la politique. L'enceinte du pays qu'ils habitaient pouvait être envisagée comme un des diocèses de la Russie.

La Pologne comptait encore au nombre de ses possessions, Poloçk, Mohylow, et les parties détachées par le dernier démembrement du corps de ses États. Koninski, alors évêque de Mohylow, était sujet de la République ; mais sa dépendance du Synode de Pétersbourg en fit bientôt l'agent dévoué et actif de la politique de ce cabinet. Promoteur zélé de la doctrine qui, dans l'esprit des grecs non-unis, attache à la suprématie religieuse l'idée des pouvoirs inhérents à la souveraineté, il avança avec succès le système de la domination russe en Pologne, en y répandant ces principes fanatiques, propres à assurer à la Russie autant de partisans que les États de la République renfermaient d'individus professant la même communion. Un tel plan avait besoin de coopérateurs ; et Koninski en avait trouvé un très habile et très dévoué. Formé à son école dès l'année 1758, Sadkowski s'en montra le digne élève. Sa docilité, son aptitude, son zèle lui valurent bientôt avec la confiance de l'instituteur l'abbaye de Sluçk, et peu après l'évêché de Pereaslaw.

Pour se former une idée juste des principes de Koninski, on n'a qu'à jeter les yeux sur les deux discours qu'il avait prononcés à Pétersbourg, en 1765, devant l'impératrice et devant l'héritier de la couronne. Des vues aussi dangereuses pour la Pologne que favorables au système de la Russie ; une astuce d'esprit analogue à la nature des projets ; le langage exalté du fanatisme, caractérisent éminemment ces pièces (1). Citoyen et sujet de la République à cette époque, il qualifie de loup dévorant la religion dominante en Pologne. Il remercie l'impératrice d'avoir agréé les mesures suggérées par son zèle pour assurer une protection efficace au troupeau confié à ses soins. Il dépose aux pieds de cette souveraine l'hommage d'une sujétion absolue, avec la promesse d'inspirer à son troupeau la même dépendance.

____

(1) Voyez les Annexes A et B.

Installé dans l'évêché de Mohylow, son premier soin fut de donner une description détaillée de l'état des églises grecques non-unies en Pologne. Il s'attacha à y faire un tableau pathétique de l'ignorance grossière du clergé de cette communion. Et ce n'est pas l'intérêt de la discipline qui avait influé principalement dans les motifs de cette publication. Le défaut de lumières, l'oubli ou l'ignorance de l'objet de sa vocation n'étaient plus les seuls traits qui caractérisaient l'idiotisme d'un ecclésiastique grec. Déjà la doctrine de l'adhésion aveugle au Synode de Pétersbourg avait commencé à s'accréditer. On regardait comme un idiot quiconque, ou ne professait pas une soumission entière à ce synode à l'exclusion de toute autre juridiction, ou séparait le dogme d'une telle soumission de celui de la foi.

Pour propager ces principes en Pologne avec plus de rapidité, Koninski avait soin de faire remplir les bénéfices vacants par des moines et des prêtres venus de Russie, les plus connus par leur fanatisme, et dont l'esprit rusé lui paraissait le plus propre à se plier aux manéges de sa politique.

Aussi les progrès de cette doctrine s'annoncèrent-ils bientôt par un complot formé en 1765, quoique heureusement avorté. La vigilance du prince Czartoryski, palatin de Russie, alors régimentaire des troupes de la couronne, prévint à temps le danger.

Harko, officier cosaque, auteur de l'émeute, fut saisi et exécuté, et les paysans de l'Ukraine, déjà révoltés, rentrèrent dans le devoir.

Cependant le système de la politique étrangère se développait de plus en plus. La séduction avait rassemblé à Sluçk les non-conformistes des différentes communions; elle présida à l'acte qui fournit à la Russie, dans le rôle imposant de médiatrice entre la religion dominante et les dissidents, un moyen sûr de cimenter son influence en Pologne; en joignant à l'ascendant déjà acquis sur l'esprit des grecs non-unis le titre d'une protection ouverte dont elle se parait envers eux en les faisant comprendre dans le nom générique de Dissidents. Les intrigues, les cabales, la contrainte, furent les préliminaires de la diète de 1768, qui suivit la confédération de Sluçk; les outrages inouïs et multipliés faits à la dignité nationale, en signalèrent la malheureuse époque, et le traité qui mit le sceau à la dépendance de la Pologne en fut le fruit.

Une analyse exacte de ce traité offre plus d'une preuve des vues systématiques de domination qui en ont tissu le canevas; mais cette discussion présentant une carrière qui passe les bornes fixées à cet écrit, on se restreindra à quelques observations sur l'acte séparé touchant les Dissidents, comme ayant des rapports plus intimes avec la matière qu'on s'est proposé de développer.

Art. I. — § 1.

La religion catholique romaine est reconnue par cet acte pour être le culte dominant en Pologne.— Dans l'exemplaire imprimé en Russie et trouvé dans les archives de l'archimandrite Sadkowski, les mots *à jamais dominant* sont supprimés. Ce traité néanmoins devait servir de règle à l'archimandrite, et lui avait été transmis à cette fin par le Synode de Pétersbourg.

§ 3.

La peine de l'exil y est décernée contre les apostats de la religion romaine. — Cette stipulation, en apparence favorable au culte dominant, ne l'était en réalité qu'aux intérêts de la Russie. Le crime et la punition lui devenaient également avantageux. En punissant l'apostasie aux termes du traité, la Pologne enrichissait l'empire de Russie d'autant de sujets qu'elle en perdait. En laissant le crime impuni, elle voyait grossir dans son sein le nombre d'individus dévoués à la Russie.

§ 5, 6, 7.

La cour de Pétersbourg stipule dans cet acte l'érection d'un synode et des consistoires pour les Dissidents, et les soustrait à toute autre dépendance. En relevant également les grecs non-unis de leur juridiction compétente, elle ne leur en assigne point d'autre; réticence dont il est aisé de deviner le but.

§ 8.

L'évêché de la Russie blanche, déclaré plus bas pour relever de la métropole de Kiiow, met par une suite naturelle de cet arrangement, le clergé dis-uni de Pologne dans la dépendance de celui de Russie.

§ 12.

Les séminaires et les études sont soustraits à l'inspection nationale et confiés à la direction des évêques, déjà subordonnés par l'article précédent au siége métropolitain de Russie.

§ 14.

Le droit de patronage réservé aux propriétaires de toute communion, se trouve restreint pour les catholiques que l'on assujettit à déférer aux recommandations des évêques. Cette prérogative déjà si resserrée dans le droit, devint bientôt nulle dans le fait.

Sans pousser plus loin les citations des articles que cet acte impose à la nation, on en fait voir assez pour laisser apercevoir avec certitude le plan décidé du cabinet de Pétersbourg, de consolider par ces stipulations combinées avec art, son autorité sur les grecs non-unis de Pologne, comme l'ensemble du traité principal avait mis toute la nation dans sa dépendance.

Pour donner à cet ouvrage de la contrainte, les couleurs d'une forme diplomatique, la Russie eut soin de l'étayer de l'intervention des cours de Londres, de Berlin, de Stockholm et de Copenhague, mais aucune de ces cours n'a appuyé son vœu de la sanction d'une signature ou d'une ratification ; et FRÉDÉRIC-GUILLAUME, dont les vues élevées réunissent les suffrages et les applaudissements de l'Europe, vient de manifester hautement ses principes à cet égard, par le concours actif et ouvert aux efforts courageux de la nation, à secouer les entraves honteuses d'une tutelle étrangère.

Quelque abattue que dût être la fierté nationale par la prépondérance d'une grande puissance, favorisée par les circonstances, le sentiment de l'honneur se réveilla dans le cœur des patriotes, pressés de la honte de la dépendance ; ils cherchèrent un remède à la dégradation de l'État dans l'élévation de leur courage. Cet exemple magnanime fut suivi bientôt d'une révolution générale. Tout le royaume se trouva en feu. On tirera le rideau sur le tableau douloureux de cette révolution, où la bravoure, dénuée de moyens de guerre, sans autre appui que l'amour de la liberté, avait à combattre une force soutenue de toutes les ressources d'un vaste empire, fortement constitué. On se bornera à rappeler le souvenir de la calamité mémorable qui vint aggraver le désavantage de cette lutte inégale et dont le récit a une liaison directe avec l'objet qui nous occupe. C'est annoncer la circonstance de l'explosion de la révolte de l'Ukraine, qui ajouta aux malheurs d'une guerre étrangère les horreurs d'une guerre civile. Zelezniak, Tymenko, Bondarenko, principaux chefs de Zaporoviens, furent les auteurs de cette sédition. Rendus successivement en Pologne et réunis dans le monastère de Montryn, ils dirigeaient de là les apprêts d'un complot sanguinaire. L'annonce imposante d'une protection dont ils se vantaient ouvertement, le concours des prêtres non-unis, dont le fanatisme prêtait à une entreprise criminelle le voile d'un zèle de religion, tous les genres de séduction furent employés pour entraîner une multitude facile à émouvoir. Bientôt trente mille paysans armés arborèrent l'étendard de la révolte. Le meurtre et la désolation précédaient leurs pas. Human, Lisianka et quelques autres villes de l'Ukraine, devinrent le théâtre d'atrocités dont l'idée surpasse tout ce que l'histoire raconte des siècles de la barbarie.

Ces scènes révoltantes allaient se reproduire en Volhynie et en Podolie, lorsque les mesures sages et vigoureuses du grand-général Branicki, alors

grand-maître d'artillerie, parvinrent heureusement
à réprimer la révolte. Gonta, Szydlo, chefs des
Ukrainois, et quelques uns de leurs complices faits
prisonniers, subirent la peine due à leur crime.
Cependant l'auteur de tant d'horreurs échappa
avec ses compagnons au glaive de la justice ; saisis
par les troupes russes, ils furent emmenés en Russie à titre de sujets de cet empire, et la Pologne
ne fut point vengée par la nouvelle de leur sup-
plice (1).

Le feu de la révolte, étouffé mais non éteint, se
ralluma l'année suivante. Nourri des mêmes ali-
ments, il allait produire les mêmes ravages. Tymenko,
complice de la première sédition, Paczenko, et
Zurba, autres chefs zaporoviens, pénétrèrent en
Pologne partagés en trois bandes. Si les détachements du régimentaire Stepkowski parvinrent bientôt à les disperser, si ce commencement de révolution n'eut point des suites plus funestes, c'est que
la même politique qui s'applaudissait de l'effet de
la première révolte, voyant son but rempli, celui
de l'affaiblissement d'un État armé pour défendre
son indépendance, n'a pas jugé convenable de favoriser la désolation entière d'une province sur

(1) Melchisedech Jaworski, moine non-uni, connu pour avoir
fomenté et encouragé le plus cette fameuse sédition, vit en Russie
et est avancé en grade. Zelezniak lui-même y a été vu depuis peu,
vivant au sein de l'abondance. Quand les faits parlent, les réflexions
sont inutiles.

laquelle elle formait dès lors des vues plus étendues, ainsi que cela se développera bientôt, et qui
était d'une utilité essentielle dans le moment par
le secours des subsistances qu'elle fournissait aux
armées russes, obligées alors de soutenir une guerre
opiniâtre contre le Croissant.

L'intervalle qui s'est écoulé depuis l'année 1768,
époque aussi brillante pour la Russie qu'odieuse
à la Pologne, jusqu'à celle de 1775 qui n'a été que
le résultat de la première, fut mis à profit pour
faire mûrir dans le silence le projet de l'asservissement des Polonais au moyen de la division des
esprits. On nourrissait avec soin le penchant fanatique des grecs non-unis vers la domination d'une
puissance qui s'était déclarée protectrice de leurs
droits civils et religieux. Les ménagements de toute
espèce, une douceur soutenue, des perspectives
séduisantes, tout fut mis en usage pour étouffer
dans des cœurs leurrés par tant d'attraits, un reste
d'attachement pour le gouvernement national.

Sadkowski, cet élève docile de l'évêque de Mohylow qualifié par le traité de 1768, celui de la
Russie blanche, était l'agent principal de ces menées sourdes et adroites. Ses talents, perfectionnés
dans l'école du fanatisme, avaient reçu un développement plus étendu dans une carrière nouvelle
où il fut transplanté. Placé auprès de la légation
russe à Varsovie en qualité d'aumônier, cet emploi

titulaire le mit à portée de suivre avec plus d'activité le plan d'un système dont, par ce rapprochement, il pouvait approfondir tous les rapports ; et le déservant d'une chapelle devint le suppôt de la politique.

Le traité de 1775 qui combla les malheurs de la Pologne, en enrichissant la Russie d'une partie des dépouilles de ce royaume, ajoutait un nouveau poids à son influence sur les grecs non-unis, par l'abandon des pays où se trouvaient les chefs-lieux de leur juridiction spirituelle. Aussi la cour de Pétersbourg, qui jusque là s'était bornée à exercer une domination tacite sur cette classe de sujets de la République, prend-elle dans ce traité un langage qui n'appartient qu'à une souveraineté directe. — L'article IX du second *acte séparé* qui établit une commission pour connaître des différends entre les grecs-unis et non-unis, finit par ces termes remarquables : « En attendant, pour ôter tout prétexte » à de pareilles plaintes, les deux hautes parties » contractantes donneront des ordres sévères à leurs » *sujets respectifs* d'attendre, dans une tranquillité » parfaite, les arrangements de la susdite commis- » sion, et il sera défendu aux troupes de se mêler » et de prêter main-forte à qui que ce soit dans » les susdites affaires. » Cet énoncé n'est susceptible d'aucune équivoque dès qu'on se rappelle que les parties contractantes dans le traité sont la Russie et la Pologne, et que ce qu'on y nomme

sujets respectifs, sont les grecs unis et non-
unis.

En suivant la marche combinée de la politique
qui a présidé à la confection de ce traité, on en
découvre à chaque pas l'esprit et le but. Une condescendance raisonnée y laisse restreindre les prérogatives accordées, en 1768, aux dissidents, dont
la protection n'était que le voile de celle qu'on
avait vouée aux non-unis; tandis que tout ce qui
concerne ces derniers, tout ce qui cimente leur dépendance de la Russie y est soigneusement rappelé,
renouvelé et consolidé. Le peu de modifications
qu'on apporte à leurs franchises décèlent encore
la prévoyance d'une politique déliée, qui se ménage
les moyens de soulever à volonté des fermentations
utiles, en laissant subsister un germe de mécontisen-
tement dans quelques privations légères dont on
pourrait se prévaloir au besoin en les faisant regarder aux non-unis comme autant de preuves d'un
gouvernement injuste et partial.

Les temps postérieurs ne développèrent que trop
ces calculs politiques. Des milliers d'écrits successivement émanés, qu'il serait aussi superflu de
nommer, vu leur notoriété, que difficile d'analyser
dans un exposé circonscrit dans des bornes étroites,
dévoilent suffisamment quelle était la nature du
ministère qu'exerçait Sadkowski sous le titre mo-
deste d'aumônier, avec quel soin il s'attachait à

frapper sans cesse les yeux des non-unis Polonais, des effets d'une protection bienveillante de la Russie à leur égard ; avec quelle attention il fomentait et nourrissait dans leur cœur une répugnance secrète pour l'autorité nationale. Le protocole fidèle de ses correspondances étendues dépose de son activité.

Le fanatisme a été de tout temps l'agent puissant que la politique a constamment employé avec succès ; aussi la servit-il à souhait en Pologne.

Tant que l'installation aux bénéfices vacants du rite non-uni tenait essentiellement à la présentation des collateurs, le choix des sujets ne se trouvait pas toujours d'accord avec les vues de cette politique. — On ne tarda pas à s'affranchir de ce frein incommode : presque toutes les cures se trouvent insensiblement remplies, sans égard aux droits des collateurs, par des ecclésiastiques envoyés de Russie, dont la docilité fanatique garantissait l'aptitude désirée. — Leur zèle répondait à cette puissance de l'attachement de tous ceux dont ils maîtrisaient les consciences.

L'attention du cabinet de Pétersbourg à multiplier les fils déliés qui attachaient les grecs non-unis de Pologne à ses intérêts, fut poussée jusqu'aux précautions en apparence les plus minutieuses. Les dénominations, si peu faites pour ajouter à l'essence des choses, tiennent quelquefois lieu de réalité dans les esprits vulgaires. — La Russie n'oublia point d'essayer ce genre d'attraits envers les non-unis. Au temps qu'ils reconnaissaient la supériorité du patriarche de Constantinople, leur communion était qualifiée en Pologne de gréco-orientale; depuis leur séparation de ce siége primitif, la Russie les désignait quelquefois sous le nom générique de gréco-russes; et cette dénomination affectée fut employée dans ces derniers temps avec l'attention la plus soutenue, afin que tout, jusqu'aux noms, rappelât sans cesse aux sujets de la République professant le culte non-uni, leur dépendance du cabinet de Pétersbourg.

Bientôt arriva l'époque où les prétentions de ce cabinet se manifestèrent par des traits plus directs et plus tranchants. Tel est l'ukase du Synode de Pétersbourg émané en 1780, le 24 février, et transmis par le consistoire de Pereaslaw en Pologne, qui enjoint au moine Orlow de transporter son domicile au monastère de Bohuslaw en Pologne.

Le nom d'ukase, étranger à l'oreille polonaise autant que la disposition qu'il désigne doit l'être à une nation vivant sous un gouvernement libre, a droit sans doute de surprendre le lecteur. Mais nous touchons aux temps où ces ordres absolus sont devenus aussi communs en Pologne que les

effets de la domination étrangère s'y montrèrent
plus palpables.

Parlant d'un ukase, du Synode de Pétersbourg, il
ne sera pas hors de place de développer ce que
c'est qu'un Synode, non dans l'acception généralement reçue, mais dans la signification qui est par-
ticulièrement propre à celui de Russie.

Le Synode de Pétersbourg n'est point une assemblée d'ecclésiastiques dont le ressort soit borné au
rite, à la discipline, aux mœurs ; c'est un composé
de membres soumis au chef de l'Église, qui est le
souverain ; c'est une dépendance du cabinet de
Russie ; un de ses bureaux, destiné à en transmettre et promulguer les volontés par l'organe imposant du fanatisme, que le clergé russe se croit
obligé d'alimenter par état. Les ordres du souverain
sont des mandements sacrés pour le Synode ; il ne
promulgue rien qui n'ait reçu la sanction de ce
souverain. La religion devient par là une partie
constituante de la souveraineté, une sauvegarde de
l'obéissance passive des sujets, sous l'inspection
vigilante du clergé. C'est cette inspection qu'exerce
en dernier ressort le Synode supérieur en Russie et
qu'il s'est efforcé d'étendre en Pologne. Le développement de ce système date de l'année 1783,
époque marquée par un événement favorable à son
exécution, on veut dire la mort du sieur Wolczanski,
archimandrite de Sluçk. Cet ecclésiastique n'avait

pas été élevé à l'école du fanatisme ; il avait vécu et vieilli dans des principes d'attachement et de respect pour le gouvernement national ; il avait appris dès l'enfance à distinguer la limite des droits respectifs des États, comme celle de leurs possessions. Il reconnaissait dans le siége de Constantinople la suprématie primitive de sa religion. Renfermé ainsi dans les fonctions modestes de son état, il paraissait peu propre à servir les vues cachées de la politique ; aussi ne fut-il pas initié dans ses secrets. Sa mort en aplanissant toutes les difficultés, fit naître un nouvel ordre de choses. L'influence du Synode de Pétersbourg se manifesta bientôt avec le même caractère d'autorité en Pologne comme en Russie. Ses règlements les plus minutieux, comme les plus importants, tels que les promotions aux premières charges de la hiérarchie ecclésiastique, se publiaient dans les États de la République par des ukases ; un de ces ukases y a annoncé la nomination de Koninski à l'archevêché de Polock et son introduction au Synode.

La simple publication des volontés étrangères dans un État est déjà un acte dérogatoire à la souveraineté indépendante de cet État. — Mais ce n'était que le prélude des atteintes plus graves portées à celle de la République. Sans la participation du gouvernement, Sadkowski se trouve installé dans une des premières charges du clergé non-uni de Pologne. L'ordre portant cette promotion, au lieu d'être appuyé sur la présentation du seigneur du lieu, substitue par un remplacement étrange, à cette formalité essentielle, celle de l'annonce de la recommandation de l'ambassade russe à Varsovie (1).

Entré dans l'exercice de sa charge sans le concours préalable du collateur, bien postérieurement obtenu, le nouvel archimandrite de Sluçk s'empressa de justifier les motifs de son choix.

Du vivant encore de l'archimandrite Wolczanski, on avait clandestinement introduit en Pologne un livre intitulé *Catéchisme abrégé*. Sadkowski eut soin de le répandre avec profusion parmi les grecs non-unis. Cet imprimé dont le titre moral semble annoncer le développement des préceptes dérivant du culte dû à la Divinité et de l'amour du prochain, n'est qu'un tissu de principes destinés à inspirer le dévouement le plus entier aux intérêts de la Russie. C'est de ce livre, où l'obéissance aveugle au souverain est placée au rang des articles de la foi, qu'est tirée la formule du serment, requis pour l'admission à la prêtrise. Cette formule, prescrite dès l'année 1768, par un ukase du Synode de Pétersbourg, n'avait d'abord été mise en usage qu'envers les prêtres ordonnés en Russie ; Sadkowski employa tout son zèle pour la rendre commune à ceux même qui l'étaient en Pologne.

(1) Voyez sous la lettre C, l'ukase d'installation de Sadkowski dans l'abbaye de Sluçk.

Pour peu qu'on réfléchisse sur le texte de ce
serment, on ne saurait se défendre d'une forte surprise d'y voir partout le souverain, mis presque au-
dessus de la Divinité, et le dévouement à ses intérêts aller au-devant des devoirs les plus sacrés.
En cherchant à deviner quelle peut être la nature
des objets qui exigent le sceau inviolable du secret
de la part d'un ecclésiastique, quand on se rappelle
que le Synode et le cabinet de Pétersbourg ne font
qu'un, l'imagination ne fixe plus de bornes à l'influence d'un pouvoir disposant de tels ressorts (1).

Le dépouillement des archives volumineuses de
Sadkowski fournit les preuves multipliées de l'exercice de cette influence en Pologne, et décèle les
vues cachées d'un système étendu.

Ce dépôt présente une suite d'oukases qui se succèdent et se renouvellent en Pologne. La célébra-
tion des fêtes et des événements glorieux à l'empire
de Russie, les prières publiques pour l'impératrice
et pour la famille impériale, l'installation des
moines et prêtres russes aux bénéfices vacants sans
le concours des collateurs, enfin la promulgation
des règlements les plus minutieux émanés du
Synode de Pétersbourg sont l'objet de ces mandements. Des rapports non moins multipliés et les
plus exacts soit de l'exécution fidèle des ordres

______

(1) Voyez Annexe sous la lettre D.

reçus, soit des différents arrangements effectués ou à prendre, manifestent d'une manière non équivoque le dessein bien décidé de ne laisser à la juridiction nationale absolument rien à régler dans ce qui concernait les grecs non-unis de Pologne.

Koninski, auteur primitif de toutes les machinations contre la République, uni par une conformité de principes, de vues et de penchants, avec Sadkowski, forme le projet de réunir indistinctement sous les lois de l'Église russe tous les non-unis de Pologne ; car il est à observer qu'il s'en trouve encore dans les États de la République, qui tenant fortement à ce qu'ils appellent la religion gréco-orientale, et ne reconnaissant point la supériorité de l'église gréco-russe, n'entrent pour rien dans le système dont cette dernière dénomination indique et détermine les motifs. Plein de l'idée d'une telle coalition, Koninski imagine que l'établissement d'un évêque en Pologne en deviendrait le plus sûr moyen ; il se concerte en conséquence avec Sadkowski et fait passer au Synode de Pétersbourg un écrit, où il s'attache à démontrer l'utilité d'un tel poste, pour l'affermissement de l'influence de la Russie sur les non-unis polonais ; et s'appuyant de l'exemple de l'ancienne existence des évêchés à Léopol et à Kiiow, il conseille de fixer le siége épiscopal à Sluçk, et d'y réunir la coadjutorerie de l'archevêché de Kiiow, dans le double but d'imprimer à ce siége, avec le nouveau titre, le

caractère d'une autorité supérieure et d'assurer par
sa dépendance d'une métropole russe, celle de tout
le corps du clergé grec de Pologne au Synode de
Pétersbourg. Il développe ensuite ses vues pour
l'administration des églises grecques et l'accroissement de leur nombre; Sadkowski y est présenté
pour candidat au poste projeté, comme le plus
propre par son zèle, ses talents exercés et ses con-
nexions locales, à répondre aux motifs politiques
de cet établissement. Dans un autre écrit, adressé
au Synode, il indique les moyens d'obtenir pour
son protégé le brevet du roi de Pologne, sinon à
titre d'évêque, du moins à celui de suffragant du
métropolitain de Kiiovie.

Le Synode de Pétersbourg en adoptant sans réserve toutes les vues de Koninski, leur donne sans
délai une exécution plénière. Sadkowski se trouve
bientôt sacré comme évêque de Pereaslaw.

Élevé à cette dignité, qui dans le système du
cabinet de Pétersbourg devient un poste de confiance, il s'astreint par une formule de serment
plus rigide que celle du serment ordinaire, à un
secret inviolable, et à l'exécution fidèle des mesures
confiées à ses soins. Il y déclare, en face du ciel,
qu'aucun potentat de l'univers, non plus que la
multitude du peuple (expression qui dans la langue
originale désigne une république) ne pourront le

détourner de l'obéissance aveugle vouée à la Russie (1).

Le grand objet de ces engagements, le secret de ce système imposant qui captivait le fanatisme exalté de Sadkowski, sont dévoilés au grand jour, dans des aveux et des indications consignés de sa propre main. Il ne s'y agit pas moins que de faire crouler le mur intermédiaire qui sépare l'Église grecque orientale de celle d'Occident, et d'en faire un seul vaste édifice. Ainsi les provinces méridionales de la Pologne étaient destinées à devenir le point de communication avec les conquêtes nouvelles, dont les succès guerriers devaient au loin reculer la limite (2).

Ce qui se passait à cette époque présente des rapports palpables avec la réalité d'un tel système. On érige en Pologne un évêché sans la participation du gouvernement national; on y attache une pension pour s'en mieux assurer la dépendance; le nouvel évêque est astreint à un serment qui par sa nature détruit ou prévient tout autre engagement; il entre en exécution plénière des fonctions de sa charge; il en déploie tous les pouvoirs; et ce n'est que lorsque tout ce qui caractérise essentiellement la gestion d'un office a été rempli, consommé, qu'une politique adroite s'avise de solliciter un

(1) Voyez Annexe sous la lettre E.
(2) Voyez Annexe sous la lettre F.

brevet du roi de Pologne afin d'endormir par cette formalité illusoire la vigilance de l'administration nationale sur les suites dangereuses de tant d'empiétements sur son autorité.

L'influence étrangère alors prédominante en Pologne interdisant au roi la liberté d'un refus, lui laissait à peine les ressources du délai. L'expédition du privilége fut différée, jusqu'à ce que le nouvel évêque eût prêté le serment de fidélité au roi et à la République. Il se rendit en effet à Varsovie, mais ce n'est pas sans en avoir préalablement obtenu la permission et une sorte de dispense du Synode de Pétersbourg. Présenté à la cour par l'ambassadeur de Russie, dès qu'on lui eut fait entendre que la prestation du serment était le préliminaire essentiel qu'il aurait à remplir, il ne reparut plus, et le brevet fut délivré depuis, à la sollicitation pressante et opiniâtre de l'ambassadeur.

Cependant le délai de cette expédition ne ralentit ni l'activité des fonctions abusives de Sadkowski ni sa correspondance avec le Synode de Pétersbourg. Les mandements de l'un, les rapports de l'autre allaient toujours leur train. Les règlements de toute espèce s'exécutaient sans obstacle. Lorsque ensuite nanti du brevet du roi, accordé à l'importunité, il se trouva légalement revêtu d'une charge éminente dans l'État, plusieurs mois se passèrent sans qu'il eût donné au gouvernement le garant nécessaire de la fidélité de sa gestion; le serment qu'il remplit depuis, a dû même être préalablement communiqué à la Russie.

L'année 1787 fut l'époque du voyage de l'impératrice à Cherson, et de cette entrevue mémorable dont les effets produisirent une commotion générale dans toute l'Europe et amenèrent le moment destiné à la régénération de la Pologne.

Sadkowski fut mandé à Kiiow lors du séjour passager de la souveraine de Russie dans cette ville. Là fut analysée, discutée, façonnée, la formule du serment qu'il devait prêter à la République. La subtilité théologienne en pesait avec attention tous les termes; elle les rapprochait du texte de l'engagement antérieur pour écarter soigneusement tout ce qui pouvait en affaiblir la force ou diminuer l'étendue. Une manipulation adroite de retranchements et de modifications en rendit en effet l'énoncé susceptible de toutes les interprétations analogues à la nature de l'engagement primitif.

Il serait superflu d'indiquer ici en détail les différences qui se laissent apercevoir entre la formule du serment, telle qu'elle avait été proposée à Sadkowski, et celle qu'il prononça à Tulczyn. On ne s'arrêtera qu'à deux omissions remarquables. La formule primitive fait expressément mention des lois nationales de Pologne et de la religion do-

minante catholique romaine. Dans celle rédigée à
Kiiow, les derniers mots : *catholique romaine*, et
à la suite du passage antécédant où il est dit : *lois
nationales*, la qualification de *Pologne*, se trouvent
supprimés. Au reste un rapprochement général de
la teneur du serment prêté par Sadkowski à la République, du texte de celui par lequel il s'était
engagé envers la Russie, suffit pour convaincre
pleinement tout lecteur attentif, que cet engagement antérieur n'a perdu rien de sa force par la
prestation subséquente d'un hommage dont la forme
en rend les obligations vagues et illusoires.

Aussi le dévouement de Sadkowski aux intérêts
de la Russie ne se montre-t-il pas moins entier depuis cette époque. De nouveaux bienfaits personnels, de nouvelles faveurs accordées aux monastères
confiés à sa direction, une augmentation successive
des fonds destinés aux dépenses de l'administration, sont les indices bien sûrs et de la confiance
non démentie dans le zèle soutenu de Sadkowski et
de la poursuite constante du système adopté par le
cabinet de Pétersbourg.

Parmi tant d'autres règlements qui décèlent le
développement de ce système, on en trouve un digne
d'une attention particulière. C'est celui qui prescrit un rapport exact, d'après des modèles fournis,
de l'état des diocèses, de leurs recettes, de leurs
dépenses et du nombre des paroissiens. L'âge, le

sexe, l'état des célibataires et des gens mariés, tout jusqu'au nombre de participants au sacrement de la confession, s'y trouve classifié. Les motifs de cette inquisition ne sont pas difficiles à deviner. Le confesseur est le dépositaire des secrets inaccessibles à toute autre autorité; et par un abus douloureux, le voile sacré de la pénitence a couvert plus d'une fois des trames criminelles. La Pologne vient d'en faire la triste expérience. Le fanatisme eut recours à cette voie, pour propager la séduction, pour en suivre, pour en graduer les progrès. Et ce n'est pas une inculpation hasardée sans preuves authentiques. Les dépositions consignées dans les procès-verbaux des indagations des personnes impliquées dans la dernière révolte en attestent la réalité. Les confessionnaux étaient devenus le point de réunion des complots sanguinaires; on y recevait les serments de la trahison et la liste des proscriptions s'y formait en silence.

Un autre édit, non moins fait pour être remarqué, directement en opposition à la teneur de l'article IX du traité de 1768, mais éminemment propre à assurer le règne du fanatisme, est celui qui défend d'imprimer les livres de dévotion et d'études ailleurs que dans l'imprimerie synodale, et ne permet l'usage que de ceux qui portent le sceau de la censure et de l'approbation du Synode.

On ne doit pas non plus passer sous silence l'article d'un rapport de Sadkowski, dont il résulte que dans le court intervalle qui s'est écoulé depuis son installation, le nombre des églises non-unies qui, à cette date, ne montait qu'à quatre-vingt-quatorze, s'est accru jusqu'à trois cents.

Nous touchons enfin au temps où les mesures combinées de longue main allaient être couronnées d'un succès. L'année 1788 eût probablement mis le comble à l'asservissement des Polonais, si la Providence ne l'avait destinée à devenir l'époque de leur réveil. Cependant les entreprises abusives de l'autorité étrangère se manifestent encore cette année. Le royaume se voit inondé d'oukases de toute espèce. La suppression des diocèses, la répartition des évêchés, la publication des pardons pour les déserteurs, quantité d'autres règlements, absolument étrangers à la nation, se succèdent avec profusion. Une guerre allumée aux deux extrémités de l'empire russe occasionne un manifeste : on le publie en Pologne comme en Russie avec une formule uniforme, des prières publiques, si l'on peut appeler de ce nom des imprécations et des anathèmes lancés non seulement contre les puissances en guerre, mais contre toutes les religions différentes du culte grec non-uni. La conquête d'Oczakow donne lieu aux publications du même genre destinées également à exalter le fanatisme, dévoué à la Russie, et à manifester l'ascendant de cet empire, par l'annonce fastueuse de ses triomphes ; double moyen d'avancer le système d'une domination qui ne pesait déjà que trop à la nation. La fortune des armes paraissait devoir bientôt le porter à son comble, lorsque la face des choses changea soudainement en Pologne.

Depuis trois mois la diète était assemblée à Varsovie. Unie par un lien, ci-devant ouvrage de l'intrigue ou de la contrainte, aujourd'hui le ciment heureux de la vertu rapprochant les volontés d'une nation décidée à être indépendante, elle avançait avec vigueur dans ses travaux. Son mot de ralliement était l'union du roi avec la nation. L'anéantissement du joug, la garantie d'une existence indépendante, étaient le but et le prix espéré des efforts réunis.

La Russie parut voir avec indifférence ce premier essor du génie national. Une politique confiante, inspirée par un ascendant long et tranquille, lui faisait envisager l'énergie du corps législatif comme le résultat d'une effervescence passagère.

Cependant le concert, la persévérance de l'assemblée, la marche méthodique de ses délibérations, un esprit de fraternité qui s'y manifestait de plus en plus, tout annonçait une révolution opérée dans les idées et les dispositions nationales : la voix publique applaudissait aux efforts qui brisaient successivement les entraves imposées à la constitution.

Le caractère national se développait avec les progrès des travaux dont le résultat journalier rapprochait la perspective flatteuse d'un nouvel ordre de choses analogue à la dignité d'une nation indépendante.

Cette activité soutenue tira le cabinet de Pétersbourg de l'insouciance dans laquelle il paraissait jusque-là se renfermer, et, loin de renoncer au système de domination que la Pologne repoussait avec fermeté, sa politique ne fit que redoubler d'efforts pour retenir dans les entraves un pays qui allait lui échapper pour jamais; mais ces efforts furent couverts d'un voile que la position des circonstances rendait nécessaire. Les messages fréquents adressés à Sadkowski, ses rapports multipliés, un fonds considérable en argent qu'il reçut dans la même année, tout démontrait une activité redoublée de sa part, mais tout était enveloppé des ombres du secret.

Bientôt des avis multipliés venus successivement des différents point du royaume annoncèrent les indices d'une disposition générale à la révolte dans les paysans du rite grec uni et non uni. Ces premiers bruits ne tardèrent pas à se changer en certitude. Le danger imminent nécessita des mesures promptes et vigoureuses. Sadkowski fut surveillé. Le cabinet de Russie n'ignorait pas les mouvements qui se manifestaient en Pologne, les précautions efficaces du gouvernement pour conjurer l'orage lui étaient connues. Il ne pouvait d'ailleurs se dissimuler l'intérêt que d'autres cabinets prenaient au sort de la République. Toutes ces considérations lui imposèrent la nécessité d'une conduite circonspecte. Il descendit à des ménagements dont il est aisé d'apprécier le but. Un ordre tardif défendit de publier en Pologne les manifestes qui, comme on l'a vu plus haut, avaient déjà reçu toute la publicité. Cet ordre accompagné d'une dépêche de Koninski, adressée à Sadkowski, arriva en Pologne lorsque la personne et les papiers de ce dernier étaient déjà séquestrés. Un tel message tendait adroitement à calmer les soupçons et les inquiétudes, à endormir la vigilance de l'administration, à ralentir l'activité des-recherches destinées à saisir tous les fils d'une trame ténébreuse. On se flattait qu'en gagnant du temps on réussirait à prévenir par l'explosion du complot, la découverte des manœuvres qui allaient le conduire à sa maturité.

Le dénoûment du projet ne répondit pas à l'attente de ses auteurs, mais peut-on méconnaître la source d'où il était parti? Cette affluence prodigieuse des vivandiers, des marquetants, des filippons et autres sujets russes, qui se répandirent presque à la fois en Pologne et en Lithuanie; ces transports fréquents de couteaux et d'autres armes introduits dans le royaume sous le nom emprunté d'objets de trafic; les dépositions uniformes des séditieux arrêtés, avouent tous, que le même jour devait éclairer dans tous les endroits depuis le centre de la Lithuanie jusqu'à l'extrémité de l'Ukraine, les meurtres commandés par le fanatisme, que la confession couvrait de son voile les mesures concertées pour les exécuter ; tout ce poids d'indices, de preuves, de faits avérés et de décrets de mort rendus contre quelques coupables et exécutés, entraîne un sentiment de conviction qui ne laisse aucun doute sur l'origine et les suites calculées d'un incendie prêt à éclater.

Les mesures fortes du gouvernement en prévinrent heureusement les ravages ; le danger fut écarté, mais il n'est pas étouffé dans son principe.

Il existe ce principe caché des désastres toujours prêts à renaître. Le ressort actif du fanatisme n'a rien perdu de sa force ; obéissant à la même impulsion, il peut à chaque instant produire les mêmes effets. L'empire de la Russie sur les non-unis polonais est cimenté par une double influence. Elle commande aux esprits par l'autorité abusive d'une suprématie religieuse, elle commande aux lieux, dépositaires des oracles de la religion, par la possession de Kiiow, Pereaslaw, Mohylow, Orsza, Poloçk, chef-siége de la juridiction spirituelle.

Cherchant à étayer tant d'autorité de titres respectables, la Russie s'était prévalue du concours de

ses alliés, pour la confection des traités dont les
motifs plausibles leur dérobaient le but politique.
Le beau nom de tolérance servit d'attache aux projets destinés à asservir la nation sous le prétexte
imposant d'une sauvegarde à stipuler pour les Dissidents. Mais aujourd'hui que le secret d'une politique adroite est dévoilé au grand jour; que ces
souverains voient avec surprise les ravages de l'oppression, du fanatisme et des calculs intéressés, là
où ils croyaient n'apercevoir que les effets bienfai-
sants de la protection, de la tolérance et du désintéressement; la Pologne aurait-elle à redouter qu'ils
veuillent autoriser de leur aveu ou de leur silence
les entreprises ultérieures d'un pouvoir oppressif,
dont les effets pourraient bientôt franchir les limites de ce royaume? Elle s'attend plutôt avec confiance que la politique éclairée de ces souverains
attachera désormais à l'existence indépendante de
la République l'idée d'un poids nécessaire dans la
balance des intérêts généraux. Déjà le monarque
auguste, qui, aux qualités brillantes d'un héros
guerrier, sait allier toutes les vertus chères à l'humanité, applaudit hautement et coopère aux efforts
constants de la nation à secouer le joug de la dépendance, s'environner des barrières impénétrables
à l'influence étrangère, et cet exemple magnanime
garantit d'avance à la Pologne les suffrages réunis
de toute l'Europe.

ANNEXES.

A.

DISCOURS

ADRÉSSÉ A L'IMPÉRATRICE DE RÚSSÍE,

Par le révérendissime George KONINSKI,
évêque de Mohylow,

EŃ 1765, AU MOIS DÉ JANVIÉR.

Je remercie votre Majesté Impériale pour le soin
qu'elle prend de l'Église souffrante, ainsi que pour
avoir agréé les moyens proposés pour sa défense. Mais
quoi! mes remerciements pourraient-ils répondre
à la grandeur de ta bienfaisance? Quelle serait alors
la récompense de ta vertu? Que ceux-là donc te
rendent grâce, puissante souveraine, qui sont par
toi protégés; qui enfermés dans les ténèbres, reverront la lumière, qui jadis tourmentés, commence-
ront à respirer, qui dispersés, retourneront à leurs
demeures; que les mères te remercient, lorsqu'elles recouvreront leurs enfants, lorsque les
brebis reverront leurs pasteurs, lorsque les sanc-

tuaires du Seigneur, jusqu'à cette heure fermés, seront ouverts ; lorsque cessera la prépondérance exercée sur la conscience des serviteurs du Seigneur, lorsqu'on ne disputera plus à ceux qui sont sur le chemin du trépas et aux portes de l'éternité le bonheur d'envisager et de recevoir la rédemption d'Israël. C'est alors que tous ceux-là sauront comment te remercier et de quoi est digne ta vertu. Ces générations futures te remercieront encore, qui auraient reçu la vraie croyance en héritage de leurs pères, et l'auront sucée avec le lait de leur mère. Comme ils n'oublient point l'apôtre Constantin, ils n'oublieront non plus Catherine, et lorsqu'ils béniront la mémoire du défenseur des chrétiens persécutés en Perse, ils glorifieront deux fois autant la protectrice des chrétiens leurs pères et mères souffrants en Pologne. Nous rendons hommage jusqu'à présent à cet esprit apostolique et à ce zèle paternel pour les individus d'une même croyance, que nous retrouvons dans la lettre que Constantin écrivit au roi de Perse, il y a actuellement quatorze siècles passés ; qu'il s'écoule tout autant d'années, et tous ceux qui liront alors tes lettres, où tu assures ta protection à ces mêmes individus, ne manqueront non plus de rendre hommage à ton esprit apostolique, et béniront tes entrailles maternelles envers ceux qui sont d'une même croyance. Tu seras enfin aussi récompensée par Jésus-Christ lui-même, le chef de l'Église souffrante comme de la florissante. Il se persécute en ses membres persécutés. Assis au trône de sa gloire, il dit : Saül, pourquoi me persécutes-tu? Et s'il défend ceux qui défendent les siens et s'il dit du haut de sa gloire : Catherine, puisque tu me défends, je te jure de récompenser d'une monnaie bien particulière chaque verre d'eau que tu auras donné à un seul de mes disciples ; laisserait-il sans récompense ton calice de rédemption, ce calice défenseur et rafraîchissant, présenté à tant de milliers de ses disciples? Certes, qu'il les récompensera et qu'il te les rendra, et cela d'une mesure bien fournie et bien pleine, qui se répandra sur toute ta personne. Poursuis à terminer avec d'autres glorieuses actions le grand ouvrage de la défense des fidèles ; ne permets point que les souffrants soient enfin détruits à force de vexations, procure-toi sur la terre la gloire immortelle de Constantin. Conserve-toi cette couronne apostolique, qui n'est préparée au ciel que pour toi seule ; défends Israël, et le Seigneur ne sommeillera ni ne s'endormira pas, mais il veillera pour la conservation de votre Majesté Impériale et pour la splendeur de son règne jusqu'aux temps les plus reculés.

B.

DISCOURS

ADRESSÉ PAR LE MÊME ÉVÊQUE AU GRAND-DUC DE RUSSIE.

Retournant en Pologne vers mes ouailles dispersées depuis bien des siècles, je recommande à la bienfaisance de votre Altesse Impériale, et avec le sentiment de ma plus profonde soumission, ce troupeau, que les prédécesseurs de votre Altesse Impériale ont toujours défendu comme étant d'une même croyance qu'eux : je n'ai jamais douté du zèle de votre Altesse Impériale pour les uniformistes, parce qu'il est naturel au sang de votre grand aïeul, et qu'il est attaché au nom de l'apôtre que vous portez. C'est dans la confiance que nous donne notre espoir, que nous implorons souvent la miséricorde du Seigneur pour qu'il veuille conserver en force et dans une longue suite d'années, ce trésor précieux et le vase d'or qui le contient : je parle des vertus rares et de la personne de votre Altesse Impériale; de même que votre aïeul a été compté dans la prééminence de l'apostolat avec le premier apôtre Pierre, de même ne séparera-t-on jamais en votre Altesse Impériale par votre nom et vos glorieuses actions, le petit-fils de l'aïeul, le grand Paul, de Pierre le Grand.

C.

ORDRE

DE SA MAJESTÉ L'IMPÉRATRICE DE TOUTES LES RUSSIES
ADRESSÉ PAR
LE CONSISTOIRE ECCLÉSIASTIQUE DE KIOVIE,
A L'IHUMEN (OFFICIAL) VICTOR SADKOWSKI, AUMONIER DE
L'AMBASSADE A VARSOVIE.

Samuel, par ordonnance de sa Majesté l'Impératrice, membre du sacré Synode directorial métropolitain de Kiovie et de Halisz, satisfaisant à l'ordre de sa Majesté expédié par le sacré Synode directorial le 30 octobre 1783, par lequel il a été entre autres ordonné à sa Révérence de vous élever à l'archimandrie de Sluck, située dans l'étranger en Pologne, et dépendant du diocèse de ce lieu, d'après la justice rendue à vos mœurs, à la manière dont vous remplissez votre ministère, ainsi que par égard pour la recommandation de l'archevêque de Mohylow, membre du Synode, et à celle de M. de Stackelberg, envoyé extraordinaire et ministre plénipotentiaire, et de M. le baron d'Asch, résident et conseiller aulique, il vous est donc notifié que le sacré Synode a déterminé que sa Révérence ait à lui recommander un autre aumônier auprès de la mission de Varsovie, et cela de l'agrément de M. de Stackelberg, envoyé extraordinaire et ministre plénipotentiaire, et il vous est enjoint avant tout de vous rendre à Kiovie aux frais dudit monastère de Sluck, pour être promu à l'archimandrie de ce monastère, et pour que les fonctions de votre place auprès de cette ambassade ne soient point interrompues par votre départ, vous y nommerez pour la remplir, si tel est le désir de M. le comte de Stackelberg, et en vous entendant à cet égard avec Spiridion Ihumen, un bon et intelligent Jeremonach, que vous prendrez au monastère orthodoxe de Brześć, en Pologne, lequel y restera jusqu'à l'arrivée de l'aumônier qui y sera nommé d'office. Tel est l'ordre qui vous doit être expédié, et s'expédie de fait, lequel est en même temps en-

voyé à Spiridion Ihumen, de Brześć, ce 7 décembre
1783.

> *Signé :* Tarasiusz, *archimandrite de Kiovie,
> ihumen de l'église cathédrale de Zloto
> Michalowka, premier grand-vicaire.*
>
> André Jarkowiew, *chancelier.*
>
> Jean Lewicki, *sous-chancelier ; et plus bas :*

Reçu et accusé le 11 janvier 1784, et de l'autre
part sont les certificats du docteur et du major
commandant, qui témoignent que le présent a passé
les avant-postes russes.

D.

SERMENT

PROFÉRÉ PAR UN PRÊTRE AU MOMENT DE SON SACRE,
ET TIRÉ DU LIVRE QUI A POUR TITRE :
CATÉCHISME ABRÉGÉ.

Je soussigné promets et jure devant Dieu tout-
puissant et sur son saint Évangile, que je veux,
comme je le dois, être en tout obéissant et soumis,
servir loyalement et fidèlement, jusqu'à la dernière
goutte de mon sang et sans ménager ma vie, Catherine Alexiowna, impératrice de toutes les Russies,
ma très gracieuse souveraine, de même que mon
très gracieux maître, Paul Pétrowicz, son cher fils,
grand-duc et héritier légitime du trône de toutes

les Russies; que je veillerai et défendrai tous les droits et prérogatives attachés à la souveraineté, au pouvoir et à l'autorité de sa Majesté Impériale, tant ceux qui se trouvent déjà établis qu'à établir dans la suite, selon toute l'étendue et la force des expressions littérales; que je ferai, dans chaque cas, tout ce qui dépendra de moi pour le bien du service de sa Majesté et l'avantage de son pays; que je donnerai non seulement avis à temps et aussitôt que j'en serai informé de tout ce qui pourrait arriver de préjudiciable à ses intérêts, y apporter quelque dommage ou en menacer l'intégrité, mais même que j'emploierai tous les moyens pour les prévenir et empêcher; que je garderai en tout les secrets qui me seront confiés; que je m'acquitterai des fonctions de ma charge déterminées par ce serment général et par un autre séparé; que je remplirai selon ma conscience et convenablement, tous les règlements, instructions et ordonnances qui me seront successivement donnés par mes supérieurs au nom de sa Majesté Impériale; que je ne me laisserai entraîner à quoi que ce soit de contraire à mes devoirs et à mon serment, soit par intérêt propre, soit pour raison de parenté, de haine ou d'amitié, mais que je me conduirai au contraire en tout comme il convient à un bon et fidèle sujet de sa Majesté. Qu'ainsi Dieu bénisse mon corps et mon âme, comme je veux être en état de répondre de mes actions devant son redoutable jugement. Je jure en outre que je veux, comme je le dois, remplir en tout ma vocation de prêtre, avec une parfaite pureté de mœurs, instruire avec zèle et charité les âmes qui me seront confiées, dans la connaissance des lois divines, de m'occuper moi-même soigneusement et attentivement de la lecture, de l'intelligence ainsi que de la force et des mystères de l'Écriture sainte ; de ne point m'enivrer, de ne point donner de scandale, de vivre avec décence, de garder une réserve honnête tant dans mes discours que dans mes vêtements, de ménager le respect dû à mon caractère, et de former à la vraie religion le troupeau qui m'est confié, surtout par le bon exemple et une vie exempte de blâme ; d'employer la parole de Dieu, les écrits des saints Pères, l'esprit de douceur et tous les moyens possibles pour convertir par la conviction et amener à s'unir à l'Église grecque, les schismatiques qui se trouveraient dans ma paroisse ; de déférer ceux qui, ne se corrigeant point, persisteraient dans leurs erreurs, et surtout ceux qui, étant corrompus, pervertiraient les autres par leurs discours et leurs écrits, et pour ne point conniver à leur hérésie, je ne les insérerai point dans les livres de confession avec les fidèles qui se confessent. Je jure encore que je ne donne mentalement aux promesses que je fais d'autre sens que celui que comportent les expressions que mes lèvres ont proférées, que je les entends dans toute la force et la signification que présentent (à ceux qui les écoutent ou lisent) les paroles qui se trouvent écrites ici. Que Dieu, qui

voit le fond des cœurs, soit témoin de la sincérité
de mes promesses, et que sa vengeance s'élève
contre moi si elle est mensongère et non selon ma
conscience, et pour garant de leur accomplissement,
je baise les paroles de mon Sauveur. — Ainsi soit-il.

E.

EXTRAIT

DU SERMENT D'UN ÉVÊQUE.

Victor, le très cher élu en Dieu confirmé archimandrite, est présenté pour être sacré évêque des
cités de salut Perejeslaw et Borispole.

L'élu pour lors dit :

Sur quoi je promets d'obéir et être en tout soumis au sacré Synode directorial de toute la Russie,
comme à une supériorité légitime établie par Pierre
le Grand de glorieuse et immortelle mémoire, et
confirmée par sa Majesté l'impératrice notre gracieuse souveraine glorieusement régnante.

Je reconnais de même n'avoir reçu la dignité
épiscopale qu'avec l'agrément de sa majesté Catherine Alexiowna ma très gracieuse souveraine ,
impératrice de toutes les Russies, et ensuite de
l'élection faite de ma personne par le sacré Synode
directorial de toute la Russie.

Je promets de ne point alléguer la moindre excuse lorsque quelque évêque me requerra de me rendre avec mes confrères, les autres évêques, à l'assemblée du sacré Synode directorial de toutes les Russies, quand même quelque puissance ou quelque corps de peuple voudrait m'en détourner; devant toujours être soumis aux ordres du sacré Synode. Je promets et m'engage par serment que je veux, comme y étant tenu d'obligation, faire tous mes efforts pour servir fidèlement et loyalement sa Majesté l'impératrice, notre gracieuse souveraine, et le grand-duc Paul Pietrowicz son fils chéri et l'héritier légitime du trône de Russie, de leur être obéissant en toute chose, de ne point ménager ma propre vie, et verser jusqu'à la dernière goutte de mon sang pour maintenir et défendre les droits et prérogatives reconnues et à reconnaître comme inhérentes à sa souveraineté, sa puissance et autorité; de contribuer dans tous les cas et selon l'exigence, à tout ce qui peut avoir rapport à son service et à l'avantage de son pays, et s'il arrivait que je fusse informé que les intérêts de sa Majesté sont menacés de quelques torts, dommages ou préjudices, de me hâter non seulement d'en donner avis à temps, mais de faire même tout ce qui dépendra de moi pour y mettre obstacle et l'empêcher; de même de ne jamais violer ni les secrets de l'Église ni tel autre qui viendrait à m'être confié.

Je déclare, en outre, que j'observerai tout ce qui se trouve prescrit par les règlements du sacré Synode directorial, que je me conformerai pour l'administration de mon église à la teneur du diplôme qui me sera remis par ledit Synode, ainsi qu'à tous les décrets et ordonnances qui pourraient en émaner dans la suite, sous le bon plaisir de sa Majesté l'impératrice, selon lesquelles je suis tenu d'exécuter avec ponctualité et soumission tout ce qui me sera commandé, sans m'écarter en rien de la vérité et de la sincérité.

Si jamais j'enfreins ce qui est promis ici par moi, que je contrevienne aux très saints canons, que je manque de soumission au sacré Synode directorial de Russie, ou que je vienne à faire schisme et que je soustraie de quelque manière que ce soit mon diocèse à la soumission due au sacré Synode, je consens à être dépouillé de ma dignité et de mon autorité sans murmurer, ni pouvoir user d'excuse et me reconnaître indigne des dons célestes, qui me sont conférés par l'imposition des mains dans ce moment de mon sacre.

Je jure, en outre, devant Dieu, qui voit tout, que je ne donne aux promesses que je fais d'autre sens que celui que comportent les paroles que j'ai prononcées et que je les entends dans le sens qu'elles présentent à quiconque les lira ou entendra.

C'est en m'engageant à remplir ce que j'ai promis aujourd'hui en paroles, que je m'oblige pareillement de l'effectuer jusqu'au dernier instant de ma vie, afin d'obtenir par ce moyen la félicité éternelle et c'est ce que je confirme par serment. Que Dieu qui voit le fond des cœurs soit témoin de mes promesses.

F.

TRADUCTION

DE

LA LETTRE ÉCRITE PAR L'ÉVÊQUE DE PEREJASLAW VICTOIRE

A L'IMPÉRATRICE DE RUSSIE.

Sérénissime souveraine, absolue princesse très gracieuse.

C'est par un égard compatissant envers l'Église de Jésus-Christ fondée depuis bien des siècles dans un État voisin, qu'il a plu à votre Majesté impériale de tourner ses yeux sur moi, son très humble serviteur et de revêtir d'un éclat tout particulier son fidèle sujet, en lui confiant une nouvelle maison du Seigneur, laquelle s'élève et se soutient par le secours de votre bras puissant pour y recevoir des brebis sous l'ombre de votre protection.

J'exalte comme il convient ce zèle pour la foi et cette ferveur de votre amour pour Dieu, je sens l'excès de votre bonté particulière envers moi, et j'en connais tout le prix, mais je ne puis trouver des expressions conformes aux sentiments dont sont pénétrés mon âme et mon cœur, ni des paroles qui puissent répondre à la grandeur des devoirs auxquels je me vois engagé. C'est en me jetant, enfin, en idée aux pieds sacrés de votre Majesté impériale, que je lui apporte, au nom de tous les orthodoxes qui m'ont été confiés, les remercîments les plus purs, les plus humbles de leur part. Je ne cesserai d'adresser des prières ardentes à la majesté du Très-Haut pour l'affermissement inébranlable du trône de votre Majesté impériale, pour la durée la plus longue et la plus heureuse de son règne, si agréable à Jésus-Christ et pour le succès de votre voyage jusqu'à ce que je voie accomplies toutes vos intentions salutaires. J'annoncerai dans toute ma bergerie, que vous seule après Dieu, êtes, et d'elle et de moi, l'unique défense, notre protectrice et notre refuge : que par votre sagesse, ce mur mitoyen qui sépare l'Église occidentale de l'orientale, s'écroulera, et que ces deux ne feront à l'avenir qu'une seule.

De votre Majesté Impériale ma très gracieuse souveraine, le plus humble et le plus obligé d'entre ses sujets à prier Dieu pour elle.

VICTOIRE,
Évêque de Pereïaslaw, coadjuteur de
la métropole de Kiovie.

Kiow, ce 7 juillet 1785.

G.

UKASE

POUR EXTERMINER EN POLOGNE LES NOBLES, LES PRÊTRES ET LES JUIFS.

(Nous ne croyons nullement qu'il fût scellé du sceau de l'empire et signé de la main de Catherine la grande. Mais il a circulé par l'entremise de popes, — il a été exécuté! — Il se trouve imprimé dans : *Considérations sur la confédération de Bar*, par M. Vielhorski, Paris, 1770, in-8; — et dans le *Mémorial de Chodzko*. Paris, 1846, in-8.)

Comme nous voyons clairement avec quel mépris et quelle honte nous sommes traités, ainsi que notre religion, par les Polonais et les Juifs; les défenseurs de notre religion grecque étant persécutés, opprimés et punis de mort; pour ces raisons, ne pouvant plus souffrir de pareils outrages, de semblables ignominies, et cette persécution, uniquement *pour notre sainte religion méprisée,* nous donnons cet ordre, et nous enjoignons à Maximilien Zelezniak, de la terre de Tymoszew, colonel et commandant dans nos terres du Bas-Zaporogue, d'entrer sur les terres de Pologne, prenant encore quelques troupes de nos armées russes, de Cosaques du Don, pour *extirper et abattre, avec l'aide de Dieu, tous les Polonais et les Juifs* blasphémateurs de notre sainte religion. Par ce moyen nous faisons cesser toutes les plaintes portées devant notre trône contre ces assassins impitoyables, ces parjures, ces violateurs de la loi, *ces Polonais qui, protégeant la mauvaise croyance des Juifs impies,* blasphèment et méprisent notre religion, opprimant un peuple fidèle et innocent. Nous ordonnons donc qu'en traversant la Pologne, on extirpe leur nom et que leur mémoire soit anéantie pour la postérité. Mais pour que les traités et l'amitié avec nos voisins soient observés, nous défendons, sous les plus rigoureuses peines, de molester ou d'inquiéter les marchands turcs, grecs, arméniens et les nôtres russes, qui traversent la Pologne pour sujet de commerce ; nous voulons même qu'ils aient toujours un libre passage, et tous les secours qu'on peut requérir de voisins amis.

Pour plus grande foi nous confirmons cet ordre et cette permission. Donné à Saint-Pétersbourg, scellé de nos armes et signé de notre propre main, le 20 juin 1768.

CATHERINE.

Pour ampliation :

L'attaman koszowy,

PIERRE KALNYSCHEFFSKOI,

Avec les témoins.

COSAQUES NÉKRASSOVIENS.

Pour donner un exemple, entre tant d'autres, de l'application pratique des principes *de la communauté de religion et du désir de contribuer à la félicité humaine* invoqués, à tout propos, par le gouvernement russe, nous ajoutons la pièce suivante.

Depuis plus d'un siècle, des Cosaques transfuges, que les suites de la révolte de l'Ukraine avaient chassés de leurs foyers en Pologne, s'étaient établis en Turquie, sous le nom des Cosaques Nékrassoviens. Le gouvernement de la Porte leur assigna des terres sur la rive droite du Danube, vers son embouchure, et depuis lors leur nombre augmenta et arriva à plusieurs milliers. Avant la campagne de 1828, les Russes s'étaient ménagé des intelligences parmi les Nékrassoviens et étaient parvenus à gagner quelques uns de leurs anciens ; de sorte que l'armée russe ayant passé le Danube, plus de la moitié de ces Cosaques, se fiant aux promesses qui leur avaient été faites, peut-être même à *la communauté de religion*, resta dans ses villages. D'autres plus circonspects se sauvèrent dans l'intérieur de la Turquie. Peu après l'ouverture des hostilités, tous les villages des Nekrassoviens furent, nuitamment, entourés par de forts détachements de troupes russes. On enleva hommes, femmes et enfants ; on les embarqua de vive force, avec tout leur avoir, sur des bâtiments russes, et on les transporta sur les rives opposées de la Mer Noire, où ils furent colonisés dans les Steppes, aux environs d'Anapa.

ALLOCUTION

DE SA SAINTÉTÉ NOTRE SEIGNEUR

LE PAPE GRÉGOIRE XVI

AU SACRÉ COLLÉGE,

DANS LE CONSISTOIRE SECRET DU 22 JUILLET 1842;

SUIVIE

D'UNE EXPOSITION, CORROBORÉE DE DOCUMENTS,
SUR LES SOINS INCESSANTS DE SA SAINTETÉ POUR PORTER REMÈDE
AUX MAUX GRAVES DONT LA RELIGION
CATHOLIQUE EST AFFLIGÉE DANS LES ÉTATS IMPÉRIAUX
ET ROYAUX
DE LA RUSSIE ET DE LA POLOGNE.

En 1831, la Pologne ayant succombé, le gouvernement russe exigea
que Rome prononçât un blâme public du patriotisme dont le
clergé catholique avait fait preuve pendant cette lutte. S. S. le pape
Grégoire XVI refusa d'abord; mais, induit en erreur par l'ambassade
russe, manquant alors, comme tous les cabinets de l'Europe, de
renseignements exacts sur la Pologne, menacée, d'ailleurs, en cas
de refus, de déportation en Sibérie des Évêques, et de l'élite du
clergé polonais, finit par céder. — Il consentit à publier, en
juillet 1832, son célèbre Bref adressé aux évêques de Pologne. On
sait la douleur que ce bref causa aux catholiques le plus attachés au
Saint-Siège. Cette douleur fut bientôt partagée et avouée, les larmes
aux yeux, et avec une sainte humilité, par le Saint-Père lui-même Il
convenait que sa religion avait été surprise. Et la Russie, de son
côté, faisait tout pour le convaincre que l'Eglise, loin de gagner à la

concession qu'il avait faite, souffrait, au contraire, une persécution croissante et systématique. — En 1842 S. S. Grégoire XVI fit enfin connaître au monde la perfidie et la violence, contre lesquelles il avait lutté vainement, mais avec persévérance. Il prononça le 22 juillet, devant le Sacré Collége, une allocution, dont nous donnons ici le texte et la traduction. Elle fut imprimée à Rome, suivie d'une « Ex-
» position corroborée de 90 documents, sur les soins incessants de
» Sa Sainteté, pour porter remède aux maux graves dont la religion
« catholique est affligée dans les États impériaux et royaux de la
» Russie et de la Pologne. »

Aucune réponse ne fut faite par la Russie à cette dénonciation de sa « fraude héréditaire. » *Avita fraus.* — Quelques années plus tard, seulement, on sut que l'empereur Nicolas, venu à Rome, y avait baisé la main du même pape Grégoire XVI, et lui avait promis « *de* » *rendre justice, s'il y avait lieu, à ses sujets catholiques.* » On sait comment cette promesse est tenue.

VENERABILES FRATRES,

Hærentem diu animo nostro dolorem ob miserrimam Catholicæ Ecclesiæ in Russiaco Imperio conditionem, alias, Venerabiles Fratres, Vobiscum ex hoc ipso loco communicavimus. Testis quidem Ille est, cujus, immerentes utique, vicaria potestate fungimur in terris, Nos statim ab inito supremi Pontificatus munere nullam sollicitudinis studiique partem prætermisisse, ut tot tantisque quotidie ingravescentibus malis, quoad fieri posset, mederemur. Quis autem impensis hujus modi curis responderit fructus, facta etiam recentissima satis superque demonstrant. Quantum inde assiduus Noster dolor excreverit, magis Vos cogitatione præcipitis, quam Nobis liceat verbis explicare. Est vero quod intimæ

amaritudini summum veluti cumulum addit, quod-
que nos, pro Apostolici ministerii sanctitate, præter
modum anxios ac sollicitos habet. Cum enim quæ
ad incolumitatem Catholicæ Ecclesiæ intra Rus-
siacæ dominationis fines tuendam indesinenter
præstitimus, in iis maxime regionibus palam non
innotuerint, illud sane molestissimum accidit, ut
apud degentes inibi permagno numero fideles, avita
Sanctæ hujus Sedis inimicorum fraude, rumor in-
valuerit, Nos sacratissimi officii immemores tantam
illorum calamitatem silentio dissimulasse, atque
adeo Catholicæ Religionis causam pene deseruisse.
Itaque eo jam adducta res est, ut lapis offensionis
ac petra scandali propemodum evaserimus amplis-
simæ parti dominici gregis, cui regendo divinitus
positi sumus; immo vero universæ Ecclesiæ super
Eum tanquam super firmam petram fundatæ, cujus
ad Nos, utpote successores, veneranda dignitas
promanavit. Hæc porro cum sint, id Dei, Religionis,
et Nostra etiam ratio omnino postulat, ut vel ipsam
tam injuriosæ culpæ suspicionem longissime a
Nobis propulsemus. Atque hæc causa est, cur om-
nem seriem curarum, quas pro Catholica Ecclesia
in memorato Imperio suscepimus, peculiari exposi-
tione ad unumquemque Vestrum mittenda, pate-
fieri jusserimus; quo nimirum universo fideli Orbi
elucescat, Nos proprio Apostolatus muneri nulla-
tenus defuisse. Ceterum non concidamus animo,
Venerabiles Fratres, futurum sperantes ut poten-
tissimus Russiarum Imperator et Poloniæ Rex

Illustris, pro sua æquitate et excelso quo præstat animo diuturnis Nostris ac subditæ sibi catholicæ gentis votis benevole obsecundet. Hac spe fulti non desistamus interim oculos ac manus in montem, unde veniet auxilium nobis, fidenti cum prece levare, omnipotentem ac pientissimum Deum una simul enixe obsecrantes, ut laboranti jamdudum Ecclesiæ suæ expectatissimam opem quantocius largiatur.

Vénérables frères,

Déjà, dans ce lieu même, nous avons épanché avec vous, vénérables frères, la douleur que dès longtemps a profondément enraciné dans notre âme la condition misérable de l'Église catholique au sein de l'empire de Russie. Celui dont nous sommes, quoique indigne, le vicaire sur la terre, nous est témoin que, depuis le moment où nous fûmes revêtu de la charge du souverain pontificat, nous n'avons rien négligé de ce que commande la sollicitude et le zèle pour remédier, autant que cela était possible, à tant de maux chaque jour croissants. Mais quel a été le fruit de tous nos soins? Les faits, et des faits trop récents, ne le disent que trop. Combien notre douleur, toujours présente, s'en est accrue! Vous le voyez mieux par la pensée qu'il ne nous est possible à nous de l'expliquer par des paroles. Mais il y a quelque chose qui met comme le comble à cette intérieure amertume, quelque chose qui, à cause de la sainteté du ministère apostolique, nous tient outré mesure dans l'anxiété et l'affliction. Ce que nous avons fait, sans repos ni relâche, pour protéger et défendre, dans toutes les régions soumises à la domination russe, les droits invariables de l'Église catholique, le public n'en a point eu connaissance ; on ne l'a point su dans ces régions surtout, et il est arrivé, pour ajouter à notre douleur, que parmi les fidèles qui les habitent en si grand nombre, les ennemis du saint-siége ont, par la fraude héréditaire qui les distingue, fait prévaloir le bruit qu'oublieux de notre ministère sacré, nous couvrions de notre silence les maux si grands dont ils sont accablés, et qu'ainsi nous avions presque abandonné la cause de la religion catholique. Et la chose a été poussée à ce point que nous sommes presque devenu comme la pierre d'achoppement, comme la pierre de scandale, pour une partie considérable du troupeau du Seigneur, que nous sommes divinement appelé à régir ; et même pour l'Église universelle fondée, comme sur la pierre ferme, sur celui dont la dignité vénérable nous a été transmise, à nous, son successeur. Les choses étant ainsi, nous devons à Dieu, à la religion, à nous-même de repousser bien loin de nous jusqu'au soupçon d'une faute si injurieuse. Et telle est la raison pour laquelle toute la suite des efforts faits par nous en faveur de l'Église catholique de l'empire de Russie, a été par notre ordre mise en lumière dans un exposé particulier qui sera adressé à chacun de vous, afin qu'il soit manifeste à tout l'univers fidèle, que nous n'avons en aucune façon manqué aux devoirs que nous impose la charge de l'apostolat. Du reste, notre âme ne se laisse point abattre, vénérables frères; nous espérons que le très puissant empereur de toutes les Russies et roi de Pologne, écoutant sa justice et l'esprit élevé qui le distingue, voudra bien se rendre à nos vœux instants et à ceux des populations catholiques qui lui sont soumises. Soutenu par cette espérance, ne cessons pas cependant de lever, en priant avec confiance, les yeux et les mains vers la montagne d'où nous viendra le secours, et demandons avec ardeur et supplication au Dieu à la fois tout-puissant et tout miséricordieux, d'accorder bientôt à son Église, depuis longtemps souffrante, l'assistance qu'elle attend.

PÉTITION

DE LA

NOBLESSE DU GOUVERNEMENT DE WITEPSK,

ADRESSÉE EN 1834 A L'EMPEREUR,
POUR RÉCLAMER CONTRE LES VIOLENCES EMPLOYÉES POUR FAIRE PASSER LES GRECS UNIS AU CULTE DOMINANT.

(Voyez Theiner, *Vicissitudes de l'Église catholique des deux rites en Pologne et en Russie*. Paris, Debécourt, 1843, en 2 vol., t. II, p. 301.)

Violences et ruses. — Les églises grecques unies fermées; leurs portes scellées; leurs curés chassés. — Consciences troublées. — Le changement de religion se présente comme une spéculation lucrative.

Le très-clément empereur, aujourd'hui heureusement régnant dans le gouvernement continuel et général de ses peuples, désirant aussi, pour les cas particuliers, de donner à ses fidèles sujets l'occasion de proposer leurs humbles requêtes, a statué, dans son décret touchant l'ordre des assemblées, que la noblesse, réunie en session, pourrait examiner ses propres besoins et ce qui lui paraîtrait utile, et les lui faire connaître par le président de l'assemblée. Appuyée sur ce fondement, la noblesse de la province de Witepsk, pleine de sentiments de gratitude et animée d'une confiance filiale, prend la liberté d'exposer les faits suivants.

Depuis quelque temps, mais surtout dans la présente année 1834, on met tout en œuvre pour entraîner les Grecs unis à la religion dominante. Ces manœuvres ne feraient aucune impression sur les esprits, dans cette province, si l'on permettait aux fidèles de se diriger, pour cette réunion, par la voix de la conscience et par une forte conviction. Mais les moyens qu'on emploie remplissent l'âme de terreur. Car, en beaucoup d'endroits, on convoque un petit nombre de paroissiens, sans la participation et à l'insu des autres, et on les oblige, non par la voie de la libre persuasion, mais par une violence contre laquelle ils ne peuvent lutter, d'embrasser la religion dominante ; et quoique ce prétendu acte d'adhésion soit le fait du petit nombre, on annonce à tous les autres habitants du village ou de la paroisse, qui demeurent à la maison, qu'ils doivent professer la religion dominante. Quelquefois, n'ayant aucun égard aux réclamations qui se faisaient en assemblée publique, on mettait tous les paroissiens au nombre de ceux qui professent la religion dominante. Dans l'un et l'autre cas, on chassait l'ancien curé et l'on changeait l'Église unie en grecque, en négligeant les règles prescrites en cette matière. L'union ayant ainsi été établie par la violence et en dépit des habitants, si ceux-ci recouraient à l'autorité ecclésiastique ou civile, en protestant qu'ils voulaient demeurer inviolablement attachés à la foi de leurs ancêtres, et défendre leur cause d'une manière légale, leur démarche a été considérée comme une désertion de la religion dominante, librement acceptée par eux, et comme tels ils ont été soumis à différentes peines. Dans quelques paroisses, où une partie du peuple demeurait fidèle à la foi de ses ancêtres, on transformait malgré cela l'église paroissiale, on fermait même les églises filiales, et on les munissait d'un sceau. C'est ainsi que les uns, sans avertissement préalable et par le seul ordre des magistrats, les autres, effrayés par une persécution atroce, dont ils voyaient de fréquents exemples, d'autres encore, par l'espoir d'obtenir quelques grâces particulières, ou d'être délivrés des charges publiques ou de l'esclavage; c'est ainsi, disons-nous, qu'ils ont été entraînés à la religion dominante. Et tandis qu'ils la professaient, ils demeuraient fermement attachés, dans le cœur, à la religion que suivaient leurs ancêtres, et qu'eux-mêmes observaient depuis si longtemps. Ils avouaient même à ceux qui les forçaient d'embrasser la religion dominante, qu'ils obéissaient à la vérité aux ordres qu'on leur donnait, qu'ils allaient aux églises et fréquentaient les sacrements de la religion dominante, mais qu'intérieurement ils demeuraient fermement attachés à leur ancienne religion. Finalement, ceux qui ont persévéré dans la foi, se sont vus dépouillés de leurs églises et de leurs prêtres, et ils éprouvent la plus grande difficulté pour se procurer l'instruction chrétienne et les autres secours spirituels.

Il résulte de tout cela qu'on commence à croire généralement parmi le peuple, que la religion peut changer d'après les circonstances, et qu'il n'est pas nécessaire d'être persuadé qu'elle est vraie et d'y consentir intérieurement, et qu'on peut l'abandonner dans la vue de se procurer quelque avantage particulier. De là vient que les maximes religieuses ne font pas sur les cœurs l'impression qu'elles devraient faire ; elles cessent d'être le fondement de tous les devoirs et des vertus civiles. Les citoyens et les sujets sont en proie à des doutes continuels et à de vives inquiétudes, tantôt à cause du bruit généralement répandu qu'il faut changer de religion, tantôt à cause des dénonciations auxquelles ils sont incessamment exposés, sous le prétexte qu'ils empêchent la propagation de la religion dominante.

Par ces motifs, la noblesse de la province de Witepsk, quoique persuadée que la liberté de conscience est suffisamment garantie par les lois de
l'empire et par la suprême volonté de l'empereur
heureusement régnant, et que la religion dominante
ne prescrit pas moins que les autres confessions,
l'obligation de remplir ses devoirs, en insérant
dans sa morale les principes des vertus religieuses
et civiles ; néanmoins, effrayée des moyens qu'on
emploie pour la propager, et des suites que cette
violence ne peut manquer d'avoir, elle a résolu de
recommander au président de la noblesse de re-
cueillir tous les faits particuliers et certains concernant cette affaire, d'en faire part à qui de droit
et de présenter une supplique à l'empereur.

PÉTITION

ADRESSÉE, EN 1835, PAR LES FIDÈLES GRECS UNIS

DE LA PROVINCE D'USZACZ.

(Voyez: Theiner, *Vicissitudes*, etc., F. 2, p. 503.)

———

Apostolat de la commission russe : Coups à la tête, — arrachement des
cheveux, — prison, — déportation, — défense aux curés grecs-unis
d'administrer les saints sacrements. — Héroïque fermeté des martyrs.

Au mois d'août de l'an 1835, nous, habitants de
la paroisse d'Uszacz, vassaux de M. le comte Plater,

nous envoyâmes une supplique au ministre des
cultes à Saint-Pétersbourg, implorant sa grâce et
sa miséricorde, parce que, privés de notre église,
nous nous voyions forcés de professer une religion
que nous n'avons point voulu embrasser ; mais nous
ne reçûmes aucune réponse. Seulement l'évêque
Bulhac nous prévint que bientôt arriverait une
commission avec le prêtre qui nous était destiné.
Et en effet, la commission s'est présentée le 2 décembre, et ayant convoqué le peuple, elle l'a invité
à embrasser la religion grecque. Nous nous sommes tous écriés d'une voix : *que nous voulions mou-*
rir dans notre foi, que jamais nous n'avons voulu ni
ne voulions d'autre religion. Alors la commission,
laissant les paroles, en vint aux faits, c'est-à-dire
qu'on se mit à nous arracher les cheveux, à nous
frapper les dents jusqu'à effusion de sang, à nous
donner des coups à la tête, mettre les uns en prison, et à transporter les autres dans la ville de Le-
pel. Enfin, la commission voyant que ce moyen ne
lui réussissait point non plus, défendit à tous les
prêtres grecs unis d'entendre nos confessions, ou
de nous administrer quelque autre secours spirituels. Mais nous avons dit : « Nous demeurerons
sans prêtres, nous ferons nos prières à la maison ;
nous mourrons sans prêtres, nous confessant les
uns aux autres ; mais nous n'embrasserons point
votre foi. Qu'on nous réserve plutôt le sort du
B. Josaphat: c'est ce que nous désirons !» Mais la
commission s'en est allée, en se moquant de nos

larmes et de nos prières. Et nous sommes demeurés comme des brebis errantes, et nous n'avons plus d'asile.

Nous signons....

LETTRE

DE CATHERINE A STACKELBERG,

1780.

Le pape suppose que le roi de Pologne entreprend la médiation dans l'affaire des Jésuites en Russie. — Nous tolérons chez nous la religion catholique; nous conservons les Jésuites, mais à condition qu'ils obéiront sans restriction à notre autorité souveraine. — Aucun tiers ne peut demander compte de ce qui se fait à cet égard en Russie. — Si les cours des Bourbons, ou qui que ce soit, insistent, le pape risque de perdre le peu d'autorité que je lui laisse dans mes États.

Saint-Pétersbourg, 14 février 1780.

Monsieur le Comte,

Ayant répondu par la lettre du comte Panin, écrite par notre ordre, le 22 octobre de l'année dernière, à votre dépêche, contenant l'exposition du nonce apostolique, résidant à Varsovie, par rapport aux Jésuites qui tiennent des écoles dans nos gouvernements de la Russie Blanche, nous avons cru les prescriptions qui y ont été faites suffisantes pour toutes les questions qu'on voudrait faire là-dessus. Mais voyant par vos pénultimes rapports que sur les éclaircissements du ministre de la cour de Pologne, marquis Antici, le pape a conclu que le roi de Pologne entreprenait la médiation dans cette affaire, nous avons jugé nécessaire d'entrer dans une nouvelle explication avec vous, et pour votre meilleure information, vous communiquer ici nos pensées.

Le libre exercice de la religion catholique romaine, dans tout notre empire, y compris les gouvernements de la Russie Blanche, nous ne l'avons permis qu'à condition que l'obéissance à notre autorité souveraine demeurera sans la moindre restriction ; conséquemment toutes les nouvelles ordonnances et institutions de la part du gouvernement spirituel de Rome, ne sont reçues, pour nos sujets de la religion catholique romaine, qu'après que nous les avons reconnues n'être point contraires à *notre volonté* et en avons permis la publication, de manière que la bulle même du pape, Clément XIV, touchant les Jésuites, n'a pas été publiée dans notre empire, comme tout le monde sait, et la Société de cet ordre a été conservée absolument intacte comme une chose utile et la plus propre pour l'éducation de la jeunesse dans ces provinces, en quoi personne n'a pu encore la remplacer. Il n'était pas question non plus d'abolir ou de réformer cet ordre dans notre empire; mais toute l'affaire consistait en ce que comme après la réunion de ces provinces à nos États, nous y avons établi une hiérarchie particulière pour les églises romaines et une subordination de rangs spirituels indépendants de ceux de la Pologne, il fallait aussi prendre des mesures pour la conservation permanente de cet ordre, afin qu'il eût aussi une direction domestique et non étrangère, et qu'il pût au moyen de son noviciat se remplir chaque fois. C'est en conséquence de cela que notre évêque de la Russie Blanche, de l'église romaine Stanislas Cestrgencewitz, en vertu de son autorité épiscopale, confirmée par nous, en ayant même la bénédiction du pape par un rescrit de la congrégation, par lequel il lui a confié la réforme et l'arrangement de tout le clergé sans excepter les ordres religieux, procéda à l'ouverture du noviciat pour l'ordre des Jésuites.

Par cette petite esquisse, vous avez vu que *ledit évêque n'a fait qu'exécuter notre volonté comme celle de sa souveraine absolue envers qui sa soumission en qualité de sujet ne peut souffrir aucun cas d'exception.*

Siégeant au sein de son diocèse, qui lui est confié de notre autorité, il y fut persuadé encore par l'utilité que l'Église romaine recueille de cet ordre, vu qu'il contribue le plus à répandre les lumières.

Ces mêmes considérations nous portent à protéger cette Société si avantageuse pour ces contrées,

et sans contredit plus utile que toutes ces autres
institutions monacales de l'Église romaine, qui ne
portent que la fénéantise et l'éloignement de tous
les devoirs d'un citoyen. Toute autre idée contraire
à ceci, à l'égard des Jésuites, nous est étrangère,
et leur conservation dans cette partie de notre
empire ne peut assurément faire du tort à personne,
quand, suivant nos institutions, tout le clergé,
n'ayant uniquement à vaquer qu'aux affaires relatives à son état, est soumis, quant à sa conduite
civile, aux devoirs communs et aux lois du pays,
de pair avec tous les autres, sans aucune exception.
*Nous ne croyons pas qu'aucune personne tierce
voulût demander compte des actions que font nos
sujets, conformément à notre volonté ; de même que
nous observons de notre côté les mêmes égards vis-à-
vis de toutes puissances qui sont indépendantes de
nous.* C'est sur ces principes que nous avons ordonné à notre ministère de répondre à toutes les
questions qui pourraient venir de la part des cours
de Bourbons, ou de qui que ce soit. Des explications plus détaillées là-dessus nous paraissent
superflues et nous vous ordonnons effectivement
qu'en répliquant à toutes les questions qu'on vous
fera sur cette matière, dans l'endroit de votre rési-
dence, par des oppositions verbales, puisées dans la
lettre précédente du comte Panin et dans notre
présent rescrit, *vous rompiez toute négociation sur
cette affaire comme sur une affaire domestique
dans laquelle la médiation étrangère ne peut*

nullement se combiner avec notre dignité. Au reste vous ne laisserez pas dans l'occasion, et à propos, de faire entendre que l'évêque mentionné qui a exécuté notre volonté et montré, par sa conduite dans plusieurs occurrences, sa fidélité envers nous et son zèle pour le bien de son diocèse, nous le conservons dans notre grâce et soins impériaux, le défendrons de notre mieux et ne souffrirons pas qu'il soit porté la moindre atteinte à son autorité ou à son honneur. De pareilles insinuations seront, sans doute, plus efficaces et auront plus de poids pour déterminer la cour de Rome, qui verra notre fermeté, à ne plus insister, même au milieu des efforts de la part des cours de Bourbons, par la crainte des suites les plus désagréables, telle que serait *la perte du reste de l'autorité très modique que nous concédons au pape* sur les églises catholiques romaines dans nos États. Sur ce, nous vous demandons bien affectionnée.

Signé : **CATHERINE.**

A Saint-Pétersbourg, le 14 février 1780.

LETTRE

DU COMTE JOSEPH DE MAISTRE

A SON E. LE CARDINAL.......

SAINT-PÉTERSBOURG, 1816.

(*Lettres* et *Opuscules* inédits du comte Joseph de Maistre, Paris, Vaton, 1851,
2 vol.; — voy. t. II, p. 595.)

—

En droit, la religion catholique, en Russie, ne doit être considérée
comme *religion tolérée*, mais comme *religion de l'État;* en fait, elle
n'y est pas même tolérée. — On tolère ici les blasphèmes des juifs,
des mahométans, contre la religion dominante, que professe l'empereur; on ne tolère pas les dogmes des catholiques. — Siestvzencewiez,
d'abord protestant et officier houssard, puis archevêque catholique
de Mohylow, considère l'empereur pour son pape. — Onze millions (1)
de catholiques en Russie. Ils sont soumis au ministre des cultes,
schismatique.

Monseigneur,

Par une phrase de la dernière lettre de Votre
Éminence, je vois qu'elle n'a pas à beaucoup près
une idée juste de l'état de la religion catholique
dans ce vaste empire. C'est un point de la plus

(1) Ce chiffre, après la fin malheureuse de la guerre de Pologne
en 1831, a beaucoup diminué.

haute importance, que vous ne me saurez pas mauvais gré sans doute d'éclaircir parfaitement.

Votre Éminence aura lu, dans plusieurs pièces officielles publiées à l'occasion du renvoi des jésuites, que la Russie s'était toujours distinguée par son esprit de tolérance. Cela, sans doute, est fort bon à dire, et je vous dirai bien plus, Monseigneur, je crois fermement que Sa Majesté Impériale le croit fermement, car il n'y a pas de prince au monde qui respecte autant la conscience des hommes. Dans le fait néanmoins il n'en est rien, et l'on ne peut dire que la religion catholique soit tolérée en Russie, du moins si l'on veut parler exactement.

Votre Éminence voudra bien observer d'abord que, si l'on veut parler avec l'exactitude requise dans ces sortes de matières, la religion catholique n'est point du tout ici une religion tolérée, mais religion de l'État, privilége qu'elle partage avec la protestante, quoique ni l'une ni l'autre ne soient dominantes, ce qui est bien différent. On appelle religion tolérée celle qui s'introduit par force ou par finesse, et qui ensuite force la main au gouvernement ; c'était le cas des protestants en France ; c'est celui des rascolniks en Russie. Mais lorsqu'un prince acquiert de nouveaux pays par cession ou conquête, et qu'il les acquiert, comme de raison, avec leur religion, il ne s'agit plus de tolérance mais de justice. J'ai communiqué cette observation à plusieurs bons esprits de ce pays ; tous en ont été frappés, et je me rappelle même que, l'ayant fait lire, il y a trois ans, au prince Alexandre Galitzin, ministre des cultes, auquel nous avons dans ce moment tant d'obligations, il me dit loyalement : en effet, c'est vrai, je n'y avais pas pensé.

Mais je veux encore admettre que la religion catholique soit tolérée dans le sens ordinaire de ce mot, je dis que cette religion tolérée n'est point du tout tolérée.

Une religion n'est point tolérée lorsqu'elle ne l'est point suivant son esprit, ses dogmes et ses maximes. Sa Majesté, mon auguste souverain, ne croirait pas certainement tolérer les juifs dans ses États, s'il les forçait de manger du porc ou de travailler le jour du sabbat ; or, voilà ce qui nous arrive.

On peut dire, dans la synagogue, que Jésus-Christ était fils d'un soldat. On peut dire dans la mosquée : Comment Dieu aurait-il un fils, puisqu'il n'a point de femme ? Parce que ces deux blasphèmes se trouvent, l'un dans le *Talmud*, le second dans l'*Alcoran*. Personne ne s'en mêle ni ne se plaint. Mais si le prédicateur catholique prononce : hors de l'Église point de salut, il est mandé

par l'autorité civile, on lui ordonne de communiquer son sermon; il est grondé, etc. « Il manque
de respect, dit-on, à la religion du pays. » —
Comme si on ne lui manquait pas un peu plus en
traitant notre Sauveur de bâtard adultérin ! Si
quelqu'un ne veut pas entendre dans une église
tolérée quelque chose qui lui déplaise, il n'a qu'à
ne pas y venir.

Sa Majesté Impériale ayant ordonné, dans le
temps, que la mémoire du général Moreau serait
honorée d'une oraison funèbre, le prêtre qui en
fut chargé se vit obligé de comparaître devant le
gouverneur militaire, et de lui lire sa pièce avant
de la prononcer. Un sermon censuré par un militaire ou l'exercice commandé par un évêque serait
pour nous la même chose ; ici on n'en est point cho-
qué, parce que l'on transporte, même sans y prendre garde, les maximes d'une église dans l'autre.

Le dogme capital du catholicisme étant le souverain pontife, sans lui, dans notre manière de voir,
point de véritable christianisme. Cette religion est
une monarchie. L'idée de la religion universelle
(catholique), sans un chef unique, est tout aussi
raisonnable pour nous que celle de l'empire de
Russie sans empereur. Si l'on nous dit : Les synodes suffisent, nous répondrons : Comme les sé-
nats. Nous ne pouvons supporter aucune idée qui
altère d'aucune manière l'unité monarchique ; je

ne dis pas que nous ayons raison, ce n'est pas de quoi il s'agit ici, je dis seulement que nous pensons ainsi, et que nous ne serons jamais tolérés partout où ce dogme ne sera pas toléré.

Le chef de l'église catholique dans ce pays, monseigneur l'archevêque de Mohilew, qui a été protestant et officier hussard avant d'être évêque, est assez publiquement ennemi de la suprématie papale et ne demande qu'à la gêner. Un jour, en voyant passer Sa Majesté Impériale à la cour, il dit à un groupe de personnes : « Voilà mon pape, à moi. » Je le tiens d'un témoin russe qui en fut très scandalisé. Déjà, du temps des Jésuites, il leur faisait tourner la tête sur des affaires de mariage, où il introduisait ou laissait introduire toute la licence polonaise. Maintenant, Dieu sait comment les choses iront! Pour notre église, c'est un point capital.

Je pourrais dire à Votre Éminence des choses extrêmement curieuses; mais il faut se borner dans une lettre aux idées générales. Défalquez, de 38 millions d'hommes qui peuplent ce vaste empire, 11 millions de catholiques, 2 millions et demi de protestants, les rascolniks, qu'on n'ose plus compter, et toutes les peuplades non civilisées, on trouvera que la religion dominante ne l'emporte pas sur nous numériquement ou ne l'emporte que très peu. Cette masse énorme de 11 millions d'hommes ne peut aborder le souverain (j'entends dans l'ordre religieux), que par l'organe d'un *ministre des cultes*, Russe de croyance, que j'honore infiniment comme gentilhomme, comme honnête homme, comme homme d'esprit, comme homme du monde, comme bon sujet de l'Empereur, mais qui en sait autant qu'un enfant de dix ans sur tout ce qu'il faudrait savoir pour nous comprendre, nous juger et nous conduire. Après ce qui s'est passé d'ailleurs, il n'a ni ne peut avoir notre confiance.

Ainsi donc, Monseigneur, lorsque Votre Éminence entendra parler, même avec une certaine pompe, de la tolérance dont on jouit en Russie, elle pourra se rappeler ce que j'ai l'honneur de lui dire ici. On tolère le protestantisme, le socinianisme, le vascolnisme, l'illuminisme, le judaïsme, le mahométisme, le lamaïsme, le paganisme, le *riénisme* même, si l'on veut ; mais le catholicisme, c'est tout autre chose, comme Votre Éminence vient de le voir. Jamais nous ne serons tolérés comme nous devons l'être jusqu'à ce que nous ayons un organe de notre système auprès de l'empereur, et que sa sainteté, libre dans ses relations avec nous, puisse déployer librement son autorité sur les évêques, et les retenir dans l'ordre : c'est d'ailleurs le très grand intérêt de l'empire.

Si Votre Éminence me fait l'honneur de me demander ce que je pense de la possibilité d'un meilleur ordre de choses, je lui répondrai, puisqu'il s'agit de religion, par une phrase de l'Évangile : « *Comment entendront-ils si on ne leur parle pas?* » Quel homme ici a le droit et la volonté de porter ces considérations au maître? Mais si Dieu et le temps amenaient dans l'esprit de Sa Majesté Impériale la bonne pensée de nous entendre par l'organe de quelques uns de ces hommes que la voix publique désigne toujours au souverain, j'attendrais tout d'une pareille inspiration. Un nonce de confiance arrangerait bien des choses, et c'est encore un grand motif d'espoir. Mais sur cela je ne puis rien savoir.

Daignez agréer, monseigneur, etc.

DE MAISTRE.

(*Lettres*, t. I, p. 395, A. S. E. Le Cardinal, Saint-Pétersbourg, 1816.)

MANIFESTE DE GUERRE

D'ÉTIENNE BATHORY, ROI DE POLOGNE,

CONTRE IWAN LE TERRIBLE,

DUC DE MOSCOVIE,

PUBLIÉ AU CAMP DE SWIR

EN LITHUANIE, LE 12 JUILLET 1579.

NOTE PRÉLIMINAIRE.

Cette pièce, empruntée à une époque éloignée, reproduite aujourd'hui en langue française, ne manque pas d'opportunité dans les préoccupations actuelles. Les sages de tous les pays, tout en couvrant d'un blâme sévère les empiétements de la Russie, répètent d'une voix unanime : *Fortiter occupa portum !* Néanmoins il est prudent, il devient même indispensable de consulter l'histoire, cet oracle sibyllin des temps modernes, pour juger jusqu'à quel point, lorsqu'il s'agit d'un agresseur dont le savoir-faire est connu de longue date, on peut garantir la sécurité du monde par une politique basée sur le seul désir de la paix, érigée en système.

Ouvrons donc les dossiers des deux parties antagonistes. D'un côté, nous voyons des États indépendants, constitués plus ou moins sur le principe de la liberté, livrés au mouvement de leur vie intérieure, préoccupés de systèmes politiques, de partis, d'intérêts de dynasties, de commerce, d'industrie, de philosophie, d'arts, de lettres. Ce qu'ils ambitionnent par dessus tout, ce sont ces conquêtes morales ou industrielles que poursuit l'homme libre, qu'encourage la société émancipée, et qui profitent au monde entier. Les États du système européen, petits et grands, malgré la diversité de leurs intérêts respectifs, malgré les jalousies et les passions dont ils peuvent être susceptibles, continuent leur existence, sans courir risque de voir leur indépendance menacée par des empiétements réciproques. Entre eux il y a ledroit des gens. Si une fièvre d'ambition s'empare de l'un d'eux, elle ne peut être que passagère.

De l'autre côté, se présente un antagoniste formidable, qui est, au fond, depuis qu'il existe, toujours le même. Étranger par sa nature aux entraves intérieures, inhérentes aux États libres, il n'a d'autres soucis que de se préparer les occasions de conquêtes qu'il poursuit d'après un système inné et traditionnel. Par son audace, sa ruse, la précision de ses calculs, il sait toujours aveugler, dérouter, désunir ses adversaires et les faire marcher *graduellement* à ses fins. La Russie, il faut ne jamais le perdre de vue, c'est une incarnation de cette force fatale des masses, qui s'est toujours manifestée dans l'histoire du monde avec son rôle mystérieux, pour traverser, vivifier peut-être, peut-être aussi pour châtier ces autres forces plus nobles, appelées à mettre en jeu, à développer le principe divin de l'humanité. C'est cette force des masses, fille de l'Asie, élevée à côté du berceau de l'humanité, qui apparaît dans les anciennes annales du monde, se heurtant, sans succès d'abord, contre les jeunes républiques de la Grèce; c'est elle qui, par des efforts séculaires, parvint à ébranler et à faire crouler le plus solide empire du monde; c'est elle enfin, qui, dans l'histoire moderne, civilisée à sa manière, se rue constamment sur l'Europe. Pour elle, le droit des gens n'existe pas.

Pendant les xve, xvie et xviie siècles, l'Europe occidentale connaissait à peine la Moscovie, et ne se doutait pas des dangers qui couvaient dans son sein, parce qu'une barrière solide, noble, chevaleresque, analogue à elle dans son mode d'existence, la séparait de ces dangers, et semblait l'en garantir à jamais. Au commencement du xviiie siècle, la digue, mal appréciée, mal entretenue et minée même par l'Occident, fléchit, et le débordement a commencé.

L'empire des Jagellons, à l'époque de sa prospérité, marchait à l'égal de tous les autres États européens en étendue, en vigueur, en influence. Fondé et grandi par l'esprit chrétien, il prit bientôt toutes les allures des sociétés libres et civilisées. Fusion des provinces, — débats des diètes, — effervescence des diétines, — conversion des païens, — érection d'évêchés, — disputes religieuses, — perfectionnement des lois, — culture des lettres, — colonisation des steppes, — intervention noble et désintéressée dans les affaires des voisins, — telle est l'histoire de l'adolescence de la Pologne aux xve et xvie siècles. Ce vaste pays, jadis le grand chemin des barbares pendant le moyen âge, en s'organisant rapidement sur des principes sympathiques avec les États de l'occident, devenait, par son existence indépendante, garant du repos de l'Europe.

Cependant, au delà de la Pologne, s'élevait, sur des principes tout à fait opposés, la puissance moscovite. Ne présentant d'abord qu'une agglomération de peuples barbares, pauvres, sans nationalité, sans patrie et presque sans religion, comme un corps inanimé, elle attendait un souffle vivifiant. D'après les chroniques russes, Moscou, capitale de cet État d'abord si frêle, fut fondée sur la tête d'un homme libre et sur sa propriété confisquée (1). Lorsque les hordes de Genghis-Khan envahissaient, au xiii° siècle, les confins de l'Europe, et que d'autres peuples slaves couraient à leur rencontre, la Moskovie s'esquiva prudemment de la lutte, en recevant humblement le joug des Mongols; le seul honneur qu'elle osa briguer fut la fonction de receveur général des khans, dans les principautés de la Slavie envahie.

Admirable par un avilissement qui fut son salut et par sa prudence de serpent, elle parvint, pendant ce long esclavage, à inoculer à son peuple, encore sans âme et sans baptême politique, le principe de vie des Mongols. C'est là l'origine vraie, incontestable et incontestée de la puissance russe. Aujourd'hui même elle se trahit par les faits que rapporte le *Moniteur* du 19 juillet dernier, où il est dit: Qu'en Chine, gouvernée par une race de Tartares, la Russie, pour parvenir à ses fins, se place au rang des pays tributaires de ce gouvernement. — *Antiquam exquirite matrem !*

A peine affranchie du joug des Tartares, la Moscovie, forte de son énergie nouvellement acquise, commença, avec une hardiesse et une suite sans exemple, l'affligeante histoire de son agrandissement. En poursuivant avec une férocité inouïe la conquête et la dénationalisation des républiques slaves ses voisines, elle jetait instinctivement des regards de convoitise vers des contrées lointaines et vers un avenir reculé. Elle a pris, dès lors, à tâche d'étudier le champ des rêves de son ambition, et ce champ s'étendait sur toute l'Europe qu'elle savait vaguement avoir été jadis envahie par les hordes qui l'avaient précédée. Depuis Iwan III, « l'Europe n'était plus étrangère à ce gouvernement nou-

(1) Georges, arrivé sur les bords de la Moskowa, dans les villages d'Étienne Kouichko, riche seigneur, le fit punir de mort pour un manque de respect; et charmé de la beauté du site, il y a fondé une ville. (Karamzine, t. II, p. 273.)

» veau. Les grands-ducs de Moscovie cherchaient avec avi-
» dité à connaître à fond les relations respectives des monar-
» ques européens, les alliances et les inimitiés des divers
» États, le montant de leur revenu, le nombre de leurs
» troupes, les sources de leurs discordes intestines, les
» avantages immédiats ou éloignés qui pourraient s'y pré-
» senter à leur politique invariable et vigilante (1). » Ils y
parvenaient avec d'autant plus de facilité qu'on les prenait,
eux et leurs ambassadeurs, pour des barbares ignorants.
C'est ainsi que la diplomatie qui, dans l'Europe occidentale,
ne s'appuyait le plus souvent que sur des intrigues ou des
éventualités du jour, devint, en Russie, un élément réel de
puissance, une science sérieuse, continue, héréditaire, toujours conforme à ses vastes desseins, et dont les résultats,
plus que ses victoires, ont amené l'Europe au dilemme
formulé à l'île Sainte-Hélène.

La conquête de l'empire de l'Orient était toujours un doux
rêve de l'ambition moscovite (2). L'ineptie et l'imprévoyance

(1) Karamzine.

(2) Les Varègues qui dans le x⁰ siècle envahirent les pays slaves
et prirent le nom de Russes, mais qu'on ne doit pas confondre
avec les Moscovites, commencèrent dans le siècle suivant à infes-
ter l'empire des Grecs. Du temps de la dernière incursion, qu'ils y
firent par mer et par terre, en 1043, une main inconnue a mis
clandestinement sur la statue de Bellérophon, à Constantinople,
une inscription portant la prophétie : que les Russes devaient s'emparer un jour de la capitale de l'empire d'Orient. Cette inscription
était probablement l'œuvre de la diplomatie varègue, mais le temps
en a été mal choisi. Car il est à remarquer, que la manifestation
de l'oracle fut suivie d'un désastre des Varègues et bientôt d'une
dissolution de leur monarchie. D'ailleurs, la statue de Bellérophon
fut fondue par les croisés français, lors de la prise de Constantinople dans le xiiiᵉ siècle. Cette circonstance pourrait de nos jours
donner lieu à une autre prophétie.

des cabinets d'Occident, ont le plus contribué à fournir à ce rêve des chances sérieuses de réalisation. Déjà, au commencement du xvie siècle, on vit la Moscovie, s'inspirant de la haine contre la France, à cause de son alliance avec les sultans, envoyer à la cour d'Espagne, à travers l'Europe, ses ambassadeurs, sous l'apparence de marchands, offrir, à l'émule de François Ier, 15,000 hommes de cavalerie dans la guerre contre la Turquie, dont le projet s'agitait vaguement dans les vœux du monde chrétien. Jean Dantiscus, évêque de Culm, ambassadeur de Sigismond Ier, roi de Pologne, résidant près de la cour du jeune empereur à Valadolid, mandait à son roi, dans sa dépêche du 17 août 1527, l'arrivée de ces ambassadeurs singuliers, qui présentaient, d'un côté, à Charles-Quint des propositions de haute politique, et vendaient de l'autre aux Espagnols leurs marchandises, parmi lesquelles se faisaient remarquer, comme emblème de leur puissance et de leur industrie nationale, les célèbres fouets de Moscovie (1). Bientôt les empereurs d'Allemagne, tout garantis qu'ils étaient par la Pologne de ce protectorat russe, qui, de nos jours, pèse d'un poids de si mauvais augure sur la maison d'Habsbourg, oublieux des services éminents que la Pologne leur avait rendus en contribuant à l'accession des royaumes de Hongrie et de Bohême à leur couronne, se hasardèrent, avec une imprévoyance et une légèreté étonnantes à rechercher à son préjudice des alliances chanceuses avec la Moscovie. L'interrègne survenu en 1572, après la mort du dernier Jagellon, fournit un nouvel élan à cette propension aveugle. L'empereur Maximilien II, rivalisant avec le duc d'Anjou, proposait pour candidat au trône de Pologne son fils Ernest. Pour donner un appui à cette élection, il resserrait ses relations avec la Moscovie, et la flattait jusqu'à prendre en considération les propositions du czar

---

(1) Vendebant hic publicè merces suas : flagella, etc..., suntque igitur a multis huc derisi, et pro bestiis habiti. — *Dantiscus.*

sur un partage de cette même Pologne dont il ambitionnait la couronne pour son fils. Le bon instinct de la nation polonaise prévalut. Henri III devint roi de Pologne ; ses ambassadeurs acceptèrent en son nom et en celui du roi très chrétien les *Pacta Conventa*, dont un des articles porte : « Of- » ferunt ac spondent iidem oratores, statibus et ordinibus » regni, nomine christianissimi regis, in usum belli, contra » Moschorum principem, quatuor millia Vasconum peditum » electissimorum, quibus etiam stipendia in sex menses » christianissimus rex persolvere debebit. » Irrité à juste titre de ces résultats, Iwan le Terrible, expédia sur-le-champ un envoyé à Maximilien II, à l'effet d'arrêter Henri III dans son voyage à Varsovie. C'est à cette occasion qu'il mandait à son allié impérial : « Nous réunirons nos efforts, pour que » la Pologne et la Lithuanie ne nous échappent plus. » Et comme la Russie ne manquait jamais de se proclamer la protectrice officielle de l'humanité, Iwan, bourreau, nageant dans les flots du plus noble sang de ses sujets, ne manqua pas d'ajouter dans sa missive à l'empereur : « Vous déplorez, » mon frère, l'horrible massacre de tant d'innocents dans » la journée de la Saint-Barthélemy ! Tous les monarques » chrétiens doivent s'en affliger ! » A la suite de cette entente intime, Cobentzel, ambassadeur impérial à Moscou, en 1577, stimulant l'ambition moscovite, disait au czar dans un discours solennel : « Toute l'Europe se joindra à vous, pour » détruire d'un seul coup, par terre et par mer, l'orgueil- » leuse puissance des Ottomans. Repoussons les Turcs de » Constantinople, et que l'ancien empire d'Orient tombe » sous vos lois, ô grand czar ! Voilà le vœu que forme » l'empereur. » Nous ajoutons : Voilà les secrets de la puissance russe ! Le Nesselrode du temps aurait pu dire à son souverain : « Nos rapports avec les grandes puissances euro- » péennes ne nous offrent que des sujets de satisfaction (1). »

(1) Voyez dans le Recueil la dépêche de Nesselrode, p. 72.

Ces errements politiques, aussi pernicieux dans leurs conséquences, passèrent peu à peu des mystères des cabinets dans le domaine de l'opinion publique. Des publicistes, des philosophes, des littérateurs, dont le cœur d'aimant se tournait vers le nord, commencèrent, à l'envi, à encenser l'idole de la Russie et à frayer ainsi le chemin à ses entreprises. Bientôt des révolutions et des coalitions qui en résultèrent, finirent par introduire ce cheval troyen au centre des affaires européennes, et l'allié de circonstance devint le dominateur impérieux et permanent.

De nos jours, les États d'occident, tout en conservant des relations amicales avec la Russie, tout en maintenant la paix, n'en sont pas moins au fond en état de guerre sourde et permanente contre elle. Pour s'en convaincre on n'a qu'à jeter les yeux sur ces forces gigantesques de terre et de mer qu'au grand détriment de leurs finances ils sont obligés d'entretenir, sans aucun résultat salutaire, si même, d'un moment à l'autre, elles ne sont pas entraînées à en produire de funestes. Les temps changent. Personne ne peut maîtriser les circonstances qui créent une entente sincère entre les États, et qui, pour produire des résultats, imposent l'obligation d'agir. Sans un plan bien arrêté, sans une décision énergique, les chances heureuses que la Providence amène passent souvent comme une pluie bienfaisante sur un champ sans semence, tandis qu'une main ennemie est là pour y semer la zizanie. En cet état de périls, l'Europe occidentale, pour les conjurer, jette de temps en temps des regards insinuants tantôt vers l'une tantôt vers l'autre des monarchies qui avoisinent l'empire russe, se berçant de l'espoir de trouver en elles quelque garantie de sécurité. Vœux et attente inutiles. L'admirable prévoyance de la Russie a su mettre des entraves permanentes à toute opposition hostile et sérieuse de ses voisins immédiats. La Prusse et l'Autriche, à leur grand regret, nous n'en doutons pas, ne sont à cet égard que des fossés, avec ponts-levis, de la citadelle du czarat. Attaquez-vous la Russie? Vous trouvez à ses frontières des précipices. Êtes-vous attaqués à votre tour? Les ponts se baissent et l'agresseur marche en sûreté.

A l'époque dont nous allons nous occuper, l'Europe jouissait, sous ce rapport, d'une tranquillité parfaite. Une barrière, seule possible, la Pologne, existait entre elle et la Moscovie. L'histoire de son partage, l'époque la plus déplorable du monde chrétien, explique suffisamment comment cette sauvegarde éprouvée de la chrétienté est devenue la victime d'une des plus atroces conspirations que le génie du mal ait osé mettre en pratique. Pour le moment nous nous bornons à rappeler les circonstances qui ont contribué à aplanir le chemin à la violence. Tandis que la Moscovie, forte de son despotisme bien enraciné, augmentait sans entraves ses ressources, ses possessions et son ambition, la Pologne subissait les conséquences toujours fatales de la forme républicaine dans une société encore à l'état de minorité. Les libertés de toutes sortes, garanties, — le gouvernement à bon marché, — les impôts les moindres possible, — point d'armées permanentes, toujours dangereuses, — point de forteresses, toujours instruments de despotisme, — douceur de la paix, — spéculations intellectuelles, — toutes les réalités et tous les rêves des nobles instincts de l'homme, la Pologne en avait la pleine jouissance. Mais la force de l'État, l'élan de l'initiative que demandait impérieusement sa position au milieu de voisins entreprenants, manquaient de plus en plus. Certes la liberté peut toujours dans ses grands moments déployer une puissance irrésistible contre toutes les énergies du despotisme; aussi la Pologne remportait-elle des victoires éclatantes qui retentissaient dans les pays les plus éloignés, et faisaient chanter des *Te Deum* à Rome, à l'occasion de ses triomphes sur les schismatiques. Il n'était pas toutefois dans la nature de son gouvernement de profiter de ces vic-

toires, de combiner des plans ultérieurs, de les exécuter
avec persistance; de sorte que, n'étant jamais vaincue en
rase campagne, elle voyait, sans pouvoir y remédier, diminuer et ses possessions et son influence. En 1479, la Moscovie lui ravit la suzeraineté du Grand-Nowogrod ; — en 1515,
le duché de Smolensk ; — en 1563, le palatinat de Polotsk ;
— en 1576, une partie de la Livonie.

La République de Pologne, orgueilleuse de sa liberté, —
forte de son aristocratie puissante, éclairée, chevaleresque;
— confiante dans son étendue, ses ressources et ses relations
avec les nations civilisées ; — dédaigneuse de la barbarie de
ses ennemis, présente, sous plusieurs rapports, une analogie
avec la position actuelle de l'Europe occidentale. En théo-
rie, nul doute sur leur supériorité et leur prépondérance à
l'égard de l'ennemi ; — en pratique, la Pologne reculait,
comme recule aujourd'hui l'Europe; la Russie avançait alors
comme elle avance encore sous nos yeux. Quand on se résigne à céder, la pente semble douce et l'abîme lointain.
Facilis descensus averni!

A quoi se réduiraient les destinées des nations, si elles
n'étaient pas capables d'obéir au sentiment du devoir, à la
voix de l'honneur, aux aspirations de la gloire? Après le
premier réveil, qui peut leur être pénible, une idée noble et
grande se fait l'idée populaire; un homme d'action, devient
maître de la position.

Étienne Bathory fut élu roi de Pologne, en 1576. Il connaît
le génie de la nation qui lui a confié sa fortune. Il n'ignore
pas la puissance dont dispose la Russie. Avec 40,000 hommes de troupes, qui sortent à sa voix comme par enchantement de terre, Bathory n'hésite pas, pour reconquérir la
Livonie et rétablir la prépondérance de sa couronne, d'aller
attaquer les innombrables forces d'Iwan, que les historiens

russes comparent aux armées de Xerxès. En pleine marche
à Swir, il fait publier son manifeste de guerre contre la
Moscovie. Nous le mettons ici sous les yeux du lecteur.

Une proclamation à une armée marchant aux combats
pour revendiquer les droits sacrés de la patrie,—armée faible
en comparaison des forces prépondérantes de l'ennemi, —
une proclamation noble de confiance dans la justice divine,
publiée à l'ouverture d'une campagne qui fut couronnée
des plus éclatantes victoires, c'est là sans doute un document que l'histoire du monde doit conserver et reproduire
avec orgueil et respect.

Étienne, par la grâce de Dieu, roi de Pologne,
grand-duc de Lithuanie, de Russie, de Prusse, de
Mazovie, de Samogitie, de Livonie, et prince de
Transylvanie, à ses soldats de toute nation et de
tout grade.

Il n'est assurément personne de vous qui ne con-
naisse toute l'étendue des dommages que le grand-
duc de Moscovie a fait éprouver de nouveau à notre
royaume de Pologne et à notre grand-duché de
Lithuanie ; et qui ne soit persuadé que nous pre-
nons aujourd'hui les armes, non pas trop tôt, mais
peut-être même trop tard, et par les plus justes
motifs. Cependant, comme nous ne saurions trop
satisfaire notre désir de prouver que nos entreprises
et nos actions sont appuyées sur l'équité et la justice, nous tenons à en convaincre ceux que cette
guerre intéresse. Nous avons donc pensé qu'il était

de notre devoir d'informer nos armées composées
de soldats de notre royaume de Pologne, du grand-
duché de Lithuanie, de Hongrie, de Germanie, et
d'autres nations étrangères, de tous les démêlés,
même les plus récents, qui se sont élevés depuis
notre avénement au trône entre nous et le grand-
duc de Moscovie. Ils verront clairement que nous
n'avons rien négligé, suivant notre devoir de prince
catholique, pour éviter l'effusion du sang chrétien,
et rétablir sur les bases de l'équité la bonne intelligence entre nous et notre ennemi, mais que toutes
ses entreprises et tous ses actes, accompagnés
d'injures contre nous, ont eu pour but la conquête
et la ruine de nos forteresses, de nos villes, des
pays soumis à notre domination, et notre propre
déshonneur.

Aussitôt que nous fûmes monté sur ce trône,
nous en informâmes les autres princes chrétiens
au nom des ordres de l'État. Nous envoyâmes au
grand-duc de Moscovie nos internonces pour lui
apprendre l'accroissement de notre dignité et de
notre puissance, et lui témoigner notre vif désir de
rétablir la paix entre les deux royaumes et de la
conserver. Il les assura verbalement de ses bonnes
dispositions, de sa bienveillance pour le nom et le
sang chrétien, et leur remit un sauf-conduit pour
une ambassade plus considérable. Il nous informa,
en outre, par une lettre particulière, qui est encore
en ce moment entre nos mains, qu'il avait donné

ordre à ses sujets de s'abstenir de toute injure et
méfait à notre égard tant que dureraient les négociations, en nous priant d'en agir de même dans
nos États. Bien qu'il ne pût si adroitement dissimuler, qu'il ne se trahît par des expressions blessantes
pour notre dignité, nous pensâmes que là se bor-
nerait son orgueil, qu'il reviendrait dans la suite à
de meilleurs sentiments, et songerait à la paix publique et au salut de ses sujets. Nous ajoutâmes
foi à ses affirmations. En conséquence, ordre fut
donné à nos sujets de suspendre toute hostilité
avec les Moscovites, et nous envoyâmes au duc de
Moscovie, lui-même, une ambassade composée des
plus hauts dignitaires de notre couronne, l'illustre
Stanislas Kryski, Palatin de Mazovie, Nicolas
Sapieha, Palatin de Minsk, et Théodore Skumin,
trésorier de notre cour de Lithuanie.

Tandis que nous prenions ces mesures, il violait
ses promesses. Pour nous, comptant sur sa bonne
foi, nous étions bien éloigné de craindre quelque
hostilité, lors du départ de nos ambassadeurs, et
nous nous regardâmes comme à l'abri de tout danger. Tout à coup, sans déclarer ni la trève rompue,
ni la guerre commencée, lui-même accompagné de
son fils aîné, il envahit la Livonie à la tête de ses
troupes. Il soumet nos sujets par la ruse et la trahison ; et le fer et la flamme à la main il marche
contre les chrétiens auxquels il ravit leurs femmes,
leurs enfants, leur liberté et leur vie. Il profite de

la nécessité qui nous retient sur les frontières de
notre royaume pour surprendre quelques unes de
nos places fortes. Dirai-je les cruautés, qui mar-
quent le passage de ses soldats? Raconterai-je
comment ils faisaient mourir leurs prisonniers au
milieu des plus affreux supplices? — Les infamies
auxquelles ils condamnèrent les femmes les plus
nobles et les plus vertueuses? Avec quelle joie
féroce ils se baignaient dans le sang des chrétiens
et toutes les cruautés auxquelles ils s'abandonnè-
rent? Le temps ne me le permet pas, et ceux qui
ont survécu à ces tourments, ou qui ont échappé
de quelque manière à leur barbarie, vous les attes-
teront.

Déjà nos envoyés atteignaient les frontières de
la Moscovie, lorsqu'ils reçoivent la nouvelle inat-
tendue des hostilités. Ils s'arrêtent sur les confins
mêmes de la Moscovie, et s'empressent de nous instruire de la rupture de la paix, que le grand-duc
jurait de respecter dans ses lettres. Cependant,
bien que nous ayons ressenti vivement cette injure,
nous avons cédé au désir d'épargner le sang des
chrétiens et de rétablir la paix et la tranquillité,
sans que des provinces chrétiennes, de part et
d'autre, aient à l'acheter au prix de nouveaux ravages et de plus grands désastres. Nous avons ordonné à nos ambassadeurs de poursuivre leur route
et de parvenir jusqu'au grand-duc de Moscou, pour
savoir de lui-même comment il entendait conser-

ver la paix avec nous; — pour réclamer les provinces qu'il nous avait enlevées à cette époque contrairement aux termes de ses lettres; enfin pour lui demander entière réparation des maux qu'il avait attirés sur nos sujets. Qu'arrive-t-il? Nos ambassadeurs étaient en sa présence; le Moscovite avait commencé à conférer avec eux par l'intermédiaire de quelques uns de ses favoris, lorsque tout à coup il s'abandonna à l'orgueil et à la violence de son caractère. Il ne voulut pas entendre parler d'accommodement au sujet de la Livonie, et défendit même de faire mention de cette province. Il insulta, soit verbalement, soit par écrit, notre personne et notre dignité en termes dont la violence ne convient ni à un roi, prince chrétien, ni même à un simple particulier. Il fit valoir ses droits sur notre royaume de Pologne et sur le grand-duché de Lithuanie, par je ne sais quels titres sans valeur. Ces droits, il les réclamait comme étant le quatorzième descendant d'un Prussus, dont personne n'a jamais entendu parler et qui n'a même pas existé, qui était, disait-il, le frère d'Octave César et le fondateur de sa famille. C'était au nom de cette prétendue descendance qu'il réclamait le royaume de Pologne tout entier et le grand-duché de Lithuanie. Il fit cette revendication de notre couronne, lorsque déjà nos ambassadeurs, après de longues et nombreuses conférences avec les conseillers moscovites, qu'il avait désignés pour cet objet, avaient réglé les conditions d'une nouvelle trêve;

lorsqu'ils avaient rédigé les lettres dans lesquelles ils reconnaissaient ce qui avait été stipulé de part et d'autre ; et enfin, lorsque déjà le grand-duc de Moscou les avait reçues. Mais bien loin de leur remettre une copie exacte des lettres qu'il avait entre les mains et qui renfermaient les véritables conventions reconnues par nos ambassadeurs et les conseillers moscovites, il modifia les clauses du traité à son gré et à sa fantaisie. Il ne voulut pas que la trêve regardât la Livonie ; de plus il exigea que dorénavant nous le reconnussions pour le maître de cette province, y compris le duché de Courlande, et de tous les pays soumis à notre domination jusqu'aux frontières de la Prusse, c'est-à-dire, d'une partie de la Lithuanie elle-même. Ces lettres ainsi modifiées, il jura d'en respecter les clauses, et contraignit par la force nos ambassadeurs à les prendre.

Instruit de ce fait par nos ambassadeurs avant leur départ de Moscovie, nous envoyâmes au grand-duc un internonce, choisi parmi nos gentilshommes, le noble Pierre Haraburda, qui lui porta l'assurance par écrit que nous voulions rester en paix et en bonne harmonie avec lui dans l'intérêt des chrétiens. Nous lui prouvions clairement, que s'il voulait que chacun de nous prononçât le même serment, il fallait comprendre dans une même paix et nous et nos provinces, car il n'était conforme ni à l'honnêteté ni à la raison qu'un serment, dont le but était la paix entre deux princes, amenât la guerre au sujet de telle ou telle province. Ce qui est le gage le plus respectable de la bonne harmonie devait-il laisser place à des causes d'hostilité? Il convenait à des princes chrétiens de ne jamais varier ni dans leurs paroles ni dans leurs actes, surtout lorsqu'ils s'étaient engagés par un serment. Il fallait donc veiller à ce que rien ne vînt troubler notre conviction d'avoir agi avec probité et d'être restés fidèles à nos engagements.

Ces conseils que nous dictaient l'amour de l'équité et notre bienveillance furent bien loin d'avoir quelque influence sur l'esprit du Moscovite. Car, après avoir entendu notre internonce, il exigea qu'il s'éloignât de la cour, et le retint, contre son désir, dans une sorte de captivité : puis, après nous avoir envoyé ses ambassadeurs (et déjà une première ambassade était auprès de nous en Livonie), il mit le siége devant quelques unes de nos places fortes, et notamment deux fois devant Venda. Cette injure ne tarda pas à être punie. Notre armée, renforcée de secours que nous avait envoyés la Suède, battit entièrement, avec l'aide de Dieu, les troupes moscovites ; les canons et les autres machines de siége tombèrent entre nos mains. Ce fut dans ces circonstances que nous reçûmes à Cracovie, dans la capitale même de notre empire et dans notre palais, les ambassadeurs moscovites. On y voyait, en ce moment, une foule considérable d'hommes appartenant à presque toutes les nations chrétiennes, et les ambassadeurs des rois, des princes et des peuples étrangers. Mais ni leur présence dans notre sénat, où nous reçûmes les Moscovites avec tous les honneurs que se doivent les princes entre eux, ni les conseils, ne purent fléchir leur orgueil et les rappeler au respect qu'ils nous devaient. Ils refusèrent d'exposer l'objet de leur mission, sous prétexte que le grand-duc leur avait défendu de prendre la parole en notre présence, à moins que nous ne leur eussions rendu certains honneurs, auxquels nous ne pouvions consentir sans déroger à notre dignité. Nous les leur refusâmes; et comme on ne put les décider ni à renoncer à leurs orgueilleuses prétentions, ni à prendre la parole, ils sortirent du sénat et en même temps de Cracovie sans avoir rien fait. Ainsi donc, aucune négociation n'avait été réglée, ni même entamée, lorsque nous leur permîmes de retourner en Moscovie. Tous ces faits montrent clairement combien nous avons désiré de conserver la paix et la bonne harmonie avec notre ennemi; combien nous avons fait d'efforts pour épargner le sang des chrétiens et assurer leur tranquillité. Ils montrent aussi, avec la dernière évidence, que le grand-duc de Moscovie, par ses procédés et par ses insultes, s'est uniquement occupé, a mis tous ses soins et toutes ses pensées à être en dissentiment avec nous, et qu'il a voulu que nous renoncions et à nos provinces et à la dignité de notre nom.

Il nous envoya ensuite par son nonce une lettre, dans laquelle il nous demande de prêter serment pour la trêve dont les clauses, comme nous l'avons montré, avaient été rédigées contre le gré de nos ambassadeurs ; de permettre à ses ambassadeurs de revenir en Moscovie, et de lui envoyer, s'il nous semblait bon, des ambassadeurs qui régleraient nos débats au sujet de la Livonie. Mais qui ne voit combien il serait contraire à l'équité, à notre devoir et à notre dignité, de reconnaître par un serment une trêve dont les clauses, non seulement n'avaient pas été consenties par nous, mais auxquelles nous n'avons jamais songé. Pourrions-nous abandonner à sa tyrannie la Livonie, le duché de Courlande, et les autres pays de notre domination, intermédiaires entre la Livonie et les frontières de la Prusse, qui suivent les lois de la Lithuanie ? N'avons-nous pas juré solennellement, en montant sur le trône, de protéger ces pays avec toute la fidélité et tout le zèle dont nous sommes capable, de les garantir au péril même de la vie des attaques de l'étranger ? Cette partie de nos fonctions royales nous a toujours été la plus chère, et jamais nous n'avons donné la preuve d'un sentiment contraire. Jamais non plus nos ambassadeurs n'ont pu rien promettre, et tout prouve qu'ils n'ont rien promis qui ne fût d'accord avec notre manière de voir à ce sujet, car le serment par lequel ils se sont engagés à respecter la trêve ne renferme aucune concession de cette nature. D'un autre côté, lorsqu'il s'agit d'une paix conclue entre des princes ou d'une convention passée entre des particuliers, quelle raison, quelle puissance, quelle nécessité peut contraindre l'une des deux parties à l'accepter, si, bien loin d'y consentir et d'y adhérer, elle n'y a même pas songé. Pour conclure une affaire, il faut commencer par mettre d'accord les intentions des deux parties, et ensuite les exprimer par écrit, de manière que, non seulement les pensées, mais les mots soient conformes à leurs intentions.

Le duc, notre ennemi, ne peut certainement ignorer comment se traitent d'habitude les affaires. Il lui suffit, je ne dirai pas de se souvenir du droit et de l'équité, mais de se rappeler ce que nos augustes prédécesseurs, ce que ses ancêtres, ce que lui-même faisait autrefois constamment, lorsqu'il s'agissait soit d'une trêve à signer, soit d'une paix à conclure.

L'obligation que nous impose le grand-duc de Moscovie de prêter serment d'après la formule prescrite dans ses lettres n'est pas un acte moins inique que les précédents. Eussent-elles été écrites d'après notre volonté et notre consentement réciproques, eussent-elles été conformes à celles de nos ambassadeurs, il convenait encore que chacun de nous prêtât serment, lui, selon sa formule, et nous, selon la nôtre. Tant s'en faut qu'il ait le droit d'exiger de nous un serment formulé dans des lettres, qu'il a écrites lui-même et à sa fantaisie, contre notre pensée intime, contrairement à nos volontés et à celles de nos ambassadeurs.

Il est bien évident pour tout le monde qu'il a agi dans ces circonstances avec injustice et mauvaise foi. Du reste, rien ne le montre mieux que la conduite de ses ambassadeurs, qui, arrivés à Cracovie, refusent d'exposer et de faire connaître ce qui avait été discuté, arrangé et convenu entre nos envoyés et ceux qui avaient reçu mission du grand-duc de conférer avec eux, et ce que lui-même avait décidé.

A ces ruses et à ces artifices se joignirent des insultes publiques et des hostilités ouvertes. Non seulement il ravageait la Livonie par de continuelles incursions, mais il élevait sur les frontières de Vitepsk, c'est-à-dire dans une province dépendante de notre grand-duché de Lithuanie, une forteresse, d'où ses officiers se répandaient dans les campagnes, pillant et massacrant nos malheureux sujets. Lui-même faisait de grandes levées dans ses États et se préparait sérieusement à la guerre. Des plaintes nous arrivaient de toutes parts, soit par des lettres, soit par des messagers de l'illustre duc de Courlande, des habitants de Riga et des commandants de nos places en Livonie. Tous imploraient notre intervention et notre appui. Rien ne pouvait plus et ne devait plus nous permettre de différer la guerre. C'est pourquoi nous nous décidâmes par de justes et sérieux motifs à ne pas recevoir les lettres du Moscovite et à refuser notre serment pour des conditions qu'il avait prescrites de lui-même, de son plein gré. Notre internonce retourna auprès du grand-duc en Moscovie, et après lui avoir exposé nos raisons, lui déclara la guerre : guerre juste et légitime, puisque déjà il avait rassemblé contre nous une armée considérable sous Plescovie.

Quant à ses ambassadeurs, qu'il nous redemandait, nous les laissâmes retourner en Moscovie, sans avoir rien pu obtenir d'eux, car ils persistèrent toujours dans leur silence. Nous étions en droit de les considérer plutôt comme des espions que comme des envoyés, car ils ne nous avaient pas remis leurs lettres de créance, et n'avaient pas dit un mot sur l'objet de leur mission. Néanmoins nos ambassadeurs en Moscovie nous ayant appris que c'était une véritable ambassade, nous leur fîmes rendre tous les honneurs dus à leur titre, et donner tous les présents accoutumés dans les pays soumis à notre pouvoir. Quant à la seconde ambassade qu'il nous demandait d'envoyer en Moscovie, après avoir juré la trêve d'après la formule prescrite dans ses lettres, pour régler les affaires de la Livonie, il nous a semblé qu'elle était inutile. A quoi serviraient des orateurs dans notre différend au sujet de la Livonie, si nous nous engagions par serment (et ce sont les conditions qu'il nous pose), non seulement à lui abandonner la Livonie et la Courlande, mais encore une partie des pays dépendants de la Lithuanie, qui séparent la Courlande de la Prusse? Nous n'avons donc pas cru devoir nous engager par cette nouvelle ambassade à consentir à la perte de nos provinces et à notre déshonneur.

Ainsi donc, soldats, nous croyons vous avoir convaincus, par l'exposé des faits précédents, que nous avons toujours voulu éviter toute effusion du sang chrétien, que nous avons toujours désiré la paix et la tranquillité, et que ce désir nous a poussé à tenter les moyens de conciliation dont je vous ai entretenus. Tous les outrages que le grand-duc de Moscovie a faits à notre Majesté royale, nous les avons oubliés ; nous avons sacrifié avec plaisir nos ressentiments à la paix et à la tranquillité de notre royaume, à la vie et à la fortune de nos sujets chrétiens. Mais toute l'ardeur que nous avons montrée pour le maintien de la paix et de la bonne entente entre nos deux États, loin de nous avoir fait obtenir de lui quelque chose de juste et d'équitable, semble avoir redoublé son orgueil et son insolence. Il n'a cessé de chercher les occasions de nous blesser personnellement, et de nuire à notre royaume de Pologne et à notre grand-duché de Lithuanie.

D'ailleurs, la conduite analogue qu'il a toujours suivie à l'égard de nos augustes prédécesseurs ne

nous permet pas d'espérer qu'il mette jamais de
lui-même une borne ou une fin à ses excès de toute
nature. L'injure qu'il a faite à notre illustre prédécesseur Sigismond Auguste vous permettra de
l'apprécier. Il abreuva d'humiliations et traita de
la manière la plus indigne, contre le droit des gens,
des ambassadeurs du plus haut rang, choisis parmi
les sénateurs que ce prince lui avait envoyés, le
palatin d'Inoladislavie et le castellan de Samogitie.
Il rançonna un gentilhomme polonais, attaché à
la cour de notre auguste prédécesseur, et s'arrogea
orgueilleusement plusieurs objets précieux qui
ne lui avaient été confiés que pour qu'il les exami-
nât. Il enleva aux marchands qui l'accompagnaient
une grande partie de leurs marchandises, et fit mu-
tiler leurs chevaux sous les yeux mêmes de nos
ambassadeurs. La mort trop prompte du roi Sigismond Auguste ne lui permit pas de punir cet outrage. Nous lui avons demandé réparation de ses
insultes d'alors, sans qu'il se soit nullement soucié
de faire droit à notre demande. Que dirai-je de cet
engagement par écrit de respecter la paix, qu'il
donna à notre auguste prédécesseur Henri? N'est-ce
pas après qu'il violait ses promesses, s'emparait de
Pernavie et soumettait d'autres places fortes de la
Livonie?

Au reste, nous voyons que ses ancêtres ont été
presque tous d'aussi mauvaise foi dans leurs rapports avec nos prédécesseurs.

Toutes les personnes exactement informées des faits sont unanimes à cet égard, et il est facile de prouver par les lettres des ancêtres du duc actuel de Moscovie, conservées aux archives de notre grand-duché de Lithuanie, combien de fois, lorsque les rois de Pologne, se reposant sur les traités conclus et jurés par les Moscovites, et croyant laisser leur royaume à l'abri de tout danger, s'engageaient dans des expéditions contre des peuples barbares et ennemis du nom chrétien, les Moscovites ont été parjures et sacriléges; combien de fois ils ont rompu les traités, repris les armes et tombé sur nos prédécesseurs au moment où ils réprimaient les incursions des païens; combien de fois ils les ont forcés de renoncer aux projets de guerres formées dans l'intérêt du monde chrétien pour venir repousser leurs attaques. Cet Iwan, fils de Vasili, notre ennemi, imite dans ses écrits et dans ses paroles, il surpasse même l'inconstance, la ruse et la perfidie de ses ancêtres. C'est ainsi que, tandis qu'il envoyait à Sigismond Auguste, notre prédécesseur de glorieuse mémoire, des lettres de sauve garde pour les envoyés qui devaient régler les conditions de la paix, il envahissait tout d'un coup et occupait Polotsk. Il se servit du même stratagème contre nous, lorsque, après nous avoir donné l'assurance de la paix, il attaqua subitement la Livonie, et cependant il avait essayé de nous détourner, nous, notre royaume de Pologne et le grand-duché de Lithuanie, de songer à la défense de cette province.

Ainsi donc, comme rien ne peut plus nous faire
espérer de voir le grand-duc de Moscovie revenir à
la bonne foi et à de meilleurs sentiments, et que
bien loin de nous offrir les garanties d'une paix certaine, il ajoute aux anciennes et aux dernières injures chaque jour de nouveaux outrages, cherche
tous les moyens de nous tromper et de porter atteinte soit à l'honneur de notre nom, soit à l'intégrité de notre empire, nous croyons devoir nous en
rapporter au jugement du Dieu tout-puissant, qui
a tout vu de ses yeux équitables, et en appeler à
une juste vengeance, après avoir inutilement employé et épuisé tous les moyens qui pouvaient nous
donner une paix honorable et assurée, et épargner
ainsi les biens et la vie de nos sujets chrétiens. En
conséquence, nous avons fait remettre ses lettres
trompeuses, et déclarer une guerre juste et légitime
à Iwan, fils de Vasili, grand-duc de Moscovie. Cette
guerre a pour but de venger et de repousser loin
de nous la double insulte qui nous a été faite, soit
par lui-même dans ses discours et dans ses lettres,
soit par ses ambassadeurs ; les maux cruels qu'il
fait subir depuis tant d'années à nos sujets et tous
les dommages que notre royaume de Pologne en a
ressentis. Mais afin que tous sachent combien nous
désirons peu la ruine et le malheur des sujets chrétiens du grand-duc, nous déclarons qu'il ne sera
fait de mal (autant du moins qu'il sera en notre
pouvoir de l'empêcher) à aucun de ceux d'entre eux
qui ne combattront pas contre nous, soit dans les

places fortes, soit sur le champ de bataille Car nous savons bien que tous les motifs de cette guerre nous ont été fournis par le grand-duc lui-même et par lui seul. Seul, il nous attaque dans notre honneur et dans notre dignité ; seul, il ne cesse de convoiter nos provinces avec une ambitieuse avidité. C'est de lui seul que nous voulons réprimer l'audace effrénée, arrêter les cruautés et les brigandages, afin de rendre (si nous le pouvons), dans la suite, la paix et la tranquillité aux chrétiens.

Nous espérons, ou plutôt nous croyons fermement, que le Dieu très grand et très bon nous favorisera, nous, nos armées et notre royaume, dans une guerre entreprise avec des motifs si justes et si sérieux, qu'elle est pour nous une nécessité. Nous pensons aussi que les princes chrétiens et tous les hommes qui seront instruits de ces faits, n'hésiteront pas à croire que ce n'est ni la témérité, ni le désir de verser le sang des chrétiens (que nous avons toujours défendus, protégés et garantis de tout mal), qui nous font entreprendre cette guerre, mais que nous y avons été poussé par tant d'injures accompagnées depuis si longtemps de cruautés et de barbaries, par la nécessité de défendre notre dignité, par le triste état de nos provinces et de notre grand-duché de Lithuanie, par le besoin de veiller sur le bonheur, sur les biens, sur la vie de nos sujets depuis si longtemps victimes des atrocités de l'ennemi ; enfin, par le conseil et l'avis de

tous les ordres de notre royaume et du grand-duché
de Lithuanie, qui demandent une paix certaine,
durable, et le rétablissement de la tranquillité
parmi les peuples de nom chrétien.

Ce n'est pas avec de tels motifs, et avec les intentions qui nous animent dans cette guerre, que
nous pouvons douter du zèle, de l'ardeur, du
courage et de la fidélité de nos troupes ; cependant
nous les exhortons à montrer dans cette campagne,
sous nos ordres, un courage au-dessus de tout
péril, et à penser à la gloire et au bonheur qui les
attendent en combattant pour une si bonne et si
juste cause.

Que nos sujets se préparent à combattre avec le
courage habituel à notre nation, avec l'intrépidité
de nos ancêtres pour se venger et se garantir à
jamais des injures continuelles que leurs concitoyens ou eux-mêmes ont eu à souffrir.

Que les étrangers qui servent sous nos drapeaux
songent que s'il est beau de combattre avec vail-
lance pour le salut de ses voisins, de se mettre en
danger pour eux, il n'est pas moins important à
leur sûreté particulière qu'à celle de leurs concitoyens d'éteindre l'incendie qui dévore la demeure
du voisin.

Que tous en général apportent dans une guerre

si juste le plus vif désir de s'illustrer par de hauts faits. Chacun y acquerra une gloire et un mérite d'autant plus grands, qu'il aura à faire une guerre plus sérieuse et plus difficile contre l'ennemi cruel de presque tout le genre humain.

Pour nous, nous allons récompenser généreusement le courage, la fidélité, le zèle, les efforts de chacun de nos soldats par notre bienveillance, notre faveur et nos largesses, de telle sorte que personne n'ait à se repentir de ses exploits, et que tous voient que nous aimons à rétribuer la valeur et les belles actions selon leur mérite.

Fait à Swir, le 12 du mois de juillet de l'année du Seigneur 1579, et de notre règne le quatrième.

EXTRAITS

TIRÉS DE L'HISTOIRE DE L'EMPIRE DE RUSSIE DE KARAMZINE, RELATIFS A L'EXPÉDITION DE BATHORY.

« Déjà la présence d'un grand homme avait ranimé l'amour de la patrie dans le cœur des magistrats et des gentilshommes : Bathory parlait mal la langue, mais il connaissait parfaitement l'histoire de la Pologne ainsi que celle de la Lithuanie. *Il traça le tableau des envahissements de la Russie*, fit l'énumération des portions du territoire que cette puissance leur avait enlevés ; il accusa de ses malheurs la *faiblesse de leurs rois*, flatta adroitement l'amour-propre national, et, posant la main sur son épée, il écouta avec attention les discussions de la diète..... »

« D'une voix unanime, la diète résolut la guerre contre la Russie. Aussitôt des ordres sont donnés pour rassembler une armée nombreuse : les propriétaires, les citoyens se soumettent sans murmurer à des impôts jusqu'alors inouïs.

Iwan...., instruit de ce qui se passait à la diète de Varsovie, privé depuis longtemps de nouvelles de ses ambassadeurs, entendit parler d'un armement formidable en Pologne et en Lithuanie, et s'occupait lui-même de ses préparatifs de guerre. Dans un conseil général des boyards et du clergé, il s'exprima ainsi : « Le moment de sanglants com- »b ats est arrivé. Quant à moi, implorant la grâce » de Dieu, je vais fixer le sort de la patrie ainsi que » le mien, en marchant contre la Livonie et la Po- » logne ! » Aussitôt il fit avancer son armée vers l'ouest, désignant lui-même les marches et les campements ; il avait laissé des garnisons dans quatre-vingts villes sur les bords du Volga, du Don, de l'Oka, du Dniéper et de la Dvina. Ses principales forces européennes et asiatiques avaient l'ordre de se réunir à Novgorod et à Pskov. Les Russes, les princes Tcherkesses, Schaïkals, Mordviens, Nogaïs ;

les Tzarevitchs et les Mourzas de l'ancienne horde d'Or, de celle de Kazan, d'Astrakhan, s'avançaient à marches forcées vers les lacs d'Ilmen et Peipus. Toutes les routes étaient couvertes d'infanterie et de cavalerie. L'hiver, le printemps et une partie de l'été se passèrent au milieu de ces dispositions; enfin, après avoir confié le commandement de Moscou au prince André Kourakin, le tzar, accompagné de tous les boyards, des membres du conseil, d'un grand nombre de secrétaires d'État, pour les affaires civiles et militaires, quitta la capitale au mois de juillet, et se rendit à Novgorod, où les chefs de l'armée attendaient ses derniers ordres. Ce fut dans cette dernière ville que vinrent le trouver Karpof et Golovin, pour lui apprendre que Bathory, ayant rejeté la trève, marchait contre la Russie. Son armée, d'après leur rapport, n'était forte que d'environ quarante mille hommes; mais elle s'augmentait sans cesse des troupes arrivant de Transylvanie et d'Allemagne, ainsi que de nombreux volontaires lithuaniens.

» Telle était la force de l'ennemi qui prétendait écraser la Russie, et dans sa garde seule, le tzar avait quarante mille gentilshommes, enfants boyards, strelitz, cosaques, etc... Ensuite il était entouré de deux armées principales, réunies à Novgorod et à Pskof, sous le commandement de Siméon, prince de Tver, des princes Mstislavsky, Schouïsky, Nogtef, Troubetzkoï et autres généraux. Il pouvait donc,

d'un seul mot, précipiter toutes ces masses sur la
Pologne : le peuple, la noblesse de ce pays, opposés
aux vues guerrières d'Étienne, désiraient secrète-
ment la paix avec la Russie, et un cri de terreur
avait retenti des rives de la Dvina à celles du
Boug...

» Dès que le tzar eut appris que Lopatinsky, envoyé de Bathory, se rendait à Moscou, il donna
l'ordre de le faire arrêter à Dorogobouge. Cet officier lui envoya alors la lettre d'Étienne, écrite de
Vilna le 26 juin ; elle était extrêmement prolixe,
d'un style sec et sans éloquence, mais écrite avec
esprit... Au moment où le tzar lisait cette lettre,
il apprit que déjà Bathory était entré sur le territoire russe.

» Après avoir déclaré loyalement la guerre à la
Russie, Bathory, entouré des grands et des chefs
de l'armée, mit en délibération les moyens et le
point de l'attaque. « Il faut, disait-il, conquérir la
» Livonie hors de ses frontières. A la vérité, la
» ville de Polotsk est bien fortifiée ; il n'en sera que
» plus glorieux de la prendre, et le succès de cette
» entreprise intimidera l'ennemi en stimulant le
» courage des Polonais. » Ces paroles étaient prononcées par un grand homme ; elles furent écou-
tées. L'armée d'Étienne, semblable à celle d'An-
nibal, était composée d'*hommes étrangers les uns aux
autres par le langage, le costume, la religion :* d'Alle-

mands, de Hongrois, de Polonais, d'anciens Slaves de Gallicie, de Volhynie ou des bords du Dniéper, de Krivitches et des Lithuaniens. Bathory sut inspirer à cette multitude des sentiments unanimes et une vive émulation. En quittant Swir, pour ouvrir la campagne, il publia un manifeste.

» Cette invasion à laquelle Iwan ne s'attendait pas, vers la fin de l'été, *lui parut une perfidie.* D'après le conseil de ses boyards, il se hâta d'expédier un courrier à l'empereur et un autre au pape, pour les engager à embrasser son parti. Dans sa lettre au premier, il cherchait à démontrer que les Polonais faisaient la guerre à la Russie à cause de son intime liaison avec l'Autriche ; ensuite il exigeait que Rodolphe, fidèle à sa promesse, envoyât des plénipotentiaires à Moscou, pour renouveler l'alliance contre leurs ennemis communs. En se plaignant de la mauvaise foi de Bathory, il engageait le pape à remettre ce prince dans la bonne voie et à *le détourner d'une odieuse alliance avec les Turcs.* Sa dépêche donnait l'assurance du désir sincère qu'il éprouvait de se coaliser avec tous les souverains de l'Europe contre le sultan, et d'entretenir, à cet effet, des *relations intimes et continuelles avec la cour de Rome...*

» L'armée s'avançait à travers des marais et d'épaisses forêts où, depuis cent cinquante ans, aucune troupe n'avait pénétré. Le seul Vitold avait

su, en 1428, s'y frayer un chemin jusqu'à Novogorod, et quelques lieux de ce passage difficile
portaient encore son nom. A l'exemple de ce guerrier célèbre, Bathory faisait percer des routes dans
les bois, établir des digues, construire des ponts,
luttant contre les obstacles et supportant les privations. Il attaqua, chemin faisant, Velige et Ous-
viat, prit ces deux forteresses bien approvisionnées,
mit en déroute un détachement de cavalerie russe,
et vint, à la fin d'août, mettre le siége devant
Véliki-Louki...

» C'est dans ce moment où la Russie aurait dû se
lever et écraser l'audacieux Bathory, que le prince
Sitzky et Pirof, plénipotentiaires d'Iwan, se rendaient au camp des Polonais, pour entamer d'hu-
miliantes négociations. Étienne les reçut dans sa
tente d'un air plein de hauteur. Il resta assis et
couvert, lorsqu'ils le saluèrent au nom du tzar, et
ne daigna pas leur adresser une seule parole de
bienveillance. Ils exigeaient d'abord que le roi levât
le siége de Véliki-Louki, lorsqu'ils furent inter-
rompus tout à coup par une salve d'artillerie polonaise; ils montrèrent alors plus de condescendance.
C'était, disaient-ils, pour la première fois que leur
maître entamait des négociations avec la Pologne
hors de Moscou. Ils consentaient, en son nom, à
concéder le titre de frère à Étienne, si celui-ci
voulait rendre Polotsk à la Russie. Ces propositions
ayant été rejetées, ils allèrent même jusqu'à re-

noncer à cette ville et à offrir la cession de la Courlande avec vingt-quatre places de la Livonie; Étienne exigeait, outre la Livonie entière, l'abandon de Véliki-Louki, Smolensk, Pskof et Novogorod.— Sitzky et Pirof déclarèrent alors qu'il leur était impossible de faire d'aussi grands sacrifices, et sollicitèrent leur congé ou la permission d'écrire au tzar. On expédia aussitôt un courrier à Moscou, et le même jour, 5 septembre, le feu ayant pris dans une tour remplie de poudre, l'explosion fit sauter une partie de la forteresse; la flamme acheva la destruction des murailles, et les Russes tombèrent sous le fer de l'ennemi...

» Cette entreprise termina la campagne. L'armée de Bathory était épuisée par les fatigues, par les maladies. Lui-même en fut atteint à Polotzk, et il avait encore la pâleur sur le visage lorsqu'il parut à la diète de Varsovie pour rendre compte de ses exploits. « Réjouissez-vous du triomphe de nos » armes, dit-il aux grands, mais sachons-en profi- » ter. Le destin semble nous livrer tout l'empire » moscovite : le courage et l'espérance mènent à la » gloire. Voulez-vous suivre un système de modé- » ration? Faites au moins la conquête de la Livonie, » principal but de cette guerre; réunie à jamais au » royaume de Pologne, elle sera pour la postérité » un glorieux monument de votre valeur. Jusque-là » nous ne devons pas songer à la paix. »

» Le tzar apprit la ruine de Véliki-Louki dans sa retraite d'Alexandrovsky. Il expédia aussitôt de nouvelles instructions à ses envoyés, Sitzky et Pirof, qui suivaient Bathory d'un lieu à l'autre, condamnés à être témoins de ses triomphes. Arrivés à Varsovie, ils lui offrirent d'ajouter encore à leurs concessions quelques districts de la Livonie, en échange de villes russes qu'il avait acquises; le conjurant de suspendre les hostilités et d'envoyer ses ambassadeurs à Moscou pour traiter de la paix. Mais, pour toute satisfaction, ils reçurent l'ordre de retourner près du tzar, avec cette réponse du roi : « Je n'accorderai ni ambassade, ni paix, ni » trêve jusqu'à ce que l'armée russe ait évacué la » Livonie. » Iwan, dont la condescendance augmentait tous les jours, adressa une lettre amicale à Étienne : il l'appelait son frère, se plaignait de voir la Russie inquiétée sans cesse par les attaques des Polonais, et le suppliait enfin de ne pas rassembler de troupes pour l'été suivant. Il fit partir sur-le-champ Pouchkin et Pissensky, membres du conseil, pour aller trouver le roi, avec des instructions qui leur prescrivaient *la douceur et l'humilité dans les négociations :* oubliant même toute dignité, il leur était enjoint (humiliation inouïe) de *supporter non seulement des injures, mais jusqu'à des voies de fait.* Ainsi un tzar de Moscovie vidait jusqu'à la lie le calice de l'opprobre !...

» Malgré son courroux, Iwan consentait à céder

encore à Bathory toutes les forteresses russes conquises par les armes polonaises, ne se réservant que la partie orientale de l'Esthonie et de la Livonie, c'est-à-dire Narva, Veissenstein et Dorpat. A ces conditions, il proposait une trêve de sept ans. La réponse à cette dépêche fut une troisième campagne de Bathory précédée d'une lettre remplie des plus piquants reproches... « Mais où êtes-vous » donc, lui disait Étienne, Dieu du pays des Russes, » ainsi que vous vous faites appeler par vos mal- » heureux esclaves? Nous n'avons aperçu encore ni » votre personne ni la bannière de la croix dont » vous parliez sans cesse, effrayant seulement les » Russes avec vos crucifix et non pas les enne- » mis. S'il est vrai que vous ayez pitié du sang des » chrétiens, je vous offre un combat singulier : » désignez vous-même le temps et le lieu; parais- » sez-y à cheval, et nous combattrons seuls, afin » que Dieu accorde la victoire au plus juste... »

» Loin de consentir à laisser aux Russes un seul pied de terrain en Livonie, Bathory ne voulut plus entendre parler de leurs ambassadeurs. Il les fit chasser de son camp, et, pour braver le tzar, il lui envoya des livres latins, publiés en Allemagne, sur la chronologie de princes de Russie et sur le règne d'Iwan, afin de prouver, disait-il, que les anciens souverains de Moscovie étaient des vassaux des khans de Tauride, et non pas les descendants de César Auguste...

» Iwan cherchait encore la paix, mettant son espérance dans le médiateur important que l'on vit
s'interposer entre lui et Bathory.

» Schévrighin, courrier moscovite, envoyé à Vienne
et à Rome, était de retour à Moscou. Le faible et
insouciant Rodolphe avait répondu qu'il ne pouvait
faire aucune disposition sans le consentement des
princes de l'Empire ; que les grands désignés par
lui pour se rendre à Moscou, à l'effet d'y conclure
l'alliance projetée, étaient morts ou malades. Mais
Grégoire XIII, ce pape célèbre par son zèle pour
les progrès de la religion latine, témoigna la plus
vive satisfaction en trouvant, ainsi qu'il le pensait,
l'occasion de réunir la Russie à son vaste troupeau.
Il ordonna à un célèbre théologien, Antoine Posse-
vin, de se rendre auprès de Bathory et à Moscou, à
l'effet de concilier les parties belligérantes. Voici la
réponse de Bathory au Jésuite : « Le tzar de Moscovie
» veut en imposer au Saint-Père : à l'aspect de l'orage
» qui le menace, il est homme à tout promettre,
» et la réunion des cultes, et la guerre contre les
» Turcs ; *quant à moi, il ne me trompera pas.* Cepen-
» dant, allez, agissez, je ne m'y oppose en aucune
» façon ; seulement je suis convaincu que, pour *ob-*
» *tenir une paix honorable et avantageuse, la guerre*
» *est indispensable. Nous l'aurons, cette paix, j'en*
» *donne ma parole !* »

———

La paix fut conclue le 17 janvier 1582, à Kiverova-Horka. La ville de Polotsk avec des châteaux avoisinants, et la riche province de Livonie furent restituées à la Pologne, — ses droits, sa considération, sa sécurité garantis. — La Moscovie même fut avantagée par cette guerre. Car c'est un fait avéré, que jamais la force et la prospérité de la Pologne n'exerçaient qu'une influence salutaire sur la nationalité des peuples de la Russie. Après sa défaite, le czar mit fin à ses carnages, qu'auparavant il pratiquait sans contrôle. — Cette paix si honorable, Bathory ne la dut qu'à son épée.

D'un autre côté, le Jésuite, qui confiait à des négociations avec la Moscovie une espérance illusoire conçue sur des promesses données au moment du danger, après d'inutiles conférences à Moscou, ne revint à Rome qu'avec le nom de *loup*, que le czar, affranchi des périls, donnait en sa présence au pasteur du monde catholique.

Au moment où nous écrivons, deux nations les plus civilisées et les plus puissantes du monde, qui hier encore paraissaient s'armer l'une contre l'autre, unies comme si c'était par un ordre d'en haut, envoient contre l'ennemi séculaire de l'Europe des flottes formidables. Les vents rafraîchissants de Malte et de Salamine, la bénédiction du monde chrétien, les ont amenées aux portes des Dardanelles. Les regards, l'espoir, le sort de l'humanité sont confiés, comme dans les beaux jours de la liberté, à des murailles de bois!

Pour nous, victimes des atrocités perpétrées au grand jour, pendant un siècle entier, et qui continuent à s'exercer sur d'autres nations, les mains croisées sur le cœur qui n'a que ses douleurs et sa foi, éveillés par le mirage du désert qui nous entoure, nous envoyons aussi au rendez-vous de l'humanité, pour notre contingent actuel, le souvenir d'un guerrier faisant son devoir de roi, et un soupir des saintes espérances des générations enchaînées. — Nous admirons l'immensité des forces du bon droit, — *Animamque herois vocamus!*

PRÉCIS

DE L'EXPOSÉ DES DIFFÉRENDS SURVENUS EN 1821

ENTRE

LE GOUVERNEMENT DE S. M. I.
ET LA PORTE OTTOMANE,

PRÉSENTÉ A L'EMPEREUR NICOLAS,

A SON AVÉNEMENT AU TRONE,

PAR LE MINISTÈRE RUSSE.

L'exposé des négociations avec la Turquie que le ministère russe a mis sous les yeux de l'empereur Nicolas, à son avénement au trône, est certes une pièce historique d'une haute importance. Cependant l'étendue de cet écrit excédant les cadres de notre Recueil, nous nous bornons, quoique à regret, à n'en donner qu'un précis, qui est fait avec une religieuse exactitude, de sorte qu'il reproduit non seulement le contenu, mais même les expressions du mémoire authentique.

La Turquie non comprise dans les traités de Vienne de 1815. — La Russie désavoue l'entreprise d'Ipsylanti en 1821. — Mission de Strogonoff à Constantinople. — Barbarie turque. — La Porte déclare la Russie complice de l'insurrection de la Grèce. — Ultimatum de Strogonoff non accepté; il quitte Constantinople. — Les principautés occupées par les Turcs. — Commencement des négociations des principaux cabinets. — Conditions de la Russie mal reçues par Londres et Vienne. — Réplique de la Porte. — La Russie refuse de livrer les émigrés. — Discussion avec les cabinets de Londres et de Vienne sur la protection de la religion grecque. — Projet de protocole non accepté. — Congrès de Vérone. — Conditions de la Russie dans le protocole du congrès. — Lord Strangford à Constantinople. — Arrangements des affaires commerciales. — Envoi de Minciaky à Constantinople. — Points principaux : 1" Commerce; — 2° Évacuation des principautés; — 3° En Grèce un juste milieu entre l'indépendance complète, triomphe de la révolution; et*l'extermination, triomphe de la barbarie. — Politique de Canning. — Le mémoire du cabinet russe du 9 janvier 1824 propose l'établissement de trois principautés grecques sous la suzeraineté de la Turquie; conférences de Saint-Pétersbourg, 1824. — Hésitation de l'Angleterre. — Évacuation des principautés. — Envoi de Ribeaupierre à Constantinople. — Réclamations au sujet des principautés. — Effet, produit en Grèce, de la publication par les journaux du mémoire russe du 9 janvier. — Scission de la Russie avec l'Angleterre. — Divergence des vues de la Russie avec les autres cabinets quant à la Grèce. — Metternich s'oppose aux projets de la Russie, il y découvre des arrière-pensées. — La Russie demande une explication catégorique. — Elle se décide à défendre seule ses intérêts et ses droits. — Ses regrets et sa peine motivés par la réponse des cabinets. — La cour de Berlin toujours fidèle. — La Porte s'oppose à une intervention étrangère dans ses affaires de Grèce. — L'influence de la Russie en Orient compromise, celle des autres États augmentée. — La dépêche du cabinet de Saint-Pétersbourg prescrit à ses ambassadeurs le silence et la réserve; — il demande leur avis sur la disposition des principaux cabinets. — Les Grecs, opprimés par les Égyptiens, demandent à l'Angleterre une protection exclusive; ils lui offrent la souveraineté. — Proposition de l'Autriche rejetée. — Réponse et avis des ambassadeurs russes. — L'opposition des cabinets réduite à l'impuissance; ils finissent par se rapprocher de la Russie. — Lord Wellington à Saint-Pétersbourg. — Obstination de la Turquie.

L'empire ottoman n'étant ni mentionné ni compris dans aucune des transactions de 1814 et 1815, la Russie depuis l'année 1816, jusqu'à l'année 1821, avait négocié seule avec la Porte *sans la coopération de ses alliés* (1). Le cabinet et l'envoyé de Russie,

(1) L'état des négociations extérieures à l'année 1821 se trouve

baron de Strogonoff, espéraient la conclusion prochaine d'un arrangement général, lorsque le prince Ipsylanti osa se placer à la tête d'une insurrection en Moldavie et en Valachie.

L'empereur Alexandre fit expédier de Leybach, au baron de Strogonoff, l'ordre de déclarer que, loin d'avoir provoqué ou favorisé l'entreprise du prince Ipsylanti, la Russie consentait à l'entrée des troupes ottomanes dans les principautés; que même elle réclamait cette mesure; mais, qu'afin d'empêcher des désordres, elle demandait que les troupes ottomanes fussent accompagnées d'agents russes. Une déclaration commune des deux cours devait annoncer, en outre, qu'elles employaient la force des armes uniquement pour réprimer l'insurrection; que, loin de vouloir priver les principautés de leurs priviléges, elles se proposaient de leur en assurer la jouissance, et qu'aussitôt que l'ordre y aurait été rétabli, les troupes ottomanes repasseraient le Danube. De son côté, le baron de Strogonoff avait frappé l'insurrection de la Grèce d'une improbation solennelle et avait déclaré aux ministres turcs, que la Russie n'userait de son pouvoir moral sur les

dans deux annexes, savoir : 1° Résumé de l'état dans lequel M. le baron de Strogonoff a laissé nos négociations avec la Porte ; 2° Sommaire des négociations principales de M. le baron de Strogonoff à Constantinople, et analyse de ses instructions successives en 1816-1821. Nous en donnons un extrait à la fin de ce mémoire, sous la lettre A.

Grecs que pour aider le Divan à éteindre le feu de la révolte.

La Porte rejeta nos offres, et des actes d'aveugle barbarie succédèrent. Les Grecs, les Valaques, les Moldaves fugitifs cherchaient un asile en Russie. Dès lors la Porte déclara la Russie complice de l'insurrection.

L'empereur, informé des événements de Constantinople à son retour de Leybach, donna ordre au baron de Strogonoff, en juillet, de remettre une note au Divan. Les griefs que la Porte venait de donner à la Russie dans les dernières circonstances, par une violation flagrante de tous ses traités, furent énumérés dans cette note. En réclamant une satisfaction immédiate et complète, le cabinet impérial fixait au gouvernement turc un délai de huit jours pour y répondre. Son silence devait être considéré comme un refus, et le refus comme un motif de rupture des relations diplomatiques. Le Divan ne répondit pas dans le délai fixé. Aussitôt, conformément à ses instructions, le baron de Strogonoff quitta Constantinople.

Ici commence une nouvelle période des négociations auxquelles l'Autriche, la France, la Grande-Bretagne et la Prusse ont pris part.

L'empereur informa ces cabinets de la démarche

prescrite au baron de Strogonoff, et les prévint, en outre, qu'après leur avoir prêté en toute occasion l'assistance la plus sincère et la plus zélée, il réclamait d'eux à son tour les mêmes services; il les invitait : 1° à appuyer les représentations que son ministre allait adresser au Divan ; 2° à soutenir de leur coopération morale et réelle les mesures que la Russie se verrait forcée de prendre, si la Porte continuait à provoquer la guerre ; 3° à examiner dans cette hypothèse et à faire connaître les moyens le plus efficaces d'assurer aux contrées dont se compose la Turquie *le bienfait d'une existence politique heureuse et inoffensive.*

De ces trois propositions, la première ne pouvait manquer d'être agréée. Quant aux autres demandes de Sa Majesté Impériale, la Prusse se montra prête à délibérer sur les moyens d'exécution. L'Autriche et la Grande-Bretagne ne partagèrent pas les vues de la Prusse et avouèrent avec franchise des principes opposés. La France fut plus favorable aux vues énoncées par la Russie; mais on vit qu'elle craignait à la fois la guerre, les conséquences de la guerre et l'obligation d'exprimer ses craintes.

Le ministère de l'empereur reçut à la fois toutes ces réponses et une réplique tardive de la Porte à la note du $\frac{6}{18}$ juillet. La Porte persistait dans ses anciennes prétentions et en élevait de nouvelles: elle imposait au commerce russe de nouvelles entraves; elle redemandait la partie du littoral asiatique qu'elle disait occupée par la Russie en contravention au traité de Bucharest; elle exigeait l'extradition des Grecs, Moldaves et Valaques fugitifs qui étaient venus chercher un asile dans les états de Sa Majesté Impériale. — D'autre part, les événements se succédaient avec rapidité. Vers la fin de juillet, il n'existait plus d'insurrection en Valachie et en Moldavie; la tranquillité publique se trouvait rétablie, mais les troupes turques y restaient. En Grèce, l'insurrection se soutenait.

Malgré le ton de la réplique de la Porte à la note du $\frac{6}{18}$ juillet, pour faciliter un rapprochement, Sa Majesté Impériale fit écrire une lettre au grand vizir par son ministère. Dans cette lettre, après avoir récapitulé tous les griefs et prévenu la Porte que jamais les fugitifs ne pourraient lui être livrés, on ajoutait que si des faits irrécusables venaient manifester le respect du Divan pour les traités, pour les droits de la Russie, pour le bien-être de ses coreligionnaires et pour la religion grecque elle-même, l'empereur suspendrait des mesures qu'il lui répugnait de considérer comme indispensables.

L'empereur examina alors ce qui lui resterait à faire dans le cas où cette nouvelle tentative resterait sans réponse ou sans effet. Pour vaincre la résistance des Turcs, l'occupation des principautés fut proposée. Mais l'empereur résolut en même

temps de surseoir à l'emploi des mesures coercitives ; et, pour rassurer d'abord les alliés, il déféra
lui-même aux vœux qu'ils avaient exprimés, d'interposer de nouveau leurs bons offices auprès du
ministère ottoman. Sa Majesté Impériale déclara
néanmoins que leur intervention devait se borner
à demander l'accomplissement des conditions indiquées dans la lettre de son cabinet au grand
vizir, sans jamais prendre le caractère d'une médiation.

C'est à cette époque que les chefs des cabinets
d'Autriche et d'Angleterre eurent une entrevue à
Hanovre. Le ministère impérial reçut l'ordre d'ouvrir avec eux des négociations nouvelles. Les affaires
d'Orient furent agitées dans une correspondance
active et suivie ; mais les opinions divergeaient sur
des points essentiels.

Les cours de Vienne et de Londres combattaient
l'interprétation du traité de Kaynardgi, interprétation qui étendait à la nation grecque des clauses
dans lesquelles *la religion grecque* seule était expli-
citement mentionnée, et donnait à la Russie un
droit exclusif de protection. Le ministère impérial
leur opposait l'usage, la sanction du temps, des
exemples tirés du passé, l'unité du culte et la nécessité d'un pouvoir tutélaire pour les chrétiens
sujets de la Porte. Enfin, d'après l'opinion du ministère impérial, les cours de Londres et de Vienne,

tout en appuyant à Constantinople les réclamations de la Russie relatives aux principautés, n'exigeaient pas assez *péremptoirement* une satisfaction *immédiate* ; elles n'annonçaient pas l'*emploi commun de moyens coercitifs* en cas de refus ; elles ne mentionnaient pas l'intervention que l'empereur avait jugée indispensable au rétablissement de la paix en Grèce.

Sous de pareils auspices les négociations ne pouvaient avancer. L'empereur donna l'ordre au ministère de communiquer aux alliés un projet de protocole qui devait les engager à demander à la Porte l'évacuation complète des principautés, le rétablissement de l'ordre légal en Valachie et en Moldavie, et l'envoi de plénipotentiaires turcs qui se réuniraient dans les États de Sa Majesté Impériale à des plénipotentiaires russes et à des plénipotentiaires alliés. Dans cette réunion, les arrangements relatifs aux principautés devaient être discutés *exclusivement* entre la Russie et la Porte ; et les arrangements qui auraient pour but la pacification de la Grèce devaient être négociés *collectivement* entre les plénipotentiaires turcs et ceux des cinq cours, lesquelles revêtiraient d'une *garantie commune* les stipulations dont on serait convenu.

Au cas où le Divan repousserait les propositions de l'empereur, les alliés devaient avoir l'alternative, soit de rompre leurs relations diplomatiques avec la Porte, soit de lui déclarer qu'elles reconnaissaient à la Russie le droit de recourir aux armes.

La communication de ce projet de protocole eut lieu; mais la Prusse seule ne balança point à le signer. La France y adhéra conditionnellement, c'est-à-dire pour le cas où toutes les puissances alliées y accéderaient. L'Angleterre ne voulut prendre d'une manière positive aucun engagement éventuel. L'Autriche, de même, ne signa point le projet de protocole.

Néanmoins les cours alliées adressèrent de nouveaux ordres à leurs envoyés à Constantinople, et ceux-ci obtinrent que quelques troupes, venues d'Asie, quittassent les principautés et que des hospodars fussent nommés. Toutes les cours alliées parurent aussi accepter la proposition d'une réunion de plénipotentiaires et d'une intervention commune qui tendraient à rétablir la paix en Orient. La cour d'Autriche remit même à M. de Tatistcheff un mémoire confidentiel qui développait quelques idées sur ces deux derniers points.

Les réponses de la cour de Vienne étant parvenues à Saint-Pétersbourg, l'empereur consentit à ce que des conférences relatives à la pacification du Levant fussent tenues à Vienne entre les représentants des cours alliées, et autorisa M. de Tatistcheff à y prendre part; mais il déclara que la Porte, invitée à un envoi de plénipotentiaires, devait les déléguer vers S. M. Impériale, et qu'alors les négociations auraient lieu dans ses États à Kamenetz-Podoleky et d'après le principe qui ferait considérer comme exclusivement russes les affaires de Moldavie et de Valachie, et comme européennes les affaires de la Grèce.

Peu de temps après, arrive l'époque fixée pour le congrès de Vérone. Les conditions insérées formellement, en date du 9 novembre 1822, aux protocoles du congrès, embrassaient les affaires de la Grèce, les affaires des principautés et les affaires commerciales. La Russie demandait, quant à la Grèce, que la pacification de ce pays et des îles de l'Archipel fût réglée avec l'intervention des cinq cours, sous leur garantie commune. Quant aux principautés, qu'elles fussent évacuées complétement et immédiatement, et que la nomination des nouveaux hospodars fût notifiée à la cour de Russie d'après l'usage ; quant aux affaires commerciales, qu'elles fussent réglées en commun, et que la Porte accordât le libre passage du Bosphore aux vaisseaux de toutes les nations. Ces conditions, dont les cours alliées reconnurent la justice, devaient toutes être exécutées avant que la Russie rétablît ses relations diplomatiques avec la Porte. Les négociations à ouvrir dans ce but furent confiées au vicomte de Strangford. Par les soins de cet ambassadeur, au mois de mai 1823, la nomination des nouveaux hospodars de Valachie et de Moldavie fut notifiée au ministère impérial par le Reiss-Effendi. Mais après cela, plusieurs mois s'écoulèrent sans que ces négociations offrissent aucun espoir de succès. Pour faciliter la tâche de lord Strangford, la cour de Vienne demanda qu'il fût autorisé à ne demander pour le moment à la Porte que l'exécution complète de celles des conditions insérées au protocole de Vérone qui concernaient la Moldavie, la Valachie et le commerce; qu'alors la Russie, satisfaite sur tous ces articles, pourrait rétablir sa mission à Constantinople, et contribuer ainsi elle-même à rendre la paix au Levant. L'empereur agréa cette proposition.

Les affaires commerciales furent celles qui motivèrent les plus vives instances du vicomte de Strangford. Aussi les bases des arrangements de commerce furent souscrites par la Porte. Ce fut à Tchernowitz, où l'empereur invita l'empereur d'Autriche à une entrevue, que le ministère impérial trouva les dépêches du vicomte de Strangford. L'empereur, pour témoigner sa satisfaction, résolut d'envoyer à Constantinople, pour la gestion des affaires commerciales, le conseiller actuel de Minciaky.

Depuis l'entrevue de Tchernowitz, trois objets fixèrent l'attention du ministère impérial :

1° L'exécution complète des arrangements de commerce convenus en principe avec lord Strangford. M. Minciaky devait la surveiller.

2° L'évacuation complète des principautés, où les choses devaient être remises sur le pied du *statu quo* antérieur aux troubles de 1821.

3° Le plan à suivre pour la pacification de l'Orient où la lutte se prolongeait. La Russie ne pouvait admettre la durée indéfinie de cette lutte sans blesser ses intérêts les plus chers ; elle ne pouvait, pas plus que le reste de l'Europe, consentir au triomphe d'une révolution, conséquence nécessaire d'une victoire complète des Grecs, ni à l'extermination d'un peuple chrétien, conséquence nécessaire d'une victoire des Turcs.

De ces trois objets, ce fut le dernier qui donna lieu d'abord à des négociations.

La proposition d'établir des conférences à Saint-Pétersbourg, sur les moyens de rendre la paix au Levant, avait été concertée à Léopol par le ministère impérial avec le ministère autrichien. Nous étions convenus avec lui d'inviter les cours de Paris, de Londres et de Berlin : 1° à munir leurs représentants respectifs auprès de la Russie des pouvoirs et des instructions nécessaires ; 2° à recommander à leurs envoyés à Constantinople de suivre les avis qui leur seraient adressés de Saint-Pétersbourg par leurs collègues; 3° d'émettre leur opinion sur les mesures qui pourraient conduire avec le plus de certitude à la solution de cette question difficile. De notre part, nous annoncions la communication prochaine de quelques avis sur ce sujet.

La France et la Prusse consentirent à l'établissement des conférences. L'Angleterre n'accueillit pas aussi favorablement nos propositions. La politique de M. Canning différait de celle du marquis de Londonderry à l'égard des Grecs. Ayant acquis par différents moyens une grande influence en Grèce, il était peu disposé à la partager avec d'autres États. D'autre part, l'Angleterre avait un puissant intérêt à continuer de prévenir une rupture définitive entre la Russie et la Porte. M. Canning, craignant également de rejeter nos propositions, et de leur donner suite, finit par déclarer au mois de décembre 1823, que l'ambassadeur de Sa Majesté Britannique pourrait assister aux conférences, mais avec ordre *de prendre ad referendum* toutes les ouvertures qui y seraient faites, tous les projets qui y seraient développés.

Cependant l'empereur, ayant annoncé à ses alliés qu'il leur communiquerait ses aperçus concernant la pacification de la Grèce, leur tint parole, et dès

les premiers jours de janvier 1824, un mémoire
sur cette matière fut rédigé. Le cabinet de Russie
conçut l'idée d'instituer en Grèce trois principautés
qui jouiraient d'une parfaite indépendance intérieure, qui seraient administrées d'après leurs lois
particulières, sans que la Porte pût jamais s'ingérer
dans leur gouvernement, mais qui lui payeraient
un tribut annuel et qui se trouveraient unies à
l'empire ottoman, comme les principautés de Valachie et de Moldavie, et par les mêmes liens politi-
tiques. Les îles de l'Archipel devaient être soumises
à un régime municipal également indépendant,
être assurées, ainsi que les principautés de terre
ferme, d'une liberté commerciale sans entrave, et
avoir à cet effet leur pavillon. Le cabinet russe
ajoutait que peut-être quelques forteresses devraient rester au pouvoir des troupes ottomanes
dans les principautés grecques.

Ce mémoire, accompagné d'une dépêche explica-
tive, fut approuvé dans toutes ses parties par le
ministère français et par le ministère prussien. Le
ministère autrichien y donna pareillement une approbation préalable énoncée en termes généraux,
mais il se réserva de l'examiner plus tard en détail.
Quant au cabinet de Londres, le mémoire produisit
sur lui une forte impression. Après beaucoup d'hésitation, ce ne fut que le 29 mai 1824 que M. Canning informa le comte de Lieven, que sir Charles
Bagot serait autorisé à intervenir dans les confé-

rences de Saint-Pétersbourg, *dès que la Russie aurait nommé son nouveau ministre à Constantinople.*

De tels résultats étaient sans doute loin de répondre aux espérances de Sa Majesté Impériale. Mais sir Charles Bagot ayant depuis consenti à assister aux conférences, Sa Majesté Impériale ordonna de les ouvrir le 5 juin 1824. Les quatre plénipotentiaires consignèrent au protocole une approbation de notre mémoire. Mais, à la seconde conférence, il fut constaté qu'aucun d'eux ne pouvait procéder à des mesures d'exécution. L'empereur fut donc obligé de suspendre les délibérations, et le ministère russe adressa aux cours alliées des représentations pressantes sur la nécessité d'adopter une marche plus décidée. De son côté, le cabinet de Londres avait blâmé sir Charles Bagot d'avoir assisté aux conférences tenues à Saint-Pétersbourg. Cependant, bientôt après, M. Canning informa le comte Lieven que M. Stratford-Canning, nommé ambassadeur d'Angleterre près la Porte Ottomane, à la place du vicomte de Strangford, serait envoyé à Saint-Pétersbourg, y participerait aux conférences et se rendrait ensuite à Constantinople.

Dans l'intervalle que remplirent les discussions dont nous venons de tracer le tableau, les négociations avaient continué avec la Porte, tant pour l'exécution des arrangements de commerce, que pour le rétablissement du *statu quo* légal en Vala-

chie et en Moldavie. Les premiers ne faisaient pas
de progrès, mais les négociations qui avaient pour
objet la Valachie et la Moldavie semblaient présenter des résultats plus satisfaisants. Le vicomte
de Strangford annonça au ministère impérial que la
Porte venait de consentir à l'évacuation de ces provinces, et que les troupes turques avaient commencé leur mouvement de retraite. En conséquence, l'empereur nomma M. de Ribeaupierre au
poste d'envoyé extraordinaire à Constantinople, et
en attendant, M. de Minciaky eut ordre de déployer
auprès de la Porte le caractère de chargé d'affaires
de Russie.

De tout temps il avait existé en Valachie et en
Moldavie une troupe peu nombreuse de musulmans,
connue sous le nom de Beschlis et chargée uniquement de maintenir la police parmi les Turcs qui se
rendaient dans les principautés pour affaires commerciales. M. de Minciaky, conformément à ses
instructions, réclama sans délai contre la présence
des troupes et des commandants turcs que la Porte,
comme nous l'avions appréhendé, laissait dans les
principautés sous le nom de Beschlis et de Bach-
Beschlis-Agas. Il exigea, sous ce rapport comme
sous tous les autres, le rétablissement du *statu quo*
antérieur aux troubles de 1821.

Le Reiss-Effendi répondit que la Porte ne s'était
jamais engagée envers l'ambassadeur d'Angleterre

à rétablir le *statu quo* antérieur aux troubles ; que cet ambassadeur et les ministres des autres cours alliées avaient eu connaissance entière des mesures que la Porte s'était décidée à prendre ; que tous en avaient été satisfaits et les avaient approuvées complétement ; que M. de Minciaky les avait approuvées lui-même, puisqu'il avait remis sa lettre de créance, qu'ainsi toute réclamation ultérieure à cet égard serait inutile ; que la cour de Russie ne recevrait jamais d'autre réponse.

Un autre changement non moins subit avait, à la même époque, trompé les justes espérances de l'empereur.

Une partie du mémoire russe, du 9 janvier 1824, avait été publiée d'abord par quelques feuilles allemandes, ensuite par tous les journaux de France et d'Angleterre. Cette publication présentait sous le plus faux jour les intentions de Sa Majesté Impériale, et avait motivé, de la part des autorités grecques de Naples, de Romanie, une protestation adressée au gouvernement anglais contre toute intervention étrangère, — et une demande de secours directs de la part de l'Angleterre. — Se fondant sur cette protestation, le cabinet de Londres avait déclaré qu'il ne pouvait plus prendre part aux conférences de Saint-Pétersbourg. M. Stratford-Canning ne devait, d'après cela, se rendre auprès de l'empereur que pour terminer entre les deux

États quelques discussions touchant la côte nord-
ouest de l'Amérique.

L'empereur avait répondu avec force, et déclaré
qu'après de tels changements, toute délibération
ultérieure entre la Russie et la Grande-Bretagne
sur les affaires d'Orient était définitivement fer-
mée. En même temps, Sa Majesté Impériale pressa
les grandes cours continentales d'ouvrir les conférences sans l'Angleterre.

Le premier accueil que reçut cette proposition
sembla répondre partout à la légitime attente de
Sa Majesté Impériale.

En février 1825, s'ouvrirent à Saint-Pétersbourg
les délibérations entre les cours de Russie, d'Autriche, de France et de Prusse, au moment même
où M. Stratford-Canning arrivait dans cette capitale (1). L'empereur fit communiquer aux trois
représentants un aperçu qui exposait à la fois la

---

(1) La mission de M. Stratford-Canning donna lieu à quelques
explications indirectes entre la Russie et l'Angleterre sur les affaires
de la Grèce. A son retour en Angleterre, passant par Varsovie au
mois de mai 1825, M. Stratford-Canning insinua confidentielle-
ment que les vues du cabinet de Londres pourraient se rapprocher
des nôtres. Ce fut alors que le comte de Lieven reçut l'autorisation
de sonder à cet égard les dispositions du gouvernement et du principal secrétaire d'État de Sa Majesté Britannique, et de faire comprendre que l'empereur ne fermait point les voies au rapprochement
qu'on nous faisait espérer.

nécessité d'agir avec promptitude et les mesures dont l'adoption pourrait satisfaire à cette nécessité. Sa Majesté Impériale invitait ses alliés à faire une démarche collective auprès de la Porte et en Grèce, et à proposer aux deux parties un armistice de quatre mois, pendant lequel une négociation aurait lieu, dans le but d'amener le rétablissement d'une paix solide, dont la base serait un arrangement qui conserverait aux Turcs la suzeraineté sur la Grèce, et aux Grecs, moyennant un tribut annuel, la jouissance paisible de la liberté de leur culte et des franchises commerciales et administratives.

Les réponses que nous reçûmes affectèrent profondément l'empereur Alexandre. Nos ouvertures, en effet, furent rejetées. Quelques nuances moins défavorables signalèrent le langage de MM. de Laferronaye et de Küster, mais sur tous les points fondamentaux leurs avis et celui du plénipotentiaire autrichien ne cessèrent d'être les mêmes. Tous trois ne regardèrent pas l'armistice comme une condition *sine quâ non;* tous trois se refusèrent à l'adoption d'une mesure coercitive ou comminatoire quelconque envers la Porte; tous trois ne consentirent à l'envoi d'envoyés diplomatiques en Grèce que pour les charger vaguement d'y préparer les esprits, sans les autoriser à faire aux Grecs aucune proposition, aucune promesse. Au lieu d'un armistice, les plénipotentiaires alliés avaient énoncé l'idée de demander à la Porte qu'elle admît en principe l'intervention des cours de Russie, d'Autriche, de France et de Prusse, dans les affaires de la Grèce. Sa Majesté Impériale jugea plus opportun de faire simplement décider qu'on préviendrait la Porte de la position précaire où elle se trouvait à l'égard de la Russie, si elle rejetait les vœux qui allaient lui être communiqués. Des instructions analogues furent dressées pour M. de Minciaky et pour les autres représentants des cours alliées à Constantinople.

Ce fut à Paris que le chancelier d'Autriche (s'y étant rendu à cause du danger qu'avait couru son épouse) eut connaissance de ces discussions et de l'aperçu par lequel nous avions ouvert les délibérations de Saint-Pétersbourg. Le langage qu'il tint ne fut pas conforme à l'attente de l'empereur. Il s'efforça de représenter au ministère français nos propositions comme devant conduire à la guerre par des voies détournées, et alla jusqu'à dire qu'on devait sans doute s'occuper de la question orientale, mais qu'il n'y avait pas de motifs suffisants pour justifier l'anxiété témoignée par l'empereur de Russie.

Les négociations de Saint-Pétersbourg et le langage du chancelier d'Autriche à Paris avaient montré qu'on s'efforçait de nous entraîner dans une négociation sans terme, qu'on espérait amener peu à peu l'empereur à renoncer entièrement aux opinions qu'il avait émises sur les affaires de la Grèce, et à charger en quelque sorte les événements seuls de résoudre ce problème. Nous avions trouvé les plénipotentiaires alliés dépourvus du pouvoir d'adhérer à aucune idée qui eût impliqué celle d'une mesure coercitive. Nous avions vu représenter comme marque d'ambition et d'arrière-pensées, comme désir secret de guerre et de conquête, toutes les propositions de Sa Majesté Impériale, qui, dirigées vers la pacification du Levant, tendaient à produire un effet décisif et à préserver la Russie d'une perte totale de l'influence et du respect que des transactions glorieuses lui avaient assurés dans ces contrées depuis un demi-siècle.

Des intentions semblables de la part de nos alliés exigeaient de la nôtre une explication catégorique.

L'empereur ordonna à son cabinet d'adresser une dépêche à ses ambassadeurs et ministres près les cours de Vienne, de Paris et de Berlin. Dans cette dépêche, après avoir présenté un résumé succinct des discussions qui avaient eu lieu aux conférences de Saint-Pétersbourg, on démontrait que la continuation de la lutte en Orient devait forcément amener les conséquences les plus funestes au repos des peuples et à l'honneur de ses monarques ; qu'en effet cette lutte devait nécessairement se terminer ou par le triomphe de l'insurrection, ou par l'extermination totale des chrétiens, ce qui serait une

autre victoire pour les révolutionnaires, par les
sentiments d'indignation et de douleur qu'elle ex-
citerait à si juste titre, et surtout par le faux jour
et la déconsidération qu'elle jetterait sur la politique des puissances qui n'auraient rien fait pour
le prévenir ; que la Russie y perdrait en outre les
plus utiles intermédiaires du commerce de ses provinces méridionales ; que sous les auspices d'un
succès complet contre la Grèce, des rapports satisfaisants entre la Russie et les Turcs seraient im-
possibles.

Il était par conséquent urgent de mettre un
terme à cette guerre, et urgent dès-lors de convenir
que, pour la faire cesser, les alliés emploieraient
ensemble même des moyens coercitifs, si des
moyens coercitifs seuls pouvaient être efficaces. —
De même, il y avait une nécessité absolue d'un
armistice, comme condition préalable de toute négociation relative à la pacification de la Grèce.

L'empereur faisait réfuter les accusations élevées contre la Russie. Elle n'avait pas besoin de
prétexte pour une guerre ; car l'inexécution des
engagements pris par les Turcs relativement aux
principautés lui en offrait les motifs les plus légitimes. Elle ne demandait pas un accroissement
d'influence en Orient, car cette influence, elle l'avait
exercée sans partage depuis l'année 1774 jusqu'à
l'année 1821.

A la fin, l'empereur faisait déclarer que si, malgré tant de considérations décisives, les cours alliées persévéraient dans les principes qu'elles avaient manifestés aux conférences de Saint-Pétersbourg, il jugerait inutile la reprise de ces conférences, et serait désormais obligé de n'avoir égard qu'aux droits et aux intérêts de son empire.

Les représentants de Sa Majesté Impériale avaient ordre de communiquer cette dépêche aux cabinets d'Autriche, de France et de Prusse ; et dans le cas où elle produirait l'effet désiré, ils devaient y ajouter une série de propositions, dont l'acceptation immédiate pouvait seule garantir à des conférences nouvelles une issue satisfaisante. Ces propositions, au nombre de sept, étaient relatives au mode de l'intervention, aux frontières de la Grèce sur terre ferme, et aux îles qui devaient en faire partie, à la Servie, enfin au replacement des choses en Valachie et en Moldavie sur le pied où elles étaient avant les troubles de 1821.

Les réponses à cette dépêche se trouvèrent réunies sous les yeux de Sa Majesté Impériale au mois de juillet 1825. Mais elles ne lui présentèrent que de nouveaux motifs de regrets et de peine.

Pour la quatrième fois dans les négociations entamées depuis 1821, la cour de Berlin *seule* lui témoignait des dispositions auxquelles elle était en droit de s'attendre. Quant au cabinet autrichien, il avait déclaré qu'il croyait la reprise des conférences nécessaire, mais sans adhérer à aucune de nos ouvertures, sans admettre dans aucune hypothèse la possibilité de l'emploi des moyens coercitifs, et sans dissimuler que, dans des délibérations nouvelles, il ne changerait ni de langage ni de politique. Les réponses du cabinet français, quoique moins positives dans les formes, ne différaient pas pour le fond. D'autre part, à Constantinople, les démarches confidentielles touchant les affaires de la Grèce s'étaient accomplies, et la Porte avait articulé un refus péremptoire de jamais admettre dans cette question aucune intervention étrangère.

La situation de la Russie devenait donc de jour en jour plus grave. L'empereur voyait, quant à la Valachie, à la Moldavie et à la Servie, ses droits méconnus, ses traités violés ; quant à la pacification de la Grèce, ses alliés occupés à ne pas la laisser sortir du cercle des plus vaines négociations, les intérêts de la Russie lésés, et la légitime influence qu'elle avait exercée en Orient depuis le traité de Kaynardgi essentiellement compromise. En effet, à dater de l'année 1823, toutes les autres grandes puissances jouaient un rôle plus ou moins actif dans les affaires de la Grèce. Nous avons déjà signalé l'ascendant qu'y avaient acquis l'or et les agents de l'Angleterre. La France y formait, de son côté,

des relations par le canal de ses comités philhellé-
niques. L'Autriche ne cachait plus les secours
qu'elle assurait aux Turcs. La Russie seule était
restée étrangère à cette lutte.

Les déterminations que prit alors Sa Majesté Impériale furent consignées dans une dépêche adressée à ses ambassadeurs et ministres près les cours
d'Autriche, de France et de Prusse, le 6 août 1825.
Il y était dit : « La dignité de la Russie, ses intérêts,
» et, nous osons le dire, ceux de l'Europe, nous
» faisaient une loi de prouver à nos alliés qu'ils
» avaient mal jugé notre position, peu apprécié la
» réalité de nos sacrifices, et visé à des résultats
» auxquels nous ne pourrions consentir. » Après
avoir motivé cette opinion, l'empereur invitait ses
représentants à garder désormais le silence sur les
affaires orientales, et si les cabinets alliés de-
mandaient les raisons de ce silence, Sa Majesté
leur ordonnait de récapituler nos propositions et
leurs réponses, et de déclarer, que « désormais les
» délibérations ultérieures avec eux n'auraient au-
» cun but ; qu'en conséquence, l'empereur ne sau-
» rait les poursuivre, et qu'il ne pourrait dorénavant
» se diriger dans les affaires d'Orient que d'après
» les droits et les intérêts de son empire. » Cette
déclaration faite, les représentants de l'empereur
devaient « reprendre une attitude réservée envers
» les cours alliées et éviter toute discussion, soit
» sur la question orientale elle-même, soit sur la

16

» nature, les suites ou les motifs de la détermination
» dont ils auraient été les organes. »

Des instructions décisives furent pareillement expédiées à M. de Minciaky. L'empereur le chargea de demander au Reiss-Effendi une conférence à protocole, de lui répéter pour la dernière fois tous nos griefs, de lui remettre une protestation formelle, si la Porte renouvelait ses refus; de lui déclarer alors qu'elle eût à peser toutes les conséquences d'un tel acte; de prendre ensuite une attitude silencieuse et de borner ses fonctions à l'expédition des affaires commerciales. M. de Minciaky devait aussi s'abstenir désormais de toute discussion sur la question grecque avec les représentants des cours alliées à Constantinople.

De tels ordres nécessitaient l'examen du système qu'il conviendrait à la Russie d'adopter dans la situation nouvelle où elle allait se trouver. L'empereur voulut connaître à cet égard le jugement de ceux de ses ambassadeurs qu'il honorait d'une juste confiance. Il invita MM. d'Alopeus, de Tatistcheff, Pozzo di Borgo et de Lieven à émettre leur opinion avec franchise sur la nature de l'accord qui semblait s'être formé entre nos alliés pour paralyser nos vues dans les affaires d'Orient; sur le degré de force que pourrait acquérir cette opposition; sur les moyens de déconcerter ce système, et sur les mesures les plus propres à assurer les droits, les intérêts et la dignité de l'empire.

Pendant que l'empereur arrêtait les résolutions dont nous venons d'offrir le tableau, une partie de ses pressentiments s'accomplissaient déjà dans la Morée. Les Égyptiens victorieux la parcouraient presque sans obstacle. Les chefs grecs, dans la situation désespérée où ils se trouvaient, avaient pris le parti de recourir à l'Angleterre, de lui demander sa protection exclusive, et de lui offrir même la souveraineté de la Grèce et des îles de l'Archipel qui avaient secoué le joug de la Porte Ottomane. Mais nous ne tardâmes point à être informés, ainsi qu'il avait été facile de le prévoir, que le gouvernement anglais avait rejeté l'offre des Grecs.

Cependant leur demande, combinée avec le silence de la Russie sur les affaires orientales, excita une vive inquiétude dans le cabinet de Vienne, qui nous proposa de faire auprès de la Porte une nouvelle démarche collective pour l'inviter à admettre l'intervention des cours continentales dans ses différends avec les Grecs. L'empereur envoya de Taganrog au ministère impérial l'ordre de décliner cette proposition et d'engager M. Tatistcheff à ne point s'écarter des instructions qui lui avaient prescrit de garder un silence absolu sur les affaires d'Orient.

Bientôt, au moment même où l'empereur Alexandre passait dans une autre vie, nous reçûmes les dépêches par lesquelles les ambassadeurs et ministres de l'empereur exposaient les opinions qu'ils avaient été invités à émettre sur l'union que nous avions cru remarquer entre les grandes cours continentales pour neutraliser les intentions de Sa Majesté Impériale relatives à la pacification du Levant (1).

Le comte d'Alopeus nous transmet des assurances positives, qui ne laissent point de doutes, touchant les dispositions favorables sur lesquelles la Russie peut compter de la part de la Prusse, quel que soit le cours ultérieur des événements.

Ces opinions si unanimes des ambassadeurs et ministres de Sa Majesté Impériale furent justifiées presque au moment où elles venaient d'être émises.

La France se hâta d'envoyer à son poste le comte de Laferronaye qui, dès son arrivée, croyant pouvoir compter sur le concours actif de l'Angleterre et de l'Autriche, mit en avant l'idée d'une nouvelle démarche collective à Constantinople, par laquelle

(1) Les dépêches de M. Pozzo di Borgo, de M. de Lieven et de M. de Tatistcheff, étant publiées en entier, pages 4, 48, 57, nous en omettons ici le résumé.

les cinq cours alliées annonceraient à la Porte-
Ottomane qu'elles regardaient comme terminée la
guerre entre les Grecs et les Turcs; qu'une intervention européenne dans cette querelle funeste était
indispensable, et que, si la Porte ne l'agréait, elle
aurait à redouter toutes les conséquences de sa
position à l'égard de la Russie. Il semblait essentiel de ne pas provoquer, en se refusant à toute
ouverture de la part des cours alliées, cette union
même dont l'établissement avait été appréhendé, et
de ne pas nous exposer à des complications dangereuses si les circonstances forçaient l'empereur de
donner à ses déterminations un nouveau caractère
d'énergie. Néanmoins le ministre impérial ne dis-
cuta pas la proposition du comte de Laferronaye,
et ne se prêta, sur son désir, qu'à la placer sous les
yeux de l'empereur.

A la même époque, les dépêches du comte de
Lieven nous informaient des dispositions de plus
en plus sérieuses du ministère anglais à un rapprochement avec la Russie. M. Canning déclara que
la première condition sous laquelle l'Angleterre
négocierait avec la Russie sur la question grecque
consisterait à négocier avec la Russie seule. Mais il
montra d'autre part une volonté prononcée d'entrer avec le comte de Lieven en pourparlers qui
pussent avoir des suites décisives. Les derniers rapports de cet ambassadeur, les confidences que lui
a faites M. Canning, l'envoi du duc de Wellington à

Saint-Pétersbourg, sont autant de témoignages qui font connaître à cet égard les vraies dispositions du cabinet de Saint-James.

Celles du cabinet de Vienne sont les seules qui, jusqu'à présent, n'aient pas changé en apparence. Cependant, dès le mois de septembre 1825, le cabinet de Vienne essaya d'ajuster par un dernier effort les différends qui subsistaient entre la Russie et la Porte relativement aux principautés, et d'enlever ainsi à Sa Majesté Impériale le motif immédiat d'une guerre que dès le principe il avait redoutée. Les instructions qu'il fit parvenir sur ce sujet à l'internonce arrivèrent à Constantinople presque en même temps que celles que nous adressâmes à M. Minciaky, et dont nous avons parlé plus haut. D'après les communications qui nous ont été faites par le comte de Lebzeltern, le baron d'Ottenfels avait ordre d'engager la Porte à satisfaire la Russie dans tout ce qui avait rapport aux provinces du Danube, d'ajouter même qu'un refus serait considéré par la cour de Vienne comme une offense directe, et qu'il identifierait sa cause à celle de la Russie. Bientôt M. d'Ottenfels annonça, tant au chargé d'affaires de l'empereur à Constantinople qu'au comte de Lebzeltern à Saint-Pétersbourg, que ses réclamations avaient été couronnées d'un plein succès, et que la Porte avait promis de remplacer en Valachie et en Moldavie les *Basch-beschlis-agas actuels* par des officiers d'un rang inférieur, et en général d'y rétablir le *statu quo* antérieur aux troubles de 1821.

Comme il n'était question ni de la retraite des troupes ottomanes qui restaient dans les principautés sous le nom de *Beschlis*, ni de l'autorité dont seraient revêtus leurs nouveaux chefs, M. de Minciaky, voulant constater lui-même les vraies dispositions de la Porte, exécuta ses instructions et sollicita la conférence qu'il avait été chargé de demander au Reiss-Effendi. Il demeura prouvé que la Porte soutenait n'avoir promis au baron d'Ottenfels que de remplacer les basch-beschlis-agas actuels par des officiers d'un rang moins élevé, n'y avoir ajouté nul engagement relatif au rétablissement du *statu quo* antérieur aux troubles de 1821, et n'être tenue d'accueillir aucune réclamation à ce sujet. Vainement aussi M. de Minciaky travailla dans cette conférence à améliorer les dispositions de la Porte envers les Serviens.

Une aussi aveugle obstination ne laissait pas d'alternative à M. de Minciaky. Il se vit obligé de remettre au Reiss-Effendi, en exécution des ordres de l'empereur, une déclaration formelle qui rappelait la conduite de la Russie envers la Porte depuis l'année 1821 ; énumérait les motifs de plainte que celle de la Porte continuait de donner à Sa Majesté Impériale ; protestait contre toutes les déterminations que le gouvernement ottoman an-

nonçait vouloir maintenir à l'égard de la Moldavie,
de la Valachie et de la Servie, et l'avertissait de
n'attribuer qu'à lui-même les conséquences nécessaires d'une aussi déplorable politique (1).

Cet acte est le dernier de nos rapports diplomatiques avec le Divan depuis l'année 1824.

(1) Voyez l'annexe B.

ANNEXES.

A.

EXTRAIT

DE DEUX ANNEXES.

—

Le traité de paix de Bucharest, conclu sous des auspices défavorables à la Russie, avait embrassé dans l'ensemble de ses stipulations patentes et secrètes tous les rapports entre la cour impériale et la Porte Ottomane ; la réunion de ces articles obligatoires devait former la base de l'état de paix et de son voisinage entre les deux puissances.

Cependant la Porte, mettant à profit les circonstances du moment, rejeta les articles secrets, et obtint de cette manière tous les avantages que lui assure l'article VI surtout, sans acquiescer aux modifications qu'y apportait l'article séparé. C'est ainsi qu'elle s'écarta du sens général des transactions de Bucharest et fut la cause première des discussions qui subsistent jusqu'à ce jour.

Son refus de ratifier les clauses séparées mit la Russie dans l'impossibilité d'effectuer la remise du littoral asiatique. Les griefs de la cour impériale, à la charge de la Turquie, étaient en bien plus grand nombre. Ils embrassaient à la fois la sûreté des sujets de Sa Majesté, les intérêts de notre commerce et les droits de la Russie à la protection des chrétiens soumis à la Porte. Des fortifications avaient été élevées sur les îles du Danube, vis-à-vis d'Ismael. Les brigandages des peuplades asiatiques et le trafic d'esclaves étaient tolérés et encouragés par les commandants turcs. Les stipulations en faveur de la Servie demeuraient sans effet. La promesse de respecter les priviléges de la Moldavie et la Valachie avait été ouvertement enfreinte. La libre navigation du pavillon russe dans les mers du Levant et le commerce étaient entravés; nos bâtiments se trouvaient exposés aux pirateries des Barbaresques. Enfin, la Porte n'avait satisfait à aucune des réclamations particulières anciennes et récentes, malgré l'article X du traité.

Les guerres de 1813 à 1815 avaient empêché l'empereur de vouer son attention à ces intérêts. De retour dans ses États, il résolut, en 1816, de reconstruire sur des bases solides le système de la Russie dans l'Orient, et fit choix du baron de Strogonoff pour remplir ses vues. Les instructions dont ce ministre fut muni eurent pour base les sentiments les plus pacifiques envers le gouvernement turc. La Russie, forte de ses seuls droits et s'astreignant sévèrement à la teneur du traité de Bucharest, déclara ne vouloir que ce qui est fondé en justice, ne soutenir que ce qui est d'un intérêt réciproque pour les deux empires. Le baron de Strogonoff fut chargé de discuter les griefs réciproques dans des vues conciliatoires, de manière que les arrangements qui en résulteraient pussent porter en eux-mêmes la garantie la plus rassurante de leur maintien inviolable pour l'avenir, but qui serait manqué complétement, si l'empereur admettait une délimitation incompatible avec la solidité des rapports qu'on veut établir, ou abandonnait aux vengeances musulmanes et aux spéculations européennes le sort et les intérêts des chrétiens, sujets ottomans. Les objets de la négociation collective avaient été ainsi classés : Délimitation sur le Danube ; enlèvement des sujets russes et trafic d'esclaves (en y rattachant le grief de la Porte concernant le littoral asiatique); affaires de la Servie ; affaires des principautés ; entraves au commerce et pirateries des Barbaresques ; réclamations particulières. En même temps le baron de Strogonoff fut instruit de la teneur des arrangements qui, en derniers résultats, seraient le plus conformes aux vœux de Sa Majesté.

Les difficultés que le ministre de Sa Majesté eut à combattre furent immenses ; elles naissaient de la nature même de plusieurs objets en discussion, du caractère personnel du sultan, de la mauvaise volonté du gouvernement turc à notre égard, surtout de la funeste persuasion (où l'entretenaient ses conseillers étrangers) que la Russie ne pouvait point lui faire la guerre.

Aussi de toutes les questions qui faisaient le sujet des négociations du baron Strogonoff, la seule décidée définitivement fut celle de la délimitation sur le Danube. Quant aux autres questions, jusqu'à l'année 1821, elles demeurèrent en suspens, ou ne furent décidées qu'en partie et en principe.

B.

PROTESTATION

REMISE AU PROTOCOLE DE LA CONFÉRENCE

DU $\frac{1}{13}$ OCTOBRE 1825.

Depuis l'époque fatale où des événements à jamais déplorables forcèrent la cour impériale de Russie d'interrompre ses relations d'amitié avec le gouvernement ottoman, elle n'a opposé à l'infrac-

tion de ses traités et à la violation de ses droits,
que le calme de la raison et une générosité peut-
être sans exemple.

Toujours également disposée à prêter la main à
un rapprochement sincère, elle a donné des preuves éclatantes de ses sentiments pacifiques, toutes
les fois que la Porte a manifesté des intentions analogues.

Tant de modération et de longanimité aurait dû
imprimer à la marche de la politique du Divan
cet esprit de conciliation et ce respect pour des
droits acquis, dont la Russie avait fait elle-même
la base de sa politique. Forte de la justice de ses
réclamations et connaissant les embarras où se
trouve placé l'empire ottoman, elle ne voulut point
les augmenter en insistant trop vivement sur la
réparation de tant de griefs qu'elle avait à articuler, et, profitant des premiers progrès qu'avait faits
l'œuvre de la conciliation, elle se borna à *exiger
l'évacuation des principautés de Valachie et de Moldavie par les troupes ottomanes, et le rétablissement de
l'ancien ordre de choses dans ces provinces, tel qu'il
avait existé au commencement de* 1821. Elle y ajouta
l'assurance positive qu'aussitôt que cette condition
serait remplie, elle rétablirait ses anciennes relations diplomatiques avec l'empire ottoman. Elle
donnait ainsi des preuves d'une bienveillance sans
bornes.

On était fondé à en espérer le succès et à voir accueillir la demande de la Russie avec sincérité et bonne foi. Elle était juste et légitime, elle était commandée par des devoirs sacrés et des droits positifs ; le gouvernement ottoman ne se pouvait soustraire à l'obligation qu'il avait de l'accueillir, et en effet il reconnut cette obligation en principe dans une conférence qui eut lieu le 27 avril 1824 avec l'ambassadeur de Sa Majesté Britannique, et en promit formellement l'exécution le 29 juin de la même année.

C'est sur la foi d'engagements si solennellement contractés que le chargé d'affaires de Russie remit sa lettre de créance ; elle était fondée sur ces engagements, et leur exécution complète était la condition *sine quâ non* du rétablissement des relations entre les deux empires.

Il était donc permis de s'abandonner à l'espoir que la Porte s'empresserait de les remplir dans toute leur teneur, et de rasseoir ainsi sur des bases durables ses nouveaux rapports avec la Russie. Cependant il ne fut reconnu que trop tôt que ces promesses, d'abord éludées par des délais, étaient révoquées et dénaturées par quelques concessions matérielles sur le nombre des troupes. Le chargé d'affaires pouvait au moins se flatter que sa démarche, qui faisait voir jusqu'à quel point était conciliante la politique de sa cour, serait appréciée par la Porte et amènerait à la fin l'accomplissement des engagements contractés officiellement avec l'ambassadeur d'Angleterre.

Il n'en a malheureusement pas été ainsi; les principautés sont encore, dans ce moment, occupées militairement, et les chefs des troupes y exercent une influence qui est incompatible avec les priviléges des Valaques et des Moldaves.

Un tel état de choses, un tel mépris de toutes les obligations n'a pu que donner lieu aux plus justes comme aux plus vives réclamations. Après des délais sans exemple qui n'ont eu d'autre résultat que d'amener la déclaration qui vient d'être faite, que tout est rétabli comme autrefois, que les troupes qui se trouvent dans les principautés ne sont que de simples beschlis et qu'elles y sont nécessaires pour la sûreté du pays, enfin que les commandants militaires actuels sont remplacés par des officiers d'un rang inférieur, c'est-à-dire que le même régime sera maintenu sous un autre individu et par l'influence de la Porte, qui lui donnera l'investiture.

Un changement aussi évidemment illusoire, aussi peu d'accord avec les stipulations et qui ne concerne qu'une seule partie de ses réclamations, ne saurait satisfaire la cour impériale de Russie.

Elle a prouvé à maintes reprises que s'il a existé de tout temps en Valachie et en Moldavie une garde musulmane, sous le nom de *Beschlis*, chargée de maintenir la police parmi les Turcs qui se rendaient dans les principautés pour des affaires commerciales, cette troupe n'était composée que de mercenaires au choix et à la solde des hospodars ; que les chefs, qui étaient à la nomination des princes, ne dépendaient que d'eux, ne jouissaient d'aucune influence, même d'aucune considération, n'étaient point installés par des firmans de Sa Hautesse, n'étaient, par conséquent, jamais regardés comme fonctionnaires de la Porte, ne correspondaient point avec elle, ne recevaient point ses ordres ni ceux de pachas voisins ; qu'ils n'exécutaient que ceux des princes ; qu'ils pouvaient être destitués par eux à volonté, et enfin qu'ils ne commandaient pas des troupes ottomanes, mais de simples beschlis.

Qu'aujourd'hui, au contraire, les basch-beschlis sont nommés par la Porte et institués par des firmans, ne dépendent que d'elle ; qu'ils commandent, non pas quelques musulmans soldés par eux, sur l'autorisation des princes, mais de véritables troupes ottomanes, dont le nombre est hors de toute proportion avec celui des anciens beschlis ; que bien loin d'être dans la dépendance et sous les ordres des hospodars, ce sont ces chefs militaires qui exercent, de l'aveu même de la Porte, sur leur conduite et sur leur administration, l'influence la plus pernicieuse, et sont investis d'un pouvoir discrétionnaire, ainsi qu'il n'y en a que trop d'exemples.

Les mêmes motifs de réclamation subsistent donc encore aujourd'hui dans toute leur force.

Des troupes ottomanes occupent les deux principautés de Valachie et de Moldavie.

Leur présence est fatale et onéreuse; elle cause la ruine du pays.

Elle est une infraction manifeste des priviléges de ces provinces et des traités qui les ont garantis.

Elle est une violation des engagements contractés par la Porte vis-à-vis de l'ambassadeur d'Angleterre, par lesquels les ministres ottomans avaient officiellement promis que *les troupes seraient retirées, qu'il n'y aurait dans les principautés à l'avenir que de simples beschlis, et que l'ancien* statu quo *serait rétabli.*

Ainsi, lorsque la cour impériale de Russie exige que les principautés soient remises, *sous tous les rapports, dans la même condition où elles étaient antérieurement aux troubles de 1821, que le mode de nomination, les attributions et l'autorité des basch-beschlis-*

agas, ainsi que le nombre et les fonctions des beschlis soient absolument tels qu'ils étaient avant cette époque: en un mot, que l'état des choses voulu par les traités soit parfaitement rétabli dans ces provinces, elle ne fait qu'user des droits que lui assurent les traités et les déclarations récentes de la Porte.

Elle n'a donc demandé qu'une chose juste et légitime; elle la demande encore.

Tout ce qu'il était possible de faire pour engager la Sublime Porte, par des ouvertures franches et amicales, par le langage le plus bienveillant, à reconnaître ses obligations et l'évidence des droits de la Russie, a été tenté sans réserve par la cour impériale de Russie. Les négociations se sont terminées sans succès, mais d'une part elles ont mis dans tout leur jour la longanimité de Sa Majesté Impériale et la pureté et la droiture de ses intentions généreuses, de l'autre elles ont constaté solennellement la marche suivie jusqu'à ce jour par la Porte, ses réponses toujours évasives et illusoires et un système attentatoire aux traités les plus positifs.

Sa conduite depuis cinq ans n'a offert que trop de preuves de cette disposition, elle y persévère.

Ainsi, n'ayant point reçu de la Sublime Porte de réponse telle que les demandes de la Russie la récla-

maient, il ne reste plus au chargé d'affaires de
Russie que de remplir un triste et pénible devoir :
celui de protester formellement contre les conséquences qui pourraient être tirées de la conduite
de la Porte, en déclarant :

Que la cour impériale, pénétrée de ce qu'elle
doit à la conservation de ses droits et à la protection qui lui est dévolue sur les Valaques et les Moldaves, lesquels, par une longue suite de malheurs,
ont par là même acquis de nouveaux titres à sa sollicitude, ne se désistera jamais d'une demande de
la justice de laquelle elle est convaincue ;

Qu'elle n'adhérera à aucun acte ou innovation
quelconque que la Porte aurait fait ou ferait à
l'avenir, contraire aux prérogatives des provinces
et des traités qui les ont confirmées, et ensuite des
événements qui ont contraint la Russie d'abandonner provisoirement l'exercice de sa protection et
de sa surveillance tutélaire ;

Qu'elle se réserve à cet effet d'employer tous les
moyens qu'elle estimerait convenables pour assurer
l'inviolabilité de ses droits ;

Qu'elle invite la Porte, pour la dernière fois, à
faire de sérieuses réflexions sur les suites de la
politique qu'elle adopte envers la Russie.

DÉPÊCHE

DE M. DE MANCIAKY,

EN DATE DE CONSTANTINOPLE LE $\frac{30 \text{ mars}}{11 \text{ avril}}$ 1826.

Griefs de la Turquie. — Les traités sont observés, — les principautés évacuées, — les Serviens satisfaits. — Pourquoi la Russie demande-t-elle à traiter encore? — Plus forte, elle veut la guerre.

Au moment de fermer mes paquets, je viens d'être informé *indirectement* qu'une personne à laquelle le Reis-Effendi témoigne beaucoup de confiance, ayant parlé à ce ministre de la note que j'avais présentée à la Porte, ce dernier a répondu en ces termes :

« La cour de Russie prétend des choses qui sont
» *inadmissibles.* Aujourd'hui le Grand Seigneur n'ac-
» corde aux puissances européennes, quelles qu'elles
» soient, absolument rien au delà des stipulations
» établies. *Nous avons jusqu'ici fidèlement observé les*
» *traités, mais ce que la Russie demande n'y a aucun*
» *rapport.* Le premier point, celui qui concerne
» l'évacuation des principautés, a été définitivement

» arrangé, au nom de la cour de Russie, par lord
» Strangford, c'est-à-dire qu'on est convenu qu'il
» y aura mille hommes en Valachie et cinq cents
» en Moldavie. Les princes ne payent rien au delà.
» Voilà donc une affaire finie. En second lieu la
» cour de Russie demande qu'on traite les Serviens
» à peu près comme certaines îles privilégiées de
» l'Archipel. Or, dès la conclusion de la paix, *les*
» *Serviens sont traités comme ils doivent l'être*, ils ne
» payent qu'un tribut déterminé, et il n'y a qu'une
» très petite garnison à Belgrade. *Quel motif a donc*
» *la Russie de se plaindre?* En dernier lieu, pour ce
» qui est relatif à l'envoi des plénipotentiaires, nous
» ne pouvons concevoir quels sont les points sur
» lesquels la Russie veut entamer une négociation.
» *Nous n'avons rien à traiter.* Si ces objets regardent
» les traités, dans ce cas on pourra s'entendre ici ;
» si ces points, au contraire, sont en opposition à la
» lettre des stipulations, ni la cour de Russie n'a le
» droit de les exiger, ni le Grand Seigneur la vo-
» lonté d'y accéder. Mais, après tout, la Russie vou-
» dra nous faire la guerre ; — *ce sera alors un acte*
» *de prépotence* (sic) *de sa part.* — Au reste, nous
» répondrons à sa note. »

Quoiqu'il soit certain que le ministre ottoman se
soit exprimé dans ce sens, il serait cependant encore
trop prématuré de vouloir tirer une conséquence
positive sur la nature de la réponse que nous donnera la Porte, vu que rien ne peut encore être dé-

cidé à cet égard ; toutefois je n'ai point voulu laisser ignorer à Votre Excellence le langage que tient le ministre turc dans un moment aussi important.

Il y a eu ces jours-ci un grand conseil à la Porte, et un second doit avoir lieu sous peu de jours.

La tranquillité de la capitale n'a jamais été plus parfaite.

Je suis, etc., etc.

DÉPÊCHE

DU COMTE DE SUCHTELEN,

EN DATE DE STOCKHOLM DU $\frac{13}{25}$ AVRIL 1826.

N° 30.

L'empereur de Russie, à qui l'attitude pacifique de la Suède tient, dans ce moment, à cœur, fait communiquer à Bernadotte des rapports sur Wellington et sur la Turquie. — Le roi de Suède approuve complétement la politique de la Russie. — La réputation de la diplomatie russe et le grand talent de rédaction de ses documents constatés.

Un résumé, fait par ordre du roi, de tous les rapports qui lui étaient parvenus sur lord Wellington et nos relations avec la Turquie, avait été envoyé au baron Palmstjerna, afin de lui faciliter les moyens de mieux apprendre tout ce qui se passait à ce sujet. Votre Excellence voit par là l'importance extrême qu'on attachait à être bien informé, et appréciera elle-même toute l'opportunité de la communication dont je viens de m'acquitter et qui a flatté et satisfait au plus haut point l'amour-propre du roi.

Le comte de Watterstedt, informé par le baron Palmstjerna de ce que m'apportait le courrier de Votre Excellence, a mis le plus grand empressement à me recevoir. Après la lecture des pièces, le comte a remercié de la confiance qu'on témoignait au gouvernement suédois, il s'est complu à rendre justice au grand talent de rédaction de nos documents diplomatiques ; mais sur l'ensemble de la communication il a parlé, comme du reste je m'y étais attendu, avec toute la circonspection d'un ministre qui n'a pas encore reçu les ordres de son souverain, ou, pour mieux dire, comme quelqu'un qui sait le prix qu'attache le maître à une occasion qui prête au développement de l'éloquence et de l'inspiration du moment ; aussi n'ai-je pas manqué de témoigner au comte, que si le roi avait le moindre désir d'entendre les pièces en question, je serais infiniment heureux et flatté de pouvoir les lire à Sa Majesté. M. de Wetterstedt s'est empressé de m'assurer qu'il était persuadé que le roi me recevrait bientôt et avec plaisir ; effectivement, le jour même de ma conférence avec le comte, $\frac{9}{21}$ avril, je reçus un billet de lui pour me prévenir que le roi m'attendait le lendemain, $\frac{10}{22}$, à huit heures du soir.

Le roi me reçut à bras ouverts et me dit qu'il était très curieux d'entendre les documents dont je venais l'entretenir. Sa Majesté a prêté la plus sérieuse attention à cette lecture qui fut faite alternativement par le comte de Wetterstedt et par moi. Quand elle fut achevée, le roi me dit : « Je » vous engage, général, à écrire au comte de Nes-» selrode que je remercie l'empereur pour cette » communication qui est du plus haut intérêt. Je » suis flatté de la marque de confiance que Sa Ma-» jesté Impériale me donne en ce moment, je sais » l'apprécier, et l'empereur m'a déjà entièrement » captivé par les bienveillantes prévenances qu'il » m'a témoignées dès les premiers moments de son » règne. L'empereur et moi, nous sommes l'un vis-» à-vis de l'autre dans une position réciproquement » satisfaisante; nous avons de très bonnes frontiè-» res, et rien au monde ne saurait troubler la par-» faite harmonie qui subsiste entre nous. Je souhaite » la paix à l'empereur, s'il peut la maintenir en » obtenant l'exécution des engagements formelle-» ment stipulés par les traités; mais si la guerre » devenait inévitable, la cause de l'empereur est » juste et tous mes vœux seront pour le succès de » ses armes. »

Sa Majesté est alors entrée dans une discussion approfondie de nos griefs contre les Turcs, auxquels, selon son expression, on ne peut faire entendre raison qu'à coups de canon. « Je vous ai dit » cela, général, il y a cinq ans, quand vous vîntes » en Norvége me faire connaître les complications » d'alors, qui, depuis, n'ont pas été trop débrouil-

» lées. » C'était là le moment que j'attendais pour dire au roi, qu'à l'époque qu'il venait d'indiquer, il avait embrassé toute cette question avec sa perspicacité ordinaire, et que, si je ne me trompais pas, il avait à cette occasion écrit à l'empereur Alexandre, pour lui faire connaître ses vœux pour nos succès dans une guerre qui paraissait alors imminente. Je crus pouvoir ajouter que, dans ce moment, les mêmes assurances, renouvelées à l'empereur actuel, ne manqueraient pas de produire un bon effet. Le roi me répondit tout de suite : « Oui, » j'ai écrit, comme vous le dites, à l'empereur » Alexandre, et je ne demande pas mieux que d'en » faire autant à présent; mais je viens d'adresser » deux lettres à l'empereur, il faut que j'attende un » peu, et je vous promets que je saisirai la première » occasion pour écrire à Sa Majesté dans le sens de » tout ce que je viens de vous dire et pour l'assu- » rer qu'il peut compter sur moi. — Votre empe- » reur déploie un grand et beau caractère, l'Europe » s'en aperçoit et s'en trouvera bien. Je suis très » reconnaissant des bontés que l'empereur et toute » la famille impériale témoignent au comte de » Brahé. Je présume qu'à son retour il sera muni » d'une lettre de votre souverain, et alors l'occasion » d'écrire à l'empereur sera toute trouvée; cela » pourra se faire également, quand j'annoncerai » l'heureuse délivrance de ma belle-fille. »

Votre Excellence pense bien que je me suis empressé d'abonder dans l'idée du roi; je l'ai trouvée excellente, et je n'ai pas manqué non plus de dire que les lignes que le roi tracerait à ce sujet seraient plus agréables et plus appréciées que tous les efforts que je ferais de rendre exactement les choses judicieuses et les assurances satisfaisantes que je venais d'entendre.

Sa Majesté s'est alors résumée d'une manière encore plus forte et plus positive sur son attachement à l'empereur et sur ses dispositions pacifiques à notre égard; il m'a même dit : « Si vous pouvez » rendre mes idées là-dessus mieux que je ne le » fais moi-même, je vous autorise, général, à vous » servir de tous les termes que vous croirez les plus » expressifs et les plus propres à bien rendre mes » pensées et mes intentions toutes d'amitié à l'égard » de l'empereur. » Nous nous sommes là-dessus séparés, réciproquement satisfaits, et il m'a paru, monsieur le comte, que j'avais raison de l'être. Le ministre des affaires étrangères est sorti du cabinet du roi en même temps que moi; il m'a beaucoup serré la main avec l'air d'être entièrement satisfait du langage et de la tenue de son souverain. Je ne dois pas oublier d'ajouter que l'excellente rédaction des pièces a aussi frappé le roi; Sa Majesté a bien voulu me dire que la réputation de la diplomatie russe était à cet égard établie depuis longtemps.

Le roi m'a dit encore que notre guerre avec la Porte serait très populaire en Russie; il croit que l'avant-garde de notre armée suffira pour l'occupation des principautés du Danube. Les difficultés, selon lui, nous attendent aux Balkans, mais il ne les croit pas insurmontables.

J'ai tout lieu de croire que le roi écrira à l'empereur ainsi qu'il l'a dit. C'est un moyen de se rendre agréable qu'il ne négligera probablement pas, et nous aurons par là, et sans aucune trace de l'avoir provoqué, un gage de sécurité convenable et suffisant.

En m'acquittant des ordres de mon auguste maître, je suis parti de l'idée qu'il fallait faire apercevoir le moins possible au cabinet de Stockholm que son attitude pacifique nous tenait à cœur. J'étais d'autant plus fondé à suivre ces errements, que je connais les moyens de la Suède isolée. J'ai aussi la conviction que, dans le moment actuel, une guerre entre la Russie et la Porte nous vaudra, par extraordinaire, les vœux de la majorité des Suédois, et que l'opinion là-dessus sera même très prononcée en notre faveur, par l'espoir, qu'on attachera à cette lutte, d'un meilleur avenir pour la Grèce.

Lord Strangford a écrit à lord Blomfield, pour lui faire part que nous avions envoyé un ultimatum àConstantinople, et que l'alliance était entièrement d'accord avec nous.

J'ai l'honneur, etc.

DÉPÊCHE

RÉSERVÉE (DU COMTE DE NESSELRODE) AU PRINCE DE LIEVEN,

EN DATE DE MOSCOU, 15 SEPTEMBRE 1826.

Mesures à prendre en commun après la rupture des négociations avec la Turquie. — Nécessité de garantir les concessions d'Ackerman. — Arrangement définitif des affaires de la Grèce. — Moyen de paralyser l'intervention du pacha d'Égypte par l'envoi des flottes des cours qui prendraient part à la pacification de la Grèce. — L'Angleterre doit entraver les relations exclusives de la France avec l'Égypte. — Le prince de Lieven sait conduire le ministère anglais au gré de la Russie.

Ma dépêche ostensible de ce jour vous indique la réponse que Votre Excellence est chargée de faire à l'office de M. Canning, en date du 4 septembre. Cette réponse présente une adhésion complète aux propositions du ministre anglais. Il y a cependant un point sur lequel il sera encore indispensable de vous expliquer avec le principal secrétaire d'État. Ce point est celui des mesures ultérieures qui deviendront urgentes, si le rappel des ambassadeurs

et la menace de reconnaître l'indépendance de la
Grèce ne produisent pas l'effet désiré sur le gouvernement turc. Nous ne nous dissimulons pas que
l'Angleterre, après avoir pris une *résolution aussi
décisive, aussi éclatante,* que celle *de rompre ses relations diplomatiques avec la Porte,* sera intéressée elle-
même à empêcher *que la rupture n'ait lieu en pure
perte,* et que sa puissance n'essuie l'affront public
de n'avoir pu vaincre l'obstination du divan ; mais
la position de la Russie sera bien plus grave encore.
Les *négociations d'Ackerman,* couronnées de succès,
lui auraient rendu toute son ancienne influence à
Constantinople ; elles auraient assuré son état de
possession territoriale sur les côtes asiatiques de
la mer Noire ; elles auraient garanti de grands avantages aux provinces que Sa Majesté Impériale pro-
tége en vertu des traités ; elles auraient enfin remis
en vigueur tous les priviléges du commerce russe
dans l'empire ottoman. En rompant avec la Porte
des relations à peine renouées sous les plus favorables auspices, la Russie renoncerait à tous ses
avantages. Les Turcs, pour user de représailles, ne
manqueraient pas de déclarer qu'ils vont regarder
comme non avenues toutes les concessions qu'ils
nous auraient faites à Ackerman. Il faudrait peut-
être de nouveaux efforts pour remettre à cet égard
les choses sur le pied où les auraient placées nos
dernières négociations, et si après de tels sacrifices,
la Russie n'obtenait pas du moins l'arrangement
définitif des affaires de la Grèce, conformément au

protocole du $\frac{23\ mars}{4\ avril}$, quel rôle le cabinet de Sa Majesté Impériale aurait-il joué dans cette circonstance? Vous voudrez donc bien, mon prince, représenter amicalement à M. Canning que, dans aucun cas, l'empereur ne saurait s'exposer à une pareille situation; que s'il entame la question grecque, c'est avec la ferme résolution de la résoudre, et vous emploierez cet argument sans réserve, pour amener par degrés le ministère anglais à reconnaître la nécessité de discuter et d'arrêter avec vous les mesures ultérieures à prendre, si la retraite des représentants des grandes cours européennes et la crainte de voir se former en Grèce un état indépendant, reconnu par d'autres gouvernements chrétiens, n'engageaient pas les Turcs à accepter nos propositions.

Il serait peut-être difficile, pour le moment, de déterminer ici les mesures dont il s'agit, sans connaître les idées du gouvernement de Sa Majesté britannique sous ce rapport; mais il nous semble toujours que le plus essentiel serait, d'une part, de coopérer, au moyen de l'envoi d'agents consulaires en Grèce, à l'organisation de ce pays d'après des principes analogues à ceux que consacre le protocole du $\frac{23\ mars}{4\ avril}$, et à y augmenter les ressources et les chances de succès dans la lutte qu'il soutient encore en favorisant l'établissement de l'ordre, en étouffant les discordes, en aidant à la formation d'un gouvernement investi d'un véritable pouvoir;

de l'autre, de paralyser les effets des secours que le pacha d'Égypte donne à la Porte, et qui seuls ont fait changer de face à la guerre. Sous ce dernier point de vue, nous croyons avoir indiqué dans notre dépêche ostensible une considération qui devrait frapper le cabinet de Londres. *Probablement il ne sera jamais possible de constater l'existence* d'un plan qui aurait pour but l'extermination des Grecs ou l'existence d'une convention quelconque à ce sujet entre le pacha d'Égypte et la Porte ; mais il nous semble que c'est du fait même qu'il faut partir, et le résultat inévitable, d'une conquête de la Grèce par les Égyptiens, qu'il faut considérer. Or le fait est que, dans tous les districts qu'occupe l'armée d'Ibrahim-Pacha, la population chrétienne disparaît, que les uns sont exterminés parce qu'ils refusent de s'y soumettre, les autres emmenés en esclavage parce qu'ils sont hors d'état de se défendre. Le résultat inévitable d'un succès complet de l'expédition égyptienne est donc l'anéantissement des Grecs, ou, en d'autres termes, celui de la population chrétienne des contrées qui essaient aujourd'hui de recouvrer leur indépendance. Ce résultat, quelles qu'aient été les vues primitives de la Porte et du pacha d'Égypte, n'en amènera pas moins tous les inconvénients du plan dont l'Angleterre a cherché à obtenir la confirmation officielle. L'Europe verra un peuple chrétien détruit sur les frontières de la chrétienté. L'ancienne marine grecque, cet intermédiaire si utile d'un commerce devenu très im-

portant, sera remplacé par une marine musulmane
semblable à celle de Tunis ou d'Alger. Les actes
de piraterie se multiplieront, car peu de parages
les favorisent autant que ceux de l'Archipel ; les
relations commerciales ne trouveront plus la sûreté
qui leur est nécessaire ; de fait, le pacha d'Égypte
aura pris pied en Europe, et il existera peut-être
sur le continent européen une régence barbares-
que. —Que si l'Angleterre a positivement déclaré
qu'elle ne saurait admettre un tel état de choses,
ne doit-elle pas contribuer à le prévenir, lorsque
les événements, qui sont des preuves plus convain-
cantes que les documents écrits, l'avertissent que
ses craintes peuvent, d'un moment à l'autre, prendre le caractère de tristes réalités ? D'après ces
observations vous devriez, mon prince, vous attacher à convaincre M. Canning que l'idée qu'il a
émise antérieurement d'empêcher, à l'aide d'une
flotte, que les secours du pacha d'Égypte n'arrivent
en Grèce, d'isoler l'armée d'Ibrahim-Pacha, et
de faire voir ainsi à la Porte, sans lui déclarer la
guerre, qu'à moins de vouloir elle-même travailler
à l'indépendance de la Grèce, elle sera obligée de
suivre les ouvertures pacifiques de la Russie et
de l'Angleterre, serait l'idée la plus applicable
aux circonstances dans le cas où la retraite des
ambassadeurs ne ferait pas plier le Divan. *Cette
idée* est d'ailleurs d'une exécution facile, elle
est d'un effet certain, et elle *pourrait se réaliser
au moyen d'un concert entre les flottes de toutes les*

cours qui prendraient part à la pacification de la Grèce.

D'ailleurs, nous ne dissimulerons pas qu'il nous est impossible de voir d'un œil tout à fait indifférent ces secours d'hommes, de vaisseaux, de munitions que la France prodigue au pacha d'Égypte, ses soins qu'elle prend de former la jeunesse musulmane au sein de Paris, et dans les écoles spéciales, à tous les arts de la civilisation, à toutes les sciences qui constituent la supériorité de l'Europe chrétienne, et *nous sommes décidés à nous expliquer amicalement sur cet article avec le ministère français*, dès qu'il aura accédé aux idées que nous allons lui communiquer conjointement avec le cabinet de Londres, sur la marche à suivre pour rendre à la Grèce une existence heureuse et tranquille. Mais combien les considérations que nous ferons valoir contre ce système ne doivent-elles pas être *plus puissantes aux yeux de l'Angleterre?* Combien ne doit-elle pas trouver urgent d'empêcher que le pacha d'Égypte ne puisse ajouter à ces alliances exclusives les avantages qu'il ne manquera pas d'obtenir si ses troupes achèvent la conquête du pays qu'elles sont chargées de soumettre.

C'est à vous, mon prince, qu'il est réservé de faire l'usage que vous jugerez le plus convenable des observations que nous avons consignées dans la présente dépêche. LE LANGAGE ACTUEL DU MINISTÈRE

BRITANNIQUE PROUVE ASSEZ QUE VOUS SAVEZ LE CONDUIRE GRADUELLEMENT AU BUT DES VOEUX DE L'EMPEREUR, et Sa Majesté vous invite à ne rien omettre pour persuader à M. de Canning, que si les affaires de la Grèce deviennent le motif d'une rupture de relations diplomatiques avec la Porte, il faut prévoir le cas où cette détermination ne nous ferait point encore atteindre notre objet, et dès lors arrêter, comme nous l'avons dit, des mesures ultérieures efficaces et communes.

Recevez, etc.

DÉPÊCHE

DU GÉNÉRAL POZZO DI BORGO

A M. LE COMTE DE NESSELRODE.

La France est à nous. — Je suis exigeant sans connaître bien nos demandes envers la Porte. Le gouvernement français a expédié un courrier pour inculquer au Divan de les accepter telles qu'elles seront. — L'influence de l'Autriche évanouie avec les illusions du prince de Metternich. — L'Angleterre ne sera jamais dominante ici. — Canning arrive à Paris pour fouiller le cabinet et les partis. — Divers embarras précipitent l'Angleterre vers sa ruine. — Une guerre lui serait impossible. — La charte en Portugal : un mouvement en Espagne probable. Conséquences prévues. — Situation intérieure de la France. Plaisirs et jouissances. — Villèle. — Marchés de Bayonne. — Finances. — Jésuites. — Censure. — Armée. — Le roi et son ministère travaillent à éviter toute situation forte et périlleuse. — Dans le cas douteux ils pencheront pour la Russie. — Manque d'expérience dans le cabinet. — Il n'a à aucune des grandes cours un seul sujet qui fût égal à ses devoirs.

Paris, le $\frac{27\ \text{juillet}}{8\ \text{août}}$ 1826.

MONSIEUR LE COMTE,

A mesure que les idées d'une saine politique prévalent dans les conseils du roi, ou qu'il s'élève quelque embarras dans une partie ou l'autre de l'Europe, je reconnais dans le ministère une disposition évidente à se rapprocher et à se réunir au cabinet impérial.

La première impression produite par le protocole du 23 mars une fois amortie, chaque jour et chaque événement m'ont donné la preuve du désir de ne pas se séparer en quoi que ce soit de notre auguste maître.

Sans analyser de quel principe cette tendance dérive, je m'empresse de la reconnaître, de l'encourager et de la mettre à profit dans les différentes questions qui se présentent.

La plus intéressante de toutes pour la cour impériale est, sans contredit, celle qui concerne les affaires d'Orient. C'est donc à l'égard des points qui s'y réfèrent que je suis devenu positif, et même exigeant, envers le ministère français.

Malgré qu'il (*sic*) ne soit entré avec moi sur aucun détail relatif à la nature de nos demandes envers la Porte, un courrier a été expédié à Constantinople pour inculquer au Divan de les accepter telles qu'elles seront, puisque *le salut de l'empire ottoman dépend de cette condescendance, et que la générosité de notre auguste maître lui offre, par sa modération, les seuls moyens qui lui restent de prolonger son existence.*

Le général Guilleminot est parti avec les mêmes instructions, en attendant celles qu'on lui transmettra lorsque le protocole du 23 mars sera communiqué, et la proposition à faire à la Porte par l'intermédiaire de l'Angleterre formellement connue.

Je n'ai, monsieur le comte, aucune raison de douter de la persévérance de ses sentiments envers nous, sans même que les insinuations contraires des autres cours parviennent jamais à les altérer.

L'Autriche est suspecte par système ; si elle a eu quelque influence passagère sur la question d'Orient, la cause doit en être attribuée à la conviction que le prince Metternich a cherché d'inspirer, que ses idées seraient, en dernière analyse, définitivement adoptées. Ces illusions étaient déjà détruites depuis bien longtemps, ainsi que Votre Excellence en a été informée, et il n'existe aucune probabilité qu'elles puissent reparaître maintenant.

L'Angleterre ne sera jamais dominante ici, parce que les intérêts sont incompatibles, et parce que le caractère de M. Canning, qui est un mélange de violence, d'astuce et d'égoïsme, réuni à beaucoup d'habileté, *se déjoue lui-même à la longue*, et détruit la confiance qu'il voudrait inspirer.

Il n'existe dans ce moment aucun point sur lequel ce ministre soit foncièrement d'accord avec la France. *On lui attribue ici ce qu'il a pu y avoir d'exclusif dans le protocole du 23 mars*, et l'on a su gré à notre cour de ne pas en avoir fait un secret, et de l'avoir expliqué dans un esprit satisfaisant. Dans le nouveau monde, les Français trouvent des obstacles à chaque pas, et se plaignent de la suprématie britannique. En Portugal, on voit dicter ou soutenir une constitution dont l'exemple menace de bouleverser l'Espagne, et par conséquent d'embarrasser et d'agiter la France elle-même. Cependant c'est lorsque ces griefs existent, et que les dispositions qu'ils excitent ne sont pas équivoques, que M. Canning se propose de venir à Paris. Le prétexte est une visite à son ami lord Granville, mais le but ne saurait induire personne en erreur, savoir, celui de fouiller, pour ainsi dire, et le cabinet et les partis, et de les laisser dans le vague et les divisions.

Le courage du gouvernement français, ou, pour mieux dire, la diminution de la crainte que l'Angleterre lui inspire, est en proportion des embarras que sa rivale éprouve dans son administration et dans sa politique intérieure.

Les ministres ne négligent rien pour être bien informés sur cet objet important, et ils croient savoir avec vérité et précision les difficultés et les maux qui travaillent la Grande-Bretagne.

La crise commerciale, loin d'être terminée, se développe et s'étend avec des effets alarmants, et la suspension partielle des manufactures met la partie de la population la plus difficile à contenir dans la nécessité ou de s'insurger ou d'exiger qu'on la nourrisse, ou de périr de besoin.

Les catholiques irlandais menacent; il faudra ou céder, ce qui est une sorte de révolution dans le gouvernement, ou augmenter les moyens de contrainte inséparables d'une grande dépense et d'une grande haine.

Le public veut que les ports soient ouverts aux blés étrangers. Ce changement affectera les propriétaires, qui devront renoncer au monopole, et les fermiers, qui ont élevé le prix des baux dans la supposition de la durée du système exclusif.

Chaque trimestre annonce une diminution dans le revenu. Il est vrai que le Parlement a aboli une infinité de taxes; mais il est aussi vrai qu'il a compté pouvoir suffire aux dépenses avec le produit de celles qu'il a conservées. S'il en est autrement, et qu'il soit obligé d'avoir recours à de nouvelles contributions, les clameurs seront très vives et la gêne plus grande.

Toutes ces observations ne tendent pas à démontrer que l'Angleterre se précipite vers sa ruine; mais elles signalent suffisamment qu'une guerre, c'est-à-dire une augmentation de dépense, réunie aux difficultés nouvelles qu'éprouverait sa navigation et son commerce, lui causerait des sacrifices, des pertes, et peut-être des malheurs égaux à ceux qu'elle voudrait infliger.

L'introduction de la charte révolutionnaire en Portugal alarme la France infiniment, et a mis le comble à la méfiance de celle-ci envers l'Angleterre.

Que M. Canning soit ou non l'auteur de cette dangereuse innovation, la chose devient indifférente du moment qu'il l'approuve par politique ou par conviction, et qu'il prend tous les moyens en son pouvoir afin de la faire adopter et exécuter.

Il serait difficile de se dissimuler que les révolutionnaires portugais, d'un côté, ne cherchent à introduire leurs maximes et leur forme de gouvernement en Espagne, par tous les expédients odieux qui sont inséparables de ce dangereux prosélytisme. De l'autre côté, le roi et les royalistes espagnols, alarmés de l'exemple et irrités par l'attaque, voudront user de représailles. De là les plaintes, les injures, et finalement les querelles ouvertes. Une fois la confusion et probablement la guerre civile commencées, il n'appartient à personne de prévoir le nombre des incidents qui peuvent en résulter. Si le roi d'Espagne se défend contre la charte, les révolutionnaires voudront en reconnaître une autre, peut-être celle du Portugal lui-même. Alors la question est vitale; elle concerne l'existence de la dynastie et celle de tous les Bourbons. Si jamais les choses étaient portées à ce point, ce qui n'est nullement impossible, que fera l'Angleterre après avoir probablement détaché Mina et la phalange qu'elle tient à ses ordres.

La France se souvient encore de la guerre de succession; dès que la question reparaîtrait, elle croit avoir raison de craindre la même politique de la part de l'Angleterre. La prudence ne m'a pas permis d'entrer, pour le moment, dans ce genre de discussion; mais M. de Damas m'en a parlé lui-même avec une abondance de cœur qui m'a fait présumer que le conseil s'en était occupé. Ce ministre a été jusqu'à m'assurer que, dans l'occasion, son cabinet s'en expliquera avec M. Canning, et qu'il ne lui cachera pas que tout y passera, c'est-à-dire qu'on emploiera tous les moyens, et qu'on s'exposera à tous les risques possibles plutôt que de laisser prendre consistance à des événements qui pourraient conduire à de si funestes résultats.

Cette manière de voir de la part du gouvernement

français me semble juste, dans son intérêt et dans celui de tout le monde. Si la guerre de succession a réuni l'Europe contre la France, la guerre de révolution réunira le continent à la France, parce qu'un changement de gouvernement, accompagné d'un changement de dynastie, les mettrait toutes dans le danger le plus imminent.

Jusqu'à présent M. Canning a protesté qu'il n'était pas l'auteur de la Charte portugaise, mais qu'il ne pouvait se dispenser d'en conseiller, et, dans le fait, d'en exiger l'adoption. Nous avons déclaré ne pas vouloir nous immiscer dans cette fâcheuse transaction, en protestant, à notre tour, que la Grande-Bretagne devait s'employer pour empêcher toute tentative, de la part de soi-disant constitutionnels ou des révolutionnaires portugais, de provoquer en Espagne les mêmes mouvements. Le ministre anglais est convenu de notre modération. C'est à ce principe qu'il faudrait se tenir, en lui donnant cependant une consistance telle qu'il soit impossible de le méconnaître et de s'en dissimuler les conséquences s'il était violé.

Les affaires de cette importance arrivent à un degré d'évidence où les sophismes ne sont plus de saison. Si le cabinet anglais veut prescrire au gouvernement et au parti novateur, en Portugal, de ne pas viser à troubler l'Espagne, il sera obéi; s'il en est autrement, il faudra défendre l'Espagne. En suppo-

sant que M. Canning soit convaincu de cette vérité,
il en résultera, selon moi, deux effets salutaires : le
premier est, que l'Espagne ne sera pas molestée ;
et le second, que la révolution, circonscrite au
Portugal, sans pouvoir s'étendre, et travaillée par
ses vices et par les intérêts qui lui sont opposés, se
dévorera elle-même et s'éteindra, parce qu'il est
dans sa nature de périr lorsqu'elle ne peut pas
avancer, et surtout lorsqu'elle serait circonscrite à
un coin de l'Europe, sous le poids de la désapprobation et de l'indignation de tous les gouvernements du continent. Ce plan me semble préférable,
parce qu'il ne compromet pas l'alliance avec la
Grande-Bretagne, qu'il fortifie la France, instru-
ment principal dans cette lutte, et qu'il est propre
à rassurer l'Espagne.

Malgré toute ma conviction, je me suis défendu
d'entrer dans des détails aussi circonstanciés, et de
développer mon idée, ni au ministère français, ni
à mes collègues, jusqu'à tant que les communications des cabinets entre eux aient fixé la règle de
conduite qu'ils se proposent de tenir. Cette réserve,
de ma part, a été également motivée par la crainte
de *quelque indiscrétion, qui aurait donné à M. Canning
le prétexte de s'alarmer et de nuire peut-être aux
autres affaires, dans lesquelles il nous importe de le
voir agir avec suite et sans les tergiversations ordinaires,*
dont il nous a fourni l'exemple à plusieurs reprises.

L'esprit de parti, la licence de la presse, quelques fautes graves des ministres, l'ambition sous toutes les formes, et les regrets des choses passées, donnent lieu à faire considérer la France dans une situation plus périlleuse que celle où elle se trouve réellement. Il est vrai que tous ces inconvénients existent plus ou moins; mais, ou ils sont neutralisés par d'autres causes de conservation, ou leur intensité n'est pas aussi vive qu'on s'efforce de le représenter.

Au milieu de la gêne universelle du commerce européen, ce pays est peut-être celui qui en est le moins affecté. Il se ressent, il est vrai, de la pénurie commune, mais il trouve dans ses propres ressources les moyens de l'arrêter ou de la contenir dans des bornes supportables. Si son système n'embrasse pas le monde et ne couvre pas la surface du globe, s'il est plus rétréci, il est aussi plus profond, et il se suffit à lui-même. Une population de trente millions travaillant sur un sol fertile, rapprochée simplement de quelques journées de marche, produit, consomme, échange et forme une masse de capitaux dont l'État retire un milliard par année, sans contrainte et sans nuire à la reproduction. Cet état de choses est encore susceptible de grandes améliorations. Un ministère qui aurait la force de s'en occuper les obtiendrait sans de graves difficultés.

La prospérité matérielle influe sur la conduite morale d'un peuple adonné aux plaisirs et aux jouissances, et surtout de cette capitale qui sert d'exemple au reste de la monarchie et la tranquillité se conserve au milieu des peines que les factions se donnent pour la troubler.

Il est un mal que M. de Villèle ne considère pas assez, c'est-à-dire, sa confiance dans la force des choses qui le rend très souvent imprévoyant et l'enhardit dans certaines fautes, parce qu'il est sorti de celles qui les ont précédées. Il a le malheur d'attribuer exclusivement sa conservation à sa dextérité, et dès qu'il se croit nécessaire, il ne s'arrête plus devant quelque combinaison favorite que ce soit. Toutes les mesures hasardées et souvent nuisibles qu'il a proposées dérivent principalement de cette disposition de son esprit.

La chambre des pairs vient d'étouffer la procédure sur les marchés de Bayonne. Après deux années d'investigations, on a reconnu que la question d'État concernait la conduite de l'administration supérieure, et par conséquent du ministère, et non celle des fournisseurs. Dès lors le roi a dû manifester son désir de voir mettre une pierre sépulcrale sur cette affaire honteuse. Il l'a obtenu par la condescendance, méritoire dans cette occasion, des membres de l'ancien ministère Richelieu qui sont dans la chambre. MM. Pasquier, Portal, Lainé, Mounier et autres, ont opiné pour arrêter les recherches ultérieures, ce qui a entraîné le centre, qui aurait donné la majorité à celui des deux partis auquel il aurait voulu se réunir. Ce sacrifice a été dicté par des sentiments louables, et afin de ne pas offrir, surtout à l'Angleterre, le spectacle d'un débat qui aurait ou flétri, ou amoindri les dispositions de l'autorité dans un moment où la politique générale et les intérêts de l'État ont besoin d'être représentés sous un aspect plus respectable.

Il est à désirer que le ministre des finances n'abuse pas de leur prospérité. Après avoir accordé un milliard d'indemnité aux émigrés, ce qui était la juste expiation d'un grand crime, on parle aujourd'hui de charger le trésor de cent cinquante millions que les nègres de Saint-Domingue ne payent pas. M. de Villèle a manqué entièrement son opération; il est dans l'alternative ou d'endosser cette dette à la nation, ou de la regarder comme inexigible. Lorsqu'il sera mis à l'épreuve, il ne fera, à mon avis, ni l'un ni l'autre; il inventera quelque mesure spécieuse que les députés adopteront, et qui les mettra dans le cas d'attendre et d'avoir recours à de futurs contingents.

La lutte entre la congrégation politico-religieuse, les jésuites et la majorité du clergé d'un côté, et le public de l'autre, s'anime journellement. C'est un dissolvant qui tiendra ce pays dans des divisions interminables, et qui l'empêchera de jouir du bonheur de sa position et de contracter ce sentiment de sécurité qui est la base fondamentale des États.

Le roi commence à s'intimider de la violence de ses propres créatures, et M. de Villèle m'a dit lui-même qu'il était décidé à s'opposer aux progrès d'un mal qui risquait de devenir intolérable. Pour donner le signal de ses projets et de ses forces, le ministre a porté à l'archevêché de Bordeaux un homme connu pour ses opinions modérées et a fait nommer, dans le même sens, à la place de procureur général près la cour royale de Paris. Ces actes ont produit un bon effet; mais ils ont donné l'éveil au parti théocratique, qui, de son côté, ne négligera rien pour obtenir sa revanche. Il n'est pas dans le caractère de M. de Villèle, et peut-être pas en son pouvoir, de le combattre à outrance; ce sera un conflit où les succès et les défaites seront balancées. La question restera donc ouverte jusqu'à tant que quelque circonstance extraordinaire mette l'existence des uns et des autres en péril.

Le ministre avait l'intention, selon son dire, de rétablir la censure; mais il déclare qu'il est arrêté par le cri public, qui ne manquerait pas de s'élever, et qui attribuerait la mesure au projet de défendre les jésuites et l'ultramontanisme. Il est étrange que deux grands expédients inventés pour rétablir l'ordre soient la cause du maintien de la licence. C'est un problème que l'expérience résout tous les jours devant nos yeux.

L'armée se tient tranquille. Elle n'a ni bon ni mauvais esprit. La routine lui sert de lien et de discipline. Ses progrès, sans être bien sensibles, ne sont pas tout à fait nuls ; quant à ses sentiments, elle n'en a pas de prononcés, et ressemble à la masse, à laquelle elle appartient en grande partie : ce ne serait que l'occasion de la mettre à quelque forte épreuve, qui pourrait lui donner le caractère qu'elle n'a pas encore ; la prudence exige d'éviter, ou du moins de différer autant que possible, une expérience si incertaine, si non dangereuse.

Le prince de Polignac, ambassadeur à Londres, est venu ici depuis environ quinze jours. Il est le chef de la congrégation, et à plus d'un titre dans les bonnes grâces du monarque. Ses partisans l'encouragent à exiger le portefeuille des affaires étrangères. M. de Villèle s'y oppose, parce que la confiance du souverain se trouverait partagée. Mon opinion est que le président du conseil triomphera, s'il y met l'insistance qu'on doit lui supposer, lorsqu'il s'agit de conserver sa toute-puissance. L'introduction de M. de Polignac dans le ministère ne ferait, à mon avis, que le diviser et l'affaiblir encore davantage.

Le contenu de ce rapport n'offre rien de nouveau ;
il a seulement pour but de conserver dans le cabinet impérial la tradition et la continuation des vérités qui concernent la politique et l'état intérieur
de la France, sans les laisser se perdre ou se confondre par un long silence de grandes lacunes.

Le roi et son ministère travailleront, en général,
à éviter toutes les situations fortes, toutes les questions et toutes les entreprises périlleuses. Ils s'as-
socieront avec zèle aux plans tendant à conserver la
paix, et contribueront, dans cet esprit, à celui qui
sera adopté pour terminer les troubles de l'Orient.
Dans les cas douteux, ils pencheront plutôt pour la
Russie, parce que c'est la seule puissance dont
ils n'appréhendent pas de mal, et parce qu'ils
se flattent que nous avons raison de les juger de
même.

Pour ce qui concerne les affaires de la Péninsule,
ils sentent la nécessité d'éviter un bouleversement
en Espagne, et craignent que ce malheur n'arrive
par l'exemple du Portugal et à l'instigation directe
ou indirecte de l'Angleterre. Dans cette attitude,
ils se réuniraient, je crois, à tout système dont les
puissances continentales pourraient convenir, afin
de prévenir et d'arrêter la révolution, qui menace
de nouveau de se montrer dans la partie de l'Europe
qui y est malheureusement la plus exposée.

Quant à la conduite de cette même politique dans les détails, et surtout dans les questions secondaires, elle est souvent inconsidérée, faute d'expérience, et surtout de personnes qui servent avec capacité. M. de Villèle lui-même m'a avoué qu'excepté le comte de Laferronnaye, ils n'avaient, à aucune des grandes cours, un seul sujet qui fût égal à ses devoirs.

La manière de se comporter, afin de conserver dans un pareil état de choses et sur un cabinet ainsi composé l'influence nécessaire dans les cas graves, exige beaucoup de circonspection. Il faut ménager leur amour-propre et jusqu'à leurs fautes lorsqu'elles ne touchent pas à l'essentiel des affaires, et surtout entrer dans leurs intérêts publics et privés dès qu'on veut les déterminer à quelque résolution sérieuse. *En observant cette règle, j'espère qu'ils ne dévieront pas du chemin que notre auguste maître désire de leur voir tenir.*

Les conseils sur les affaires intérieures sont plus difficiles à donner, à moins qu'ils ne soient demandés. Il n'y a nul doute que, depuis l'existence du ministère actuel, la France ne soit agitée par des questions qui n'auraient jamais dû en faire une. Les dispositions religieuses et pénitentes du roi ont ressuscité toutes les discussions que le siècle ne sait plus comprendre et que la France comprend

encore moins qu'aucune autre nation. Pour vouloir
la rendre meilleure envers le ciel, on risque de
l'aliéner du monarque sans la rapprocher de Dieu.
C'est une maladie excitée par l'ambition à l'appui
des idées saintes. Elle fatigue l'État et ôte au gouvernement la confiance de disposer de ses ressources. Cet inconvénient durera longtemps; pour
le moment, quoique grave, il n'est pas extrême; il
est à désirer qu'il ne puisse jamais le devenir.

J'ai l'honneur d'être, avec la plus haute considération,

Monsieur le comte,

De Votre Excellence le très humble et
très obéissant serviteur,

Signé POZZO DI BORGO.

ASSERVISSEMENT DE LA POLOGNE

PAR

LA DIPLOMATIE RUSSE.

———

Catherine II, ayant mis, en 1764, Stanislas Poniatowski sur le trône de Pologne, entama, quelques jours après l'élection du nouveau roi, sa négociation avec la république, en faveur des dissidents polonais ; elle y était portée, disait-elle, « par l'intérêt le plus respectable, qui l'unissait aux » habitants de cette république professant la même » religion qu'elle professait elle-même. » Cette intervention, renouvelée officiellement pendant quatre diètes consécutives, poursuivie par tous les moyens de l'intrigue, finit par amener, ce qui était le but véritable de ce fameux protectorat russe, l'asservissement et les partages de la Pologne. Ce but atteint, la cause des dissidents fut mise de côté.

Nous allons présenter une suite de documents pour la plupart inédits, qui peuvent en tout temps fournir des matériaux précieux aux études politiques, et qui, à plus forte raison, dans la situation actuelle de l'Europe, sont de nature à offrir aux esprits soucieux de l'avenir un sujet de réflexions sérieuses.

Mais pour faire apprécier plus facilement tout ce qu'il y avait de choquant, d'hypocrite, d'absurde, dans cette intervention religieuse de la Russie en Pologne, il nous paraît essentiel de reproduire quelques traits caractéristiques de l'esprit religieux chez les deux nations, tel surtout qu'il s'est manifesté de tout temps dans les actes de leurs gouvernements respectifs.

L'Église russe, qui s'arroge le titre d'orthodoxe, est bien la vraie fille de celle de Constantinople ; elle en conserve les deux caractères distinctifs. Comme l'Église de Constantinople elle renie sa mère ; comme elle, elle est esclave docile du pouvoir séculier. Du temps de l'invasion des Tartares, elle l'était de ses maîtres païens. Les grands dignitaires de l'Église russe faisaient alors, de même que leurs princes, des pèlerinages obligatoires à la grande horde, pour prendre les ordres qui avaient pour eux force de loi suprême. C'est un fait bien constaté, que les grands khans ont contribué efficacement à la propagation de l'orthodoxie russe ; car ayant accordé à son clergé une rédemption de la capitation, beaucoup de boyards

se sentirent la vocation pour l'état ecclésiastique,
de sorte que de la domination des Tartares date la
multiplication des couvents en Moscovie.

S'il est un indice sûr et fidèle de l'esprit religieux d'une nation, c'est sans doute l'histoire de
ses saints. L'orthodoxie moscovite n'en compte
qu'un seul, saint Alexandre Newski, le contemporain de saint Louis, roi de France. — Or, ce saint
ne fut ni martyr, ni croisé, quoique les occasions
pour l'être certes ne lui manquèrent pas. Pendant
que les Tartares faisaient peser leur joug sur sa
patrie, la grande action de sa vie fut une irruption
sur le territoire suédois et une victoire éclatante
gagnée sur les bords de la Newa. — Le grand ennemi de la Russie, le khan des Tartares, ne lui inspirait que la plus dégradante soumission, et aucun
des princes russes n'a fait autant de voyages à la
grande horde. « Le lieutenant du khan, » nous citons
Karamzine, « exigeait que Novgorod payât le tribut,
» et le héros de la Newa eut la douleur de se voir
» chargé de cette pénible mission. Accompagné des
» préposés tartares, Alexandre se rendit à Novgorod
» pour remplir ce funeste devoir. A cette nouvelle
» les habitants furent saisis d'épouvante. En vain
» quelques-uns d'entre eux, ainsi que le Possadnik,
» voulurent leur prouver que toute résistance serait
» inutile. Le peuple mit à mort le Possadnik. Le
» jeune Vassili, fils d'Alexandre, lui-même partit
» pour Pskof, déclarant qu'il ne voulait plus obéir

» à un père *qui apportait des chaînes et la honte à
» des hommes libres...* Le grand prince, irrité de la
» désobéissance de son fils, le fit arrêter à Pskof.
» Il punit de mort, sans miséricorde, tous les
» boyards, perfides conseillers de Vassili ; quel-
» ques uns eurent *les yeux crevés*; *d'autres le nez
» coupé*, etc., etc. » Quelques vertus qui aient pu
orner la vie d'un tel prince, on ne lui trouvera
certainement pas cette exaltation de l'âme humaine,
qui entoure de son auréole les élus de la chrétienté
catholique !

Après la dissolution de la puissance tartare,
l'église russe n'en resta pas moins dans son état
d'assujettissement. « Le grand-duc de Moscovie, »
écrivait Skarga en 1577, « n'envoie pas à Constan-
» tinople son métropolitain pour y recevoir l'insti-
» tution ; il l'institue lui-même. Lui seul le punit,
» lui seul le met à mort quand cela lui semble bon.
» L'exemple du maître est suivi par les classes in-
» férieures. Le clergé russe se trouve, vis-à-vis
» des laïques, dans une position anormale. Ce sont
» les laïques qui sont maîtres de la doctrine : car,
» en vérité, ils sont plus lettrés que les ecclésias-
» tiques. » — Un théologien suédois, Jean Bothwidi,
évêque protestant de Linkoping, publia à Stockholm,
en 1620, un écrit sous le titre : *Utrum Moscovitæ
sint Christiani?* et il a dû avoir des raisons plausibles pour son scepticisme ; — car une Église qui
n'est régie que par un pouvoir séculier et despo-

tique perd aussitôt toute sainteté et toute élévation spirituelle, et n'est vraiment plus qu'une entreprise de pompes et de cérémonies religieuses. La piété, par exemple, d'un Iwan III, n'était guère propre à témoigner de son christianisme. Ce czar avait poussé son orthodoxie jusqu'à « transformer son » palais en monastère et ses favoris en moines. A » trois heures de la nuit, il allait au clocher pour » sonner les matines ; pendant le service il priait » avec tant de ferveur, que toujours il lui restait » sur le front des marques de ses prosternations. » Pendant qu'on dînait, il lisait à haute voix de sa-» lutaires instructions. Les restes du repas étaient » distribués aux pauvres. Le soir, il allait dans les » prisons *pour faire appliquer les prisonniers à la* » *torture, et il en revenait avec une physionomie* » *rayonnante de contentement*» (Karamzine.) Si Iwan, poussé par sa féroce individualité, a trop surchargé ses pratiques orthodoxes, il n'en est pas moins vrai que cette orthodoxie d'apparat ne cessa jamais en Russie de caractériser la religion de l'État.

Par ce que nous venons de dire pour mettre en évidence le matérialisme de l'orthodoxie russe, nous ne voulons nullement être soupçonnés de jeter un jour défavorable sur les dispositions religieuses de toute une nation. Nous repoussons ce soupçon de toute la force de notre conscience. Un Russe, qui prétendrait le nier, peut, dans la simplicité de son cœur, ou dans un élan plus illuminé de sa pensée, sanctifier ses pratiques religieuses par le sentiment de la plus pure dévotion; des popes russes peuvent, par une exception honorable, élever leur âme vers les hautes régions de leur vocation; mais plus ces exceptions seront admirables, — plus est digne d'abomination ce régime inique qui rabaisse la sublime attribution de l'âme humaine au service honteux de la politique, si souvent immorale et criminelle.

Deux circonstances, d'une très grande portée, concourent en Russie pour assurer au gouvernement la docilité de l'Église : le mutisme de l'orthodoxie et la dégradation du clergé. — L'Église orthodoxe en Russie n'a pas de chaire, n'explique au peuple ni ses dogmes ni sa morale. Un catéchisme officiel, où le nom du czar figure à côté du nom de Dieu, fait les frais de son instruction religieuse. On se borne à justifier ce système par la crainte que la prédication ne suscite des hérésies au sein de l'Église. Étrange idée du christianisme! Non, c'est uniquement la crainte de porter atteinte à l'orthodoxie du despotisme, par une libre parole portée au nom de l'Évangile, qui a réduit ainsi au néant en Russie la plus noble vocation des ministres de l'autel. Quant à la condition des popes russes, qui n'a pas entendu parler de leur vie peu exemplaire et de leur ignorance? Pour en donner quelques exemples, la nature du sujet nous fera tomber dans le grotesque. — « Tais-toi, animal, » —

dit un jour l'empereur Alexandre à un protopope
ivre, qui, dans une cérémonie religieuse, voulait le
haranguer, — « et donne-moi la main. » — Puis, il
l'embrassa avec l'humilité, à l'édification de la multitude, qui, de loin, ne faisait qu'admirer la dévotion du czar. — Cette anecdote, d'une authenticité
reconnue, caractérise suffisamment et le pays et
l'exploitateur. — Les popes se mêlent quelquefois
de disputes théologiques. Dans une réunion de
cette nature, la discussion roula sur les deux es-
pèces de transsubstantiation. Comme le vin est rare
en Russie, un novateur se hasarda à proposer de le
remplacer par de l'eau-de-vie. La majorité cria
haro contre cette indignité. — « Bah ! » coupa court
un pope, théologien pratique, « j'en ai essayé, et il
» paraît que ça passe. » — Le despotisme que le
gouvernement russe exerce envers ses ecclésiastiques, perce même quelquefois à l'égard des objets
de la plus haute vénération du peuple. L'Ukraine
polonaise étant échue en partage à la Russie, les
Polonais remarquaient, parmi les fonctionnaires
russes qui venaient prendre possession du pays,
une multitude d'images de saint Nicolas, que des
popes colportaient de village en village, afin
d'extorquer par ce moyen des collectes. Or, il
arriva qu'à Berdytchow, pendant une des foires
célèbres qui se tiennent dans cette ville, une de
ces images nomades, colportée au son d'une clo-
chette dans la rue, effraya les chevaux de la voiture d'un riche seigneur polonais, M. Grocholski.

La voiture versa. Le Polonais tomba à coups de canne sur le pope, et mit l'image de saint Nicolas en pièces. Cet esclandre prit bientôt les proportions d'un crime d'État, car saint Nicolas est aux yeux des Moscovites presque Dieu lui-même; son image orne chez eux chaque cabane de paysan; c'est, en un mot, le protecteur de la Moscovie. Pour amoindrir le crime, on chercha à prouver à la police, par tous les moyens efficaces, que le Polonais, au moment de son acte sacrilége, était ivre. — On était sous le règne de Paul Ier, dont le caractère, mélange d'atroce tyrannie et de la plus pure noblesse de sentiments, ne peut s'expliquer que par cet orage continuel que soulevaient au fond de sa conscience de czar et d'homme des crimes traditionnels, devenus maximes d'État, en lutte acharnée avec la lumière céleste de la justice éternelle. Toute la province attendait avec anxiété la décision de l'autocrate dans cette affaire. La foudre éclate en ces termes laconiques : « Défense au sieur Gro-» cholski de s'enivrer; défense à saint Nicolas de » vagabonder. »

Cette protection gouvernementale de la religion orthodoxe, que la politique russe offre avec tant de faste et tant de mauvaise foi à l'étranger, ne pèse déjà que trop sur sa propre Église et sur les âmes attristées de l'élite de sa nation. Des symptômes d'impatience se sont manifestés à cet égard dans tous les temps. Sous le czar Alexis, le patriarche Nicon avait conçu l'idée d'une réforme dans la constitution de l'Église. Sommé de comparaître devant un synode, il s'obstina à ne pas reconnaître cette juridiction, et prétendit que le pape de Rome seul aurait le droit de le juger ; en conséquence, on le relégua dans un château sur les bords de la Volga, où il mourut en expiation de ses projets. On sait que l'asservissement de l'Église russe fut définitivement constitué sous Pierre Iᵉʳ, par l'établissement du très Saint-Synode, qui, comme on l'a bien désigné, est un vrai bureau politique dirigé par un procureur impérial, souvent officier dans l'armée. Pour donner une idée de l'esprit orthodoxe et de la *tolérance du fondateur de ce synode*, nous ne pouvons nous empêcher de raconter ici l'événement suivant. En 1705, pendant la guerre contre Charles XII, le czar Pierre Iᵉʳ arrive avec son armée à Polock, ville de la Pologne, dont il était, d'après les stipulations d'un traité récent, l'allié et l'ami. Aussitôt son entrée, les popes schismatiques de la ville l'entretiennent de leurs plaintes contre les religieux basiliens, moines de la religion grecque-unie, qui par leurs dotations et leur influence excitaient la jalousie du clergé schismatique. Le caractère farouche du czar, exaspéré par ses récentes défaites, éclate en fureur. Entouré de son état-major, il court à la cathédrale de Sainte-Sophie, au moment où les basiliens chantaient vêpres, et là, tirant son sabre, il tombe sur l'abbé Théophane Kolbieczynski, le premier basilien qu'il aperçoit, et l'étend roide mort au pied de l'autel de saint Josaphat. Il fait saisir en même temps et pendre l'abbé Kizikowski, le supérieur de l'ordre, avec deux autres basiliens. Cela fait, il livre la cathédrale et le monastère au pillage de sa soldatesque (1).

Nous nous abstenons pour le moment de reproduire une multitude de faits qui se pressent sous notre plume, les violences, les rapines et les cruautés que l'orthodoxie russe a exercées à plusieurs reprises en Pologne. Tout cela n'empêche pas le gouvernement russe de proclamer partout et toujours qu'il n'agit que dans l'esprit de l'Évangile. Le roi George III ayant demandé un jour au comte Worontzow, ambassadeur russe à Londres, pourquoi les juifs ne sont pas admis à Saint-Pétersbourg, le comte, après un moment de réflexion, répondit avec

(1) Ces faits sont relatés avec tous leurs détails horribles dans un ouvrage polonais, plein d'érudition, de l'abbé *Stebelski*, imprimé sans date (probablement vers l'année 1780), en 3 volumes à Vilna, sous le titre : *Dwa Swiatła na horyzoncie Polockim*, etc., c'est-à-dire : *Deux luminaires sur l'horizon de Polock, ou les vies de sainte Euphrosine et de sainte Parascève*, etc. Les exemplaires de cet ouvrage, ayant été détruits par la partie intéressée, sont aujourd'hui d'une très grande rareté. — On en trouve un dans la Bibliothèque polonaise de Paris. — La main d'un peintre pieux avait retracé le souvenir de cet horrible martyre des basiliens dans un tableau qui fut longtemps conservé dans la sacristie de la cathédrale de Polock, probablement jusqu'à l'occupation de la ville par les Russes après les partages de la Pologne.

tout son sérieux : « Sire, c'est parce qu'ils ont crucifié notre Seigneur Jésus-Christ ! »

C'est donc sous l'inspiration de cette religion orthodoxe, qui ne fait que les affaires politiques de la Russie, que Catherine II, protestante par naissance, schismatique par czarisme, philosophe par calcul, après avoir inauguré son règne par des actes contraires à toute religion et à toute morale, conçut l'idée de son intervention religieuse en Pologne.

Nous connaissons le docteur et son esprit ; passons maintenant au malheureux catéchumène. La Pologne, sortant des ombres de la barbarie, entre dans l'histoire libre et chrétienne. Il serait difficile de trouver dans les annales du monde une nation plus pieuse et un gouvernement plus honnête. C'était sa gloire, c'est devenu sa ruine, c'est son espoir. Le martyre ne tue pas l'âme. Chrétienne et libre, la Pologne était toujours tolérante. La ferveur religieuse pouvait l'entraîner quelquefois à des excès blâmables ; mais, contre quelques jours d'oubli, elle produit des siècles de charité ! Des règlements sévères contre les novateurs, au commencement de la réforme, ne tinrent pas long-temps devant les libertés du pays. Si le roi Sigismond Ier a puni de mort quelques Dantzikois novateurs, il sévissait contre une révolte flagrante qu'ils firent éclater sous prétexte de réforme religieuse. Profondément pieux, catholique sincère, doté par le saint-siége du privilége de suspendre l'interdiction par le seul fait de sa présence, partout où il entrait; il n'entendait jamais s'ériger en persécuteur des consciences. Son contemporain, Henri VIII, tyran et théologien, venait de lancer sa fameuse philippique contre Luther. Le célèbre professeur Eckius, en dédiant un de ses ouvrages au roi de Pologne, l'invitait à suivre l'exemple royal. Il nous reste la réponse de Sigismond à Eckius, respirant toute l'élévation et toute la pureté évangélique : « Les sciences, lui écrivit-il, passées naguère en » désuétude, renaissent de nos jours... Les siècles » se suivent, et l'esprit de gouvernement se mo- » difie selon les exigences du temps. Autrefois » l'ignorance faisait enfanter des crimes ; mainte- » nant ils pullulent au grand jour de l'érudition... » Que Henri écrive contre Martin, toi et Krzycki » vous pouvez lui adresser les éloges qu'il mérite. » Pour ma part, laissez-moi être roi des brebis et » des boucs. Je prie le Très-Haut qu'il daigne sanc- » tifier l'amour des lettres de Léon X par la piété » de Léon I. Car autrement, s'il arrivait, au sein » de la chrétienté, qu'on fît passer corruption pour » mœurs, scandale pour édification, haine pour » fraternité, il va venir ce temps néfaste où les rois » des peuples et le pasteur du troupeau du Sei- » gneur se présenteront au monde couverts de » sinistres cuirasses, et les autels du vrai Dieu s'a- » baisseront pour servir au culte du blasphème » contre la vertu et la foi. » — Étienne Bathory, après sa glorieuse expédition de Moscovie, dans les instructions adressées à la nation rassemblée en diétines, après avoir recommandé de rendre grâce au dispensateur des victoires, soumet à leur délibération les affaires religieuses en ces termes : « Bien que Sa Majesté, y est-il dit, serait heureuse » de voir , autant qu'elle le souhaite ardemment , » que tous les citoyens de ses États professassent » une seule et ancienne religion, et qu'ils louassent » uniformément le Dieu tout-puissant ; cependant, » comme, dans ces derniers temps, par la permis- » sion de Dieu, les hommes ont commencé à s'en- » flammer par un zèle exagéré en matière de » croyances, on a pris des mesures et porté des » lois pour que cette scission ne suscitât des trou- » bles et ne nuisît point à l'unité nationale. Or, » pour compléter notre législation , il ne manque » que de régler la procédure par rapport à ceux » qui pourraient enfreindre ces lois et persécuter » leurs concitoyens à cause de la différence de » leurs croyances. » Tandis qu'en Allemagne une guerre acharnée, au nom du Dieu de miséricorde, promenait sur ce pays de la doctrine le fer et la flamme pour adjuger le despotisme au vainqueur , catholique ou protestant , il se faisait en Pologne une révolution religieuse par la seule force de la vraie piété et de la suavité évangélique, dont Sigismond III ornait le trône de la république. L'aristocratie polonaise, qui d'emblée s'était entichée des doctrines allemandes, céda peu à peu à l'influence du roi et revint à la foi de ses pères. La vraie liberté, le lien indissoluble de la patrie, la source de la vie nationale, furent ainsi sauvés. — Toutefois les dissidents obstinés jouissaient en même temps d'une pleine liberté de conscience et même des droits politiques; ils rassemblaient leurs synodes, fondaient leurs écoles, composaient leurs ouvrages théologiques, et c'est précisément sous ce règne, qu'ils dénonçaient comme intolérant, que les Sociniens imprimèrent à Rakow ces livres impies, qui passent aujourd'hui pour des raretés bibliographiques. — Mais les sectes affaiblies par le fait, admirablement exercées qu'elles étaient dans leurs luttes théologiques à miner l'autorité de l'Église, se prirent à attaquer l'autorité du trône, et tramèrent contre Sigismond III ce tissu de calomnies qui blessent également le patriotisme et la vérité. C'est à sa piété inébranlable qu'on a reproché la perte de deux couronnes. Singulier regret d'ambition! En quoi cette accession des royaumes pouvait-elle contribuer au bonheur de la Pologne, qui ne demandait, pour être grande et heureuse, que la stricte observation de ce conseil qu'un saint ermite du mont Saint-Valérien, près de Paris, donna du temps de Henri IV à un illustre Polonais: «*Timete Deum, honorate reges,* » — ne voulant rien répondre à d'autres questions. La Providence ne tarda pas à récompenser la sagesse de Sigismond, même de son vivant. Pendant une diète de son règne, sur le même parquet où les législateurs

récalcitrants, sortant de leurs bancs, lançaient des
foudres contre le trône, se tenait, quelques années
plus tard, un czar de Moscovie captif, demandant la
clémence de Sigismond , — Triomphe éclatant
qui imprima cette haute leçon dans les fastes de la
Pologne, que son roi le plus religieux fut le plus
heureux aussi. A sa mort, Sigismond laissa la
république plus catholique, plus grande, plus
unie que jamais; et son fils lui succéda aussi
paisiblement sur le trône, malgré quelques tra-
casseries des dissidents, que s'il lui revenait par
droit d'héritage.

Un ouvrage très répandu, attrayant par un style
splendide et chaleureux, a rendu le nom de Jean
Sobieski familier à tout le monde. La Pologne se
trouvait sous ce règne en pleine anarchie. Elle ne
pouvait pas, malgré le génie de son roi, se suffire
à elle-même; comment aurait-on cru, humaine-
ment parlant, qu'elle pourrait porter secours à
d'autres. Cependant ce miracle se fit au cri : *Sauvez
la chrétienté.* Le roi, la diète, la nation, naguère en
continuelles disputes, s'unissent tout à coup comme
par enchantement. Au bout de trois mois, temps
qui ne suffit pas de nos jours à arranger une note
de protection problématique, l'armée polonaise se
concentre, traverse les espaces, Vienne est sau-
vée, et la plus merveilleuse croisade est couronnée
par la plus merveilleuse victoire.

Cependant les dissidents et les schismatiques, entraînés par leurs passions haineuses, cédant à des suggestions étrangères, abusant de la mollesse du gouvernement, prouvaient souvent par leur conduite qu'ils étaient peu dignes des libertés et priviléges dont ils jouissaient en Pologne. Ils se montraient toujours, sauf quelques rares exceptions, les chefs de l'opposition; ils finirent par être les meneurs de trahisons. Au moment où la république sous Jean Casimir se trouva accablée des plus grands désastres, où les Suédois, les Moscovites, les Transylvains l'envahirent simultanément, les dissidents, ne formant d'ailleurs qu'une faible minorité de la population, trahirent les devoirs les plus sacrés, en se mettant de connivence avec l'ennemi extérieur. Leur conduite provoqua à son tour des mesures de sûreté. La diète de 1658 remit en vigueur l'ancien statut de Ladislas Jagellon contre les hérétiques; et les Sociniens, alliés déclarés de Charles Gustave de Suède, l'envahisseur de la Pologne, furent proscrits. Lorsque plus tard, à la suite du malheureux traité d'Auguste II avec Pierre Ier, une nouvelle irruption de Suédois et de Moscovites amena la Pologne sur les bords de l'abîme, la nation, exaspérée, attribua, non sans raison, tous ces maux à ses voisins protestants ou schismatiques. Une confédération armée se forma. Pendant deux ans, une guerre désastreuse ravagea le pays, guerre singulière des Polonais contre les troupes saxonnes de leur propre roi, et qui finit par une médiation du plus mauvais augure. Pierre Ier, qui par son alliance avec Auguste II avait ouvert la source de tous ces maux, appelé aveuglé-ment par les confédérés eux-mêmes, jaloux de leurs libertés, à devenir le pacificateur de la Pologne, s'empressa de saisir ce rôle. Le traité entre les confédérés et le roi, signé à Varsovie, le 3 novembre 1717, et ratifié par une diète dite muette, sti-pula la retraite du pays des troupes saxonnes et rétablit la paix. Il est à remarquer que ce traité, dont les négociations étaient activement dirigées par le prince Dolgoruki, plénipotentiaire du czar, a rétréci sensiblement les libertés des dissidents polonais ; il réduisit d'autre part l'armée de ce vaste pays à vingt-quatre mille hommes, et fut ratifié, exemple inouï, par la diète d'un pays libre, sans discussion. C'est depuis cette époque que la domi-nation moscovite s'est établie sans contrôle en Pologne.

A la mort d'Auguste II, lorsque le schisme mos-covite concentrait ses armées pour *protéger* les libertés de la république et l'élection du nouveau roi, la diète de convocation, cherchant à purger la conscience de la législature de suggestions dange-reuses, ferma aux dissidents et aux schismatiques l'accès de la diète et des tribunaux de la républi-que, avec une défense sévère de rechercher à cet égard la protection de l'étranger. Le libre exercice de leur religion ne leur fut néanmoins pas enlevé, et sous ce rapport ils ont joui toujours d'un droit non contesté.

C'est contre cette exclusion des dissidents de la législature de l'État, où ils apportaient un élément délétère, mesure de sûreté que prenaient également d'autres États civilisés de l'Europe et qui ne portait en soi aucune violation de la conscience, que Catherine II dirigea sa première intervention en Pologne. Une circonstance particulière se prêta admirablement aux desseins de la czarine. — On sait que la famille de Saxe, au commencement de la réforme, exerça une influence décisive sur son établissement. C'est en Saxe que naquit Luther, en Saxe il proclama et propagea sa doctrine, et l'électeur de Saxe la protégea par les armes. — Bernard de Saxe-Weimar, le premier, pendant la guerre de trente ans, se rangea sous le drapeau de Gustave-Adolphe, et en devint l'appui actif et heureux. Or, à la fin du XVIIe siècle, un des descendants de ces héros du protestantisme, Frédéric-Auguste, électeur de Saxe, était rentré dans le giron de l'Église par une entremise providentielle de la Pologne catholique. Cet événement ne put que déconcerter les États protestants. La France et l'Autriche en profitèrent, pour imposer des conditions plus dures aux protestants de l'Empire, lors de la paix de Ryswick en 1697. La veille de sa signature, Guillaume III, roi d'Angleterre, écrivit à Heinsius, grand

pensionnaire de Hollande: « Notre devoir nous com-
» manderait plutôt de continuer la guerre que de
» consentir à la plus petite restriction à l'égard de
» l'exercice de la religion réformée dans l'Empire...
» mais nous manquons de l'assistance de la Suède,
» du Danemark, de la Suisse, et de plus *nous venons*
» *de perdre la Saxe.* » Le gouvernement anglais, affecté de cette conversion et des suites qu'il en prévoyait, cherchait du moins à en détourner le prince
royal de Pologne, et il entretenait des agents et
une correspondance suivie à cet effet, sans pouvoir
pourtant réussir. La Pologne, ayant amené ainsi la
défection du protestantisme d'une dynastie qui
en avait été la fondatrice, s'attira nécessairement
le mauvais vouloir de tous les États protestants.
Aussi cette prédisposition de leur part se fit-elle
jour à l'occasion de la malheureuse affaire de Thorn,
en 1724, où, après une instruction dûment accom-
plie, et un jugement régulier confirmé par la diète,
les accusés, reconnus coupables, furent condamnés
et exécutés. Comme les coupables dans cette affaire
étaient des protestants, les États de cette religion
s'empressèrent, à l'occasion d'un procès criminel
ressortissant aux seuls tribunaux du pays, de molester le gouvernement polonais de leurs notes et
représentations, et à la tête de ces prédicateurs de
clémence on remarquait Pierre Iᵉʳ. Si, à côté de
cette circonstance, qui a contribué à entretenir chez
les protestants des idées défavorables contre la Pologne, nous nous rappelons l'esprit antireligieux

du siècle et les sarcasmes de Voltaire contre le catholicisme, tellement goûtés alors par le public, nous comprendrons aisément comment tout conspirait en faveur de la réussite des grands desseins de la czarine.

L'état de la Pologne, avant l'avénement au trône de Stanislas-Auguste, présentait le tableau le plus affligeant d'une complète dissolution politique. Depuis l'élection d'Auguste III, décidée contre Leszczynski par une intervention armée de la czarine Anne, au grand détriment de l'influence française, les troupes russes ne cessèrent d'occuper le territoire de la république sous divers prétextes. La paix prolongée dont jouit la Pologne pendant ces cinquante années lui a fait plus de mal que les soixante-dix ans de guerres désastreuses qui la précédèrent. Auguste III ne régnait ni ne gouvernait en Pologne, qui vivotait, pour ainsi dire, à son insu. Il se sentait le vassal de la Russie, et Brühl, son premier ministre, n'était qu'un agent du chancelier Bestuchew. Les Polonais bénissaient la paix, qui leur procurait les douceurs de la vie privée, les entretenait dans l'incurie de l'avenir, et les dispensait de toute sollicitude et de tout sacrifice pour le bien public. Ils croyaient leurs libertés garanties, tant qu'ils pouvaient rompre leurs diètes et entraver leur gouvernement. Dans cet âge d'or de la république, diète et gouvernement leur paraissaient choses pernicieuses, ou, tout au moins, inutiles; et le résultat de la longue paix qui, dit-on, sauve la civilisation, fut ce bonheur trompeur couvrant de rouille armes et âmes, qui finit par amener une complète prostration de toutes les forces de l'État.

Stanislas Poniatowski, membre distingué de la famille et du parti puissant des Czartoryski, élevé dans les idées politiques que cette famille nourrissait de longue main et propageait dans le pays, devenu roi, aussi bien par les influences de ce parti que par la volonté de la czarine, monta au trône avec la détermination vraiment royale de reconstituer en Pologne l'État et le gouvernement. Les commencements de son règne se signalèrent par une activité sage et productive, qui développa les germes de tous les éléments de la vie politique. Diètes, ministères, tribunaux, toutes les branches de l'administration, tous les principes de la force matérielle et intellectuelle prirent un élan et une marche admirables. La plus précieuse conquête de ces efforts fut que la Pologne reprit la conscience de sa propre existence, qui est le sentiment profond de la vie nationale, du devoir, des dévouements, de l'honneur; arche d'alliance entre l'âme du citoyen et les destins de la patrie. Cette conscience, qui alors vivifia la Pologne sortant de sa longue léthargie, ne devait plus périr; elle a survécu aux plus terribles catastrophes, à des humiliations inouïes, aux partages du pays, *et résista*, comme l'a bien compris, du haut de son trône, un froid observateur, *au temps et à toutes ses vicissitudes* (1).

Mais, dans cette glorieuse mission, Stanislas-Auguste eut à lutter contre deux ennemis implacables : le parti républicain, qui, sans souci de l'avenir, n'adorait que de pernicieuses libertés flattant l'individu, tuant la république, et Catherine II, sa bienfaitrice, dont l'œil perçant et jaloux guettait l'avenir de la Pologne et s'irritait de la possibilité d'y apercevoir une entrave aux desseins ambitieux de la Russie. Ces deux ennemis du roi, séparés par la haine qui sépare la liberté de l'esclavage, se rapprochaient par une sympathie commune, le désir de maintenir l'anarchie en Pologne.

Catherine II connaissait d'avance les projets de la famille Czartoryski, et toute décidée qu'elle était par diverses raisons particulières à appuyer l'élection de Poniatowski, elle avait pris ses précautions contre le danger qu'elle prévoyait, par un traité d'alliance avec la Prusse, dont nous reproduisons plus loin l'article principal et secret. Mais, d'abord, elle aima mieux agir seule. — Son ambassadeur à Varsovie, le prince Repnin, reçut pour mission de représenter, avec tout le fracas et toute la morgue,

____

(1) Voyez le discours à l'ouverture des chambres, prononcé par le roi Louis-Philippe, le 23 juillet 1831.

le protectorat et la suprématie que la Russie s'était arrogés de fait depuis cinquante ans en Pologne, en lui garantissant la paix et l'abrutissement. Repnin fut muni de tous les moyens de réussite. Il avait sous la main et à sa disposition des troupes et de l'argent, et avant tout un assortiment de déclarations et de manifestes, où chaque fait de violence était voilé par les assurances les plus touchantes et les plus positives de l'intégrité des possessions de la république, de l'amitié de la czarine la plus constante et la plus désintéressée. Il ne faut jamais perdre de vue que la Russie seule a le secret de commettre des violences *par voies légales*. Malheur à ceux avec qui elle commence à négocier ! Repnin réussit à merveille : conformément à ses instructions, il parvint à annuler l'autorité du roi, à neutraliser les caractères fermes, à intimider les faibles, à corrompre les lâches. La Pologne était sans alliances, sans finances, sans armées ; elle n'en possédait que des germes tout récemment semés, et, pour sauver l'espoir de la moisson, pour ne pas laisser éteindre le feu sacré de la vie nationale, qui n'avait commencé que de s'allumer, il fallut céder aux exigences de la force et aux piéges de la perversité. Peut-être se berçait-on aussi de la possibilité qu'il y eût du vrai dans les déclarations de l'impératrice, que le monde ne cessait d'acclamer grande et magnanime. La Pologne ne pouvait que négocier, elle succomba.

Catherine commença la mise en œuvre de ses desseins, en assumant le protectorat des schismatiques et des dissidents. Elle donnait ainsi du poids à ses coreligionnaires en Pologne; elle gagnait les applaudissements de l'Europe; elle s'attachait les États protestants, et, par-dessus tout, elle jetait du trouble dans la Pologne profondément catholique. La diète de 1766 répondit dignement à cette intervention dangereuse. Elle confirma, par une constitution, la tolérance pour les dissidents, mais opposa par son silence une fin de non-recevoir à leurs prétentions législatives. — Stanislas-Auguste, dans une correspondance privée, au milieu d'accessoires obligés de galanterie, essaya, en vain, de justifier devant Catherine, par un raisonnement solide et ferme, la démarche de la diète. La réponse de la czarine, embrouillée et inconséquente, fut marquée au coin d'une froideur glaciale et d'une obstination hautaine et menaçante.

Peu embarrassée de la négative légale, Catherine met de côté et la diète et le roi; elle se décide à agir directement, et d'abord par les schismatiques et les dissidents. On fait imprimer à Saint-Pétersbourg des manifestes remplis des doléances de ces sujets polonais que personne ne songeait à persécuter; on y constate leurs confédérations, lorsqu'on n'en savait rien encore dans le pays. Ces confédérations se forment enfin au moyen d'une

dépense bien onéreuse pour les pauvres dissidents,
et leur effet se trouve pitoyable. Elles mettent à
découvert le petit nombre de ces martyrs imagi-
naires dont l'affaire provoque tant de bruit. Cependant la czarine, à côté de l'affaire des dissidents, prépare un coup immanquable et décisif.
Elle lance dans ses déclarations le mot de l'énigme
à l'adresse des républicains. Elle leur montre du
doigt l'affreuse énormité du parti des Czartoryski :
« Les vrais patriotes, leur dit-elle, ont gémi de cette
» altération des principes du gouvernement, et des
» entraves à la liberté des voix introduites par la
» pluralité... et c'est par les tentatives d'un parti
» décidé à la domination d'un pays libre, qui veut
» élever sa puissance sur les ruines de la liberté
» publique... Si l'ambition a déjà gagné une su-
» périorité assez décidée pour empêcher une as-
» semblée (indépendante) si contraire à ses vues,
» Sa Majesté Impériale invite tout noble polonais
» qui compte pour quelque chose le salut de sa
» liberté à se joindre à elle... » Il est facile de
concevoir l'enthousiasme des républicains, excité
par de pareilles déclarations émanées de la haute
sagesse d'une si puissante protectrice; il fut porté
à son comble, lorsque Repnin insinua à quelques
uns de ses amis peu discrets la possibilité de la
déchéance. Les républicains tombèrent en masse
dans ce guet-apens; des hommes respectables s'y
laissèrent prendre, et l'âme altière de Soltik,
évêque de Cracovie, y succomba elle-même. Une

confédération générale, se pressant sous les drapeaux du catholicisme et de la liberté, se constitua
à Radom, en 1767. Radziwill, ennemi acharné
de la Russie et du roi à la fois, républicain de la
vieille roche, en est le maréchal. L'aveuglement
de ces confédérés était tel, qu'ils ne s'aperçurent
même pas de ce passage de la déclaration russe, où
il est dit : « Que Sa Majesté a ordonné de renforcer
» le corps de ses troupes qui est resté en Pologne
» depuis l'interrègne,... afin de prévenir les désor-
» dres... » Ils ne s'en aperçurent qu'au moment où,
pour entrer dans la salle de leurs délibérations à
Radom, ils furent obligés de se frayer un chemin
à travers les baïonnettes moscovites, et où ils virent, à côté de leur maréchal, un colonel russe
placé en surveillance.

La confédération de Radom, soulevée au nom
de la religion catholique, ne s'occupa de fait que
des schismatiques et des protestants, et sanctionna
leur admission à tous les droits politiques. Bientôt
on la convertit en diète et on la transporte à Varsovie, toujours avec le cortége militaire, sous les
auspices duquel elle continue ses délibérations.
C'est alors que pour couronner son œuvre d'une
manière plus solennelle, la Russie exige de la Pologne un nouveau traité. Les anciens traités exis-
taient et suffisaient pour toutes les relations établies entre les deux États. Les Czartoryski, étant
au pouvoir, avaient déjà persuadé à la Russie de se

désister de ces propositions inquiétantes. — Non.
Cette fois, il faut traiter ; il faut mettre le sceau de
l'ignominie à cette législature esclave ; et comme
la discussion en pleine diète, malgré tout cet ap-
pareil d'intimidation, aurait traîné en longueur,
on transporta, à la réquisition de Repnin, tout le
pouvoir de la diète à une délégation, qui s'empressa
lâchement de statuer sur ce qu'il y a de plus sacré
dans la vie d'une nation : son indépendance, sa religion, sa constitution, son honneur et son bon
sens. Le parti des Czartoryski, parti de la régénération de la Pologne, réduit par ce débordement
du républicanisme à l'impuissance, remettant ses
espérances à un avenir éloigné, courba la tête.
Quelques sénateurs du parti contraire, plus impa-
tients, payant noblement leurs erreurs, élevèrent
une voix libre. Ils furent immédiatement enlevés et
déportés au fond de la Moscovie.

La nation, exaspérée, prit les armes. La lutte de
la confédération de Bar se prolongea durant cinq
ans. Elle ne put profiter qu'à la Russie ; elle ruina
et dévasta le pays. Elle amena enfin les partages.

L'avilissement, c'était là le but et l'effet de l'amitié russe et du protectorat russe. — Faire accepter
ses volontés au mépris du bon droit, c'est avilir.
Avilir, c'est subjuguer. Après le traité de 1768, les
partages n'étaient qu'une conséquence.

Aux cris de détresse que jeta la Pologne, l'Europe resta muette. Napoléon le Grand était encore au berceau (1).

Parmi les documents que nous allons reproduire, trouveront place quelques extraits de dépêches diplomatiques. Une profonde indifférence qui s'y fait voir sur la question la plus décisive de l'Europe frappera d'étonnement. L'acte le plus criminel de l'histoire du monde chrétien, accompli sans gêne et en toute sécurité par la Russie, a jeté une ombre de mauvais augure sur les cabinets de l'Occident. Bientôt cette ombre s'épaissit et se convertit en un nuage gros de tempêtes. La Pologne a subi les partages sous la sanction de l'apathie de l'Europe qui, en laissant un cours libre à la violence, a préparé par là ses propres dangers.

Voilà une nouvelle victime qui de nos jours succombe sous les trames et sous les armes de la Russie.—L'Europe semble enfin sortir de son apathie. Mais les forces de l'Occident sont frappées d'impuissance. Un découragement sans raison et sans noblesse neutralise les obstacles que les États les plus puissants et les plus civilisés pourraient effi-

______

(1) Nous relevons ce trait du célèbre sermon de l'abbé Woronicz, qui fut plus tard archevêque de Varsovie, prononcé à l'occasion de la consécration des aigles de l'armée polonaise, s'organisant sous les auspices de la France.

cacement opposer à l'ambition des czars. Par une logique affligeante du matérialisme on se résigne à tout. Et déjà de nos jours les publicistes les plus éminents abordent la question de mort, et comblant toujours la Russie de leurs civilités, acclament, comme jadis les victimes vouées aux bêtes féroces : AVE, CZAR! MORITURI TE SALUTANT !

N'importe, la Pologne ne désespère pas de la vie.

TRAITÉ D'ALLIANCE

ENTRE

L'IMPÉRATRICE DE TOUTES LES RUSSIES ET LE ROI DE PRUSSE.

SAINT-PÉTERSBOURG, LE $\frac{11\ \text{avril}}{31\ \text{mars}}$ 1764.

NOTE PRÉLIMINAIRE.

Le nom de la Pologne rappelle le mot d'anarchie, et par une association d'idées naturelle, on est conduit à se former un jugement sommaire qui explique et, si l'on veut, justifie la destinée qui pèse sur cette nation malheureuse. Cependant ce jugement est-il fondé en connaissance de cause approfondie? La société polonaise a-t-elle été en elle-même anarchique sans remède? A-t-elle péri victime de ses seuls troubles intérieurs? — Nous sommes certains que tout homme sérieux et de bonne foi résoudrait par la négative ces questions, s'il se mettait seulement à étudier au fond l'histoire de la Pologne; et certes le sujet en vaut bien la peine.

On ne saurait nier que la constitution de la république de Pologne, viciée déjà par un libéralisme utopiste, établissait deux sources fécondes d'anarchie : l'*élection des rois* et le *liberum veto*. Le premier de ces priviléges, qui passait aux yeux des Polonais pour la sauve garde de leurs libertés, amenait nécessairement l'immixtion de l'étranger dans l'affaire vitale de l'État. Le *liberum veto*, d'autre part, que la Pologne en décadence conservait comme *sa prunelle*, y rendait le gouvernement presque impossible. C'étaient là des exagérations condamnables, sans doute, mais des exagérations de ce désir de liberté, sacré et inextinguible, sans lequel l'histoire des hommes ne serait que de l'histoire naturelle. Au lieu de dédain, ne devrait-on pas plutôt quelque mouvement de sympathie, quelque bonne place dans sa mémoire, à cette audacieuse république qui, au milieu de voisins despotes, et à une époque, en Europe, au milieu du despotisme universel, conservait seule intact le plus précieux trésor de l'humanité? Vous saluez avec joie la fleur précoce du printemps qui perce les neiges et s'élance vers le soleil au risque de mourir sous la brise du nord, et il ne vous vient pas l'idée absurde de maudire le sol qui l'a fait naître.

Si les abus que les Polonais faisaient de leurs libertés ont été pernicieux et blâmables, l'esprit public de la nation, qui, malgré les vices de sa constitution, a su maintenir aussi longtemps une existence, si souvent brillante, mérite l'attention de tout penseur consciencieux. L'élite de la nation, bravant les préjugés populaires, a été plusieurs fois sur le point d'introduire dans la constitution des améliorations salutaires, et chaque fois la main de l'étranger s'empressa de faire crouler l'ouvrage.

Un des plus hardis essais de cette nature fut tenté, au XVIIIe siècle, par la famille des princes Czartoryski, et nommément par les deux frères, le prince Auguste, palatin de Russie, et le prince Michel, grand chancelier de Lithuanie. Catherine connaissait leurs projets et les encouragea d'abord ; mais bientôt elle prit ses précautions par l'article secret d'un traité conclu avec Frédéric II. — Peut-on imaginer un méfait plus méprisable que ce concert de deux cours puissantes, que ce contrat fait, avec préméditation et une solennité cynique, contre un voisin malheureux et inoffensif, se débattant dans le naufrage, — concert et contrat destinés à lui ravir la planche de salut et à le replonger dans l'abîme ? — Mais à côté de ce machiavélisme scandaleux, n'est-il pas singulier aussi de voir le rôle que jouait alors la France? Le cabinet de Versailles pressentait bien les conséquences de l'agrandissement de la Russie ; il voyait avec peine sa propre influence dans le Nord déchue, et comprenait parfaitement que seulement par la Pologne il aurait pu la rétablir. Que fait-il donc? Pour faire dominer sa politique en Pologne, il y souffle et y alimente la guerre civile ; pour la fortifier, il appuie les fauteurs des abus dissolvants ; pour traverser les plans de la Russie, il ne fait que ce qui doit en précipiter l'accomplissement. En vain Stanislas-Auguste provoque-t-il auprès du cabinet de Versailles, par un agent sûr et secret, un appui franc et décidé ; en vain promet-il, dans ce cas, de faire cause commune avec les confédérés de Bar, — Choiseul ne veut rien entendre.

Le noble historien qui a crayonné les luttes de la Pologne à cette époque en traits magnifiques a eu un double tort de mettre le mot d'*anarchie* sur le titre de son ouvrage ; car, d'abord, ce n'est pas l'anarchie qui fait le fond du sujet qu'il traite, mais bien le complot des gouvernements despotiques contre une république, complot de trois contre un, complot impie, et qui aurait suffi, en présence de la lâche apathie des autres cabinets européens, pour anéantir l'État le plus fort et le mieux gouverné. D'ailleurs, Rulhière, comme historiographe du cabinet qui n'agissait en Pologne que dans le sens de l'anarchie et en opposition à la réforme, n'aurait pas dû stigmatiser, par le titre de son ouvrage, le système républicain, qui, dans la politique française ainsi que dans le contenu de son histoire, provoque seul ses sympathies.

Quoi qu'il en soit, nous sommes certains que le document qui suit désarmera de leur rigueur les juges les plus sévères, à l'égard d'une nation infortunée qui a si bien mérité des libertés publiques, même par le haut enseignement qu'elle présente des désastreux effets de leurs abus.

ARTICLE SECRET.

(Martens, tome I, page 229.)

———

Comme il est de l'intérêt de Sa Majesté le roi de *Prusse* et de Sa Majesté l'impératrice de *toutes les Russies*, d'employer tous leurs efforts pour que la république de Pologne soit maintenue dans son droit de libre élection, et qu'il ne soit permis à personne de rendre ledit royaume héréditaire dans sa famille, ou de s'y rendre absolu, Sa Majesté le roi de *Prusse* et Sa Majesté impériale ont promis et se sont engagés mutuellement, et de la manière la plus forte, par cet article secret, non seulement à ne point permettre que qui que ce soit entreprenne de dépouiller la république de *Pologne* de son droit de libre élection, de rendre le royaume héréditaire, ou de s'y rendre absolu dans tous les cas où cela pourrait arriver, mais encore à prévenir et à anéantir par tous les moyens possibles, et d'un commun accord, les vues et les desseins qui pourraient tendre à ce but, aussitôt qu'on les aura découverts, et à avoir même, en cas de besoin, recours à la force des armes pour garantir la république du renversement de sa constitution et de ses lois fondamentales.

Ce présent article secret aura la même force et vigueur que s'il était inséré mot pour mot dans le traité principal d'alliance définitive signé aujourd'hui, et sera ratifié en même temps.

En foi de quoi il a été fait deux exemplaires semblables, que nous, les ministres plénipotentiaires de Sa Majesté le roi de *Prusse* et de Sa Majesté l'impératrice de *toutes les Russies*, autorisés pour cet effet, avons signé et scellé du cachet de nos armes.

Fait à Saint-Pétersbourg, le 11 avril (31 mars v. s.) 1764.

(L. S.) C. DE SOLMS.

(L. S.) PANIN.

(L. S.) GALITZIN.

RECONNAISSANCE DU TITRE

DE

L'IMPÉRATRICE DE TOUTES LES RUSSIES

PAR LA RÉPUBLIQUE DE POLOGNE.

(EXTRAIT DES CONSTITUTIONS DE LA DIÈTE DE VARSOVIE)

1764, 5 SEPTEMBRE.

NOTE PRÉLIMINAIRE.

Nous croyons indispensable de faire précéder cet important document de quelques mots, pour rappeler le souvenir de certains faits historiques que l'on oublie trop souvent lorsqu'on raisonne sur la Russie.—Les Slaves, qui à l'origine habitaient le vaste continent oriental de l'Europe, constituaient plusieurs communautés, sans aucun lien politique entre elles, et leurs noms primitifs étaient tirés soit de leurs villes principales, soit de leurs fleuves, soit de la nature de leurs localités. Ce ne fut que l'incursion des Varegues, race normande, en 860, qui imposa à la plupart des pays slaves le nom commun de *Russie*. Leurs populations, occupées jusqu'alors uniquement de pacifiques travaux d'agriculture ou de commerce, nullement propres à la guerre, sans aucun moyen de résistance, se rangèrent humblement sous le drapeau d'une monarchie étrangère, militaire et conquérante. Cette monarchie, après une glorieuse existence de 200 ans, se trouva dissoute en 1054, à la mort de Jaroslave le Grand. Il n'en resta, pour cette partie de la Slavie, que le nom fortuit de *Russie*, et de nombreux rejetons de la famille princière, qui, stimulés par des prétentions dynastiques, ne réussirent qu'à guerroyer sans fin, sans gloire et sans résultat.

La Slavie portant le nom de Russie, ayant ainsi repris à peu près son ancienne forme de communautés séparées, celle qui s'étend le long des rives occidentales de la Dwina et du Dnieper, cédant soit à la pression de sa situation géographique, soit au besoin d'un protectorat contre les Tartares, soit à l'influence d'une civilisation plus avancée, d'un gouvernement plus doux, soit enfin à la tradition des anciennes conquêtes, s'incorpora, graduellement, tantôt à la Lithuanie, tantôt à la Pologne, et, après l'union de ces deux nations, constitua une partie intégrante de la couronne de Pologne.

Cent ans après la chute de l'empire des Varegues, Georges Dolgoruky, issu de cette famille, obtint en partage une contrée sauvage qui ne comptait pas pour pays russe, et qu'on appelait en conséquence la terre de Susdale. Georges, maltraité ainsi par ses proches, répétant sans cesse que la terre russe ne lui portait pas bonheur, se réfugia dans ses domaines avec une idée de vengeance, dont le premier symptôme fut la fondation de Moscou en 1147.

Le savant professeur russe, M. Pogodin, offrit au grand-duc Alexandre, fils et successeur présomptif de l'empereur Nicolas, lors de sa première entrée à Moscou, un ouvrage historique où il démontre, sans laisser aucune possibilité de réplique, que la ville de Moscou, « cette petite goutte devenue océan, » est le seul et véritable noyau de l'empire moderne de la Russie. Il rejette franchement toutes autres déductions historiques, et voit tout fondé sur les conquêtes de la Moscovie. Réellement ses conquêtes s'étendirent rapidement, et bientôt les grands-ducs de Moscovie poussèrent les frontières de leurs possessions jusqu'aux rives de la Dwina et du Dniéper. Arrivés à ces fleuves, ils virent sur leurs bords opposés la même race, mais une autre nation ; la même langue, mais d'autres idées ; la même religion, mais une autre croyance. Ils y virent des princes issus du sang de Rurik, mais qui aimaient à chercher et à trouver la gloire sous l'aigle blanc de la Pologne. Ils y virent ce monde d'aristocratie qui faisait parade d'énigmes incompréhensibles, quoique en idiome russe : CZESTI MOIEY NE DAM NIKOMU (1). — « Mon honneur est à moi, je ne le cède à personne. » — En vain la Moscovie tenta par maints efforts, toujours vigoureusement comprimés, de franchir ces fleuves. Son ambition y trouva une longue halte, qui dura 400 ans. La politique infâme qui lui en a donné le passage lui a bientôt après ouvert ceux du Danube et du Rhin, Pierre Ier n'ayant pas dans son testament limité, comme Octave, son empire à ces fleuves.

Il y a donc deux Russies : la Russie moscovite, amalgamée pendant des siècles avec la Moscovie, et la Russie polonaise, partie intégrante de la Pologne ; différant entre elles par les mœurs, le dialecte, l'industrie, les coutumes de leurs habitants, et, du temps même de leur existence indépendante, ne se touchant que par une haine traditionnelle. Aujourd'hui encore les paysans russes de la Pologne détestent les Moscovites et ne les appellent autrement que de leur vrai nom de *Moskali*. Ils savent que le *podouchné*, impôts sur les âmes, — le *rekroute*, enterrement d'un homme vivant, — le *knoute*, gouvernement sans miséricorde, — n'étaient pas connus du temps de la Pologne.

Beaucoup de gens s'étonneront d'apprendre que les noms

______

(1) Devise d'un des ancêtres des princes Czartoryski, gravée sur son épée.

de Chlopicki, de Kniaziéwicz, gravés sur le grand arc de
triomphe de Paris, de même que ceux du célèbre écrivain
Orzechowski, de Czartoryski, de Niemcewicz, de Mickiewicz
et de tant d'autres illustrations polonaises, ne sont que des
noms russes polonais.

S'il fallait d'autres preuves de cette différence des deux
Russies, fait notoire dans le pays, il n'y aurait qu'à consulter les voyageurs modernes qui ont voulu y porter leur
attention. D'ailleurs nous avons dans nos archives un
Rapport du sénateur Derjavine, présenté à l'empereur
Alexandre, où cette différence est constatée en termes
précis.

La Pologne fut donc nécessairement la dernière, parmi
les États européens, à reconnaître aux souverains de Moscovie leur titre impérial de *toutes les Russies ;* mais afin que
ce titre, évidemment faux et fallacieux, ne constituât pour
la Russie aucun droit à l'égard des possessions polonaises, la
république demanda et Catherine II constata par la déclaration qui suit tout ce qu'on peut articuler de plus clair et
de plus net pour préciser un fait et établir un droit.

Nous doutons fort que les redoutables armements qui
stationnent à Besika pour protéger le bon droit puissent
finir leur campagne par une rédaction plus claire d'une
déclaration en faveur de la Turquie. Mais ce dont personne
ne doute, c'est que cette déclaration ne sera qu'une lettre
morte. La Russie, dans ses rédactions, prend au sérieux le
mot de Cicéron : *litteræ non erubescunt.*

———

Attendu que la ratification de la déclaration
présentée par les ministres de la cour de Russie et
insérée dans les constitutions de la dernière diète

de Varsovie, au sujet du titre reconnu par la république, d'*Impératrice de toutes les Russies*, après avoir été confirmée par le sceau et par la signature de Sa Sérénissime Majesté Impériale, ne nous a été remise qu'après la clôture de la diète de convocation, nous avons ordonné que cette même ratification, transcrite d'après l'original, serait placée parmi les constitutions de la présente diète d'élection. En voici mot pour mot la teneur :

« Nous, Catherine II, par la grâce de Dieu impé-
» ratrice et autocratrice de toutes les Russies, de
» Moscovie, de Kiovie, de Vladimirie, de Novogrod;
» tzarine de Cazan, tzarine d'Astrakhan, tzarine
» de Sibérie; dame de Plescow et grande-duchesse
» de Smolensk; duchesse d'Esthonie, de Livonie,
» de Carélie, de Tver, de Iugorie, de Permie, de
» Viatka, de Bulgarie; dame d'autres pays; grande-
» duchesse de Novogrod inférieur, de Czernigovie,
» de Resan, de Rostov, d'Iaroslav, de Belo-Oserie,
» d'Udovie, d'Obdovie, de Condinie; souveraine de
» de toute la région septentrionale, dame de la terre
» d'Ibérie, suzeraine des czars de Kartalinie et
» de Grousie, dame et dominatrice héréditaire de
» la terre de Cabardie, de Circassie et des mon-
» tagnes et d'autres contrées, savoir faisons à tous
» et à chacun en particulier, et notamment aux
» parties intéressées, que :

» Nous avons envoyé à la sérénissime répu-

» blique de Pologne et au grand-duché de Li-
» thuanie des ministres avec nos ordres et notre
» assentiment, pour exposer et expliquer notre
» véritable et sincère pensée, touchant l'usage
» que nous entendons faire du titre d'Impéra-
» trice de toutes les Russies, auxquelles volon-
» tés nos ministres ont satisfait par la déclaration
» suivante :

« Nous, Hermann-Charles Keyserling, comte
» du Saint-Empire romain, conseiller intime et
» actuel de Sa Majesté l'impératrice de toutes les
» Russies, chevalier de l'ordre de Saint-André,
» de Saint-Alexandre Newski et de l'Aigle blanc,
» ambassadeur extraordinaire et plénipotentiaire;
» et Nicolas, prince Repnin, maréchal de camp
» des armées impériales, chevalier de l'ordre de
» Sainte-Anne et ministre plénipotentiaire au-
» près de la sérénissime république, déclarons
» par les présentes :

» Il est notoire que le traité de paix conclu
» en 1686 entre la Russie et la sérénissime ré-
» publique de Pologne renferme une énuméra-
» tion exacte des pays, des provinces et des con-
» trées qui sont et seront dans la possession des
» deux parties contractantes, et qu'il ne saurait
» y avoir ni doute ni contestation à ce sujet.

» Mais on redoute souvent ce qui n'est pas à

» redouter, et c'est ainsi que l'on a cru voir un
» danger dans ce titre : *Impératrice de toutes les
» Russies.* Afin que tous connaissent et voient
» l'esprit d'équité et les dispositions bienveil-
» lantes de l'impératrice de toutes les Russies
» envers la sérénissime république de Pologne
» et le grand-duché de Lithuanie, nous décla-
» rons, en réponse à la réclamation qui nous a
» été adressée, que Sa Majesté Impériale, notre
» auguste souveraine, en prenant le titre d'Im-
» pératrice de toutes les Russies, *n'entend s'arro-*
» *ger aucun droit, soit pour elle-même, soit pour*
» *ses successeurs, soit pour son empire, sur les pays*
» *et les terres qui, sous le nom de Russie, appar-*
» *tiennent à la Pologne* et au grand-duché de Li-
» thuanie; et reconnaissant leur domination, *elle*
» *offre plutôt* à la sérénissime république de Po-
» logne *une garantie ou conservation de ses droits,*
» *de ses priviléges, aussi bien que des pays et terres*
» *qui lui reviennent* de droit ou qu'elle possède
» actuellement, et elle promet de la soutenir
» et de la protéger toujours, *contre quiconque ten-*
» *terait de les troubler.*

» Nous promettons en outre de prendre soin
» que Sa Majesté Impériale, notre auguste sou-
» veraine, ratifie et confirme dans un espace
» de sept semaines et de sa propre main la pré-
» sente déclaration. En foi de quoi avons signé

» cet acte et y avons apposé les cachets de nos
» armes.

» Fait à Varsovie, le 23 mai 1764.

» Hermann-Charles KEYSERLING,
» Comte du S. E. R.

» Nicolas, prince REPNIN. »

» Cette déclaration étant entièrement conforme
» à notre volonté et à nos ordres, nous approuvons
» son texte de la manière la plus solennelle, le rati-
» fiant et le signant de notre propre main et y fai-
» sant apposer le sceau impérial. Donné dans notre
» palais impérial, Saint-Pétersbourg, le 9e jour de
» juin 1764, la deuxième année de notre règne.

» CATHERINE.

» Par l'ordre de Sa Majesté, nous certifions pour
» copie exacte.

» N. PANIN.

» Prince Alexandre GALITZIN,
« Le vice-chancelier de l'empire. »

Puisque déjà dans la diète de convocation nous
avons, à l'exemple des autres cours, mais sous la
réserve de cette ratification, reconnu à la sérénissime impératrice de Russie le titre d'*Impératrice
de toutes les Russies*, cette ratification ayant eu lieu,
NOUS RECONNAISSONS LE TITRE EN QUESTION SOUS LES
RÉSERVES QUI Y SONT EXPRIMÉES.

———

DÉCLARATION

DU ROI DE LA GRANDE-BRETAGNE

REMISE AU ROI ET AUX ÉTATS

DE LA

RÉPUBLIQUE DE POLOGNE,

PAR M. WROUGHTON,

MINISTRE DE LA COUR DE LONDRES,

Le 4 novembre 1766.

(*Histoire des révolutions de Pologne*, Paris, 1778, t. I, p. 370.)

—

Les déclarations des cours de Russie, de Prusse, de Danemark, de Suède et d'Angleterre en faveur des dissidents et des schismatiques furent remises aux États de la république, d'abord le 14 septembre 1764, pendant la diète d'élection, et le 28 novembre pendant celle du couronnement; puis à la diète de 1766.

Nous avons reproduit (p. 74) la déclaration de Catherine II, présentée à cette dernière diète, document si caractéristique de la diplomatie russe : celles des autres cours, dictées par la Russie, ne méritent guère une attention sérieuse. Nous présenterons cependant quelques observations sur la note du ministre anglais, M. Wroughton, afin de faire voir de plus près jusqu'à quel point sa démarche compromettait la dignité, l'impartialité, la véracité et même le discernement de la diplomatie de la grande puissance qu'il était appelé à représenter en Pologne.

M. Wroughton prétend que « Sa Majesté Britannique s'interpose en faveur des dissidents comme garante du traité d'Oliva. » Or il paraît que le diplomate anglais ne s'est même pas donné la peine de lire le traité qu'il invoque, car il n'aurait pas à ce sujet commis de grosses et inconcevables erreurs.

1° « La garantie, étant donnée en faveur des contractants, » n'autorise point le garant à intervenir dans l'exécution du » traité, sans être requis... Le garant n'obtient aucun droit » pour lui-même. » Ce principe clair, fondé en justice, et faisant la base de ce genre d'obligations, nous le rappelons ici dans les termes propres de Vattel (l. II, chap. XVI, § 236). Les dissidents de Pologne ni la Russie n'étaient point parties contractantes dans le traité d'Oliva ; ils ne pouvaient donc pas requérir l'assistance de l'Angleterre, et celle-ci, en se prêtant aux sollicitations de la cour de Saint-Pétersbourg, agissait, par conséquent, contre les principes du droit des gens.

2° Le traité d'Oliva, et ce point est essentiel, n'avait eu nullement à s'immiscer dans la politique intérieure des parties contractantes, ou à régler des affaires religieuses. Ce qui a pu donner prétexte à cette supposition volontaire, c'est que l'article II du traité stipule une *amnistie générale*. Or, « l'amnistie, dit Vattel, est un oubli parfait du passé, » mais dont on ne peut étendre l'effet à des choses qui n'ont » aucun rapport à la guerre terminée par le traité. » — Oublier, n'est pas statuer sur un avenir éloigné, ni imposer des entraves à la législation générale d'un État. Voici le texte de l'article en question : « Il y aura amnistie générale

» pour tous et un chacun de quelque état, condition et reli-
» gion qu'ils soient. Cette guerre *ne fera tort à personne*
» dans ses droits, priviléges et coutumes générales et spé-
» ciales, tant dans les matières ecclésiastiques que civiles et
» profanes, dont on a joui avant la guerre ; mais *chacun con-*
» *tinuera* d'en jouir *selon les lois du royaume.* Les actions et
» enquêtes qu'on a commencées contre ceux qui ont suivi le
» parti ennemi seront supprimées, et l'on rendra les biens
» immeubles à ceux contre lesquels des confiscations ont
» été prononcées (1). »

On voit que non seulement les droits, mais le nom même
des dissidents n'est pas mentionné dans la teneur de cet article. Ils n'y sont désignés que par leur action de s'être liés
avec l'agresseur de leur pays. Quoi qu'il en soit, le gouvernement polonais, fidèle aux stipulations d'Oliva, n'a
jamais persécuté les dissidents à cause de leur conduite
pendant la guerre suédoise, et il est inconcevable qu'un diplomate anglais ait pu, en 1766, c'est-à-dire après cent ans

(1) Sit utrinque perpetua oblivio et amnestia eorum omnium quæ
quocunque loco modoque, a quacunque paciscenti parte hactenus
hostiliter facta sunt, ita ut nec eorum nec ullius alteriusve rei causâ
vel prætextu, ulla pars alteri posthac quidquam hostilitatis aut
inimicitiæ, specie juris aut via facti, inferat, aut per suos aliosve in-
ferri faciat. — § II. Hac generali amnestiâ gaudeant omnes et singuli
cujuscunque statûs, conditionis et religionis fuerint, ut et omnes
communitates, quæ ab utrinque partes hostiles secutæ sunt, aut in
hostilem possessionem devenerunt. Nec ullis hoc bellum præjudicio
et noxæ sit, in suis juribus, privilegiis ac consuetudinibus generalibus
et specialibus, tam in ecclesiasticis quam in civilibus profanisve,
quibus ante hoc bellum gavisi sunt, sed iis in totum fruantur *secun-*
dum leges regni. Nec ullis communitatibus aut privatis actio
ratione adhæsionis hosti intentabitur, ita ut nemini liceat alicui
negotium facessere ratione adhæsionis ullius hostilis, aut eam ex-
probrare. (*Volumina legum*, t. IV, p. 738.)

révolus, invoquer une clause particulière, une amnistie, qui avait fait son effet dans le temps, pour changer une constitution régulièrement établie depuis, et devenue loi du royaume. M. de Lumbres, le ministre de Louis XIV, et le principal promoteur du traité d'Oliva, rapporte dans ses Mémoires inédits : « Que la Pologne s'affermissait à deman- » der le rétablissement ou du moins le libre exercice de la » *religion catholique* dans la partie de la Livonie qui de- » meurait à la Suède ; ce que les commissaires suédois sou- » tenaient être *contraire aux constitutions de leur royaume*, » qui ne permet autre religion que celle qui est conforme à » la confession d'Augsbourg, quoique je leur représentasse » que ces constitutions ne regardaient que leur royaume et » non pas les provinces qui leur étaient cédées ou qui s'é- » taient rendues à eux. Tout ce qu'on put obtenir d'eux, fut » la liberté de conscience pour les catholiques de leur Li- » vonie, avec permission de faire leurs dévotions particu- » lières dans leurs maisons, sans en pouvoir être recher- » chés. » — En présence de cette conduite de la Suède, partie principale contractante, qui posait sa constitution et sa religion dominante comme le principe même de ses négociations, même au sujet d'une province nouvellement acquise, comment pourrait-on seulement supposer qu'on eût tenté d'imposer à la Pologne, dans le même traité, des limites législatives quelconques en matière de religion ?

3° Mais il y a mieux. Nous soutenons que la garantie même du traité d'Oliva par l'Angleterre n'a jamais existé. L'article XXXVII et dernier de ce traité laisse bien la faculté d'y accéder aux puissances amies des parties contractantes, pourvu que cela soit fait dans le délai de six mois. « Les » commissaires d'Autriche, dit M. de Lumbres (Mémoires » ci-dessus mentionnés), dans le formulaire de la ratification » de leur maître, ayant fait insérer la faculté qu'ils se ré- » servaient de nommer de sa part le roi d'Espagne pour

» garant du traité, les Suédois s'y opposèrent, soutenant
» que ce n'était pas dans l'acte de ratification, mais dans le
» traité même que cette nomination aurait dû être proposée.
» Néanmoins ceux-là s'étant roidis à la prétendre à cet en-
» droit, pour ne l'avoir pu faire dans le traité qu'après la
» garantie de la France, les derniers y acquiescèrent. En
» suite de quoi, les électoraux changèrent aussi le formulaire
» de la ratification de leur maître, lui réservant la liberté de
» nommer pareillement le même roi et les provinces unies ;
» ce qui donna sujet aux Suédois de réserver semblablement
» à leur maître la faculté *de nommer la république d'Angle-*
» *terre et les Etats de l'Empire.* Mais, quoique cela eût été
» ainsi arrêté, on n'exprima pourtant pas dans ces formu-
» laires le nom du roi catholique ni ceux des autres, tant à
» cause de l'incertitude où l'on était si ceux qui n'avaient
» point eu de part à la médiation en voudraient prendre à
» la garantie, que parce que les parties ne voulaient pas
» précisément s'astreindre à faire les nominations qu'ils
» avaient proposées. » — Or, nous ne trouvons ni dans la
suite des Mémoires de M. de Lumbres, ni dans les *Volumina*
legum de la Pologne, ni dans la collection de Boehmius, ni
dans aucun autre recueil diplomatique, cet acte de garantie
de l'Angleterre dont parle M. Wroughton ; ce qui d'ailleurs
ne modifierait en rien la nullité du droit d'intervention invoqué.

D'après toutes les observations qui précèdent, nous croi-
rions volontiers, pour l'honneur du cabinet de Londres, que
son ministre, à Varsovie, avait pris sur lui d'agir dans cette
circonstance sans autorisation suffisante, et peut-être même
contre ses instructions. La note en question porte la date
du 4 novembre, et son ministre, M. Conway, lui écrivait,
le 5 octobre précédent : « Sa Majesté (Britannique) n'est pas
» *partie dirigeante* dans aucune des vues politiques relatives
» aux affaires de Pologne, et n'agissant que par des *motifs*

» *d'humanité et de justice* envers des gens opprimés et mal-
» traités, elle désirerait concourir à leur appui, tel que leur
» cause le demandera, mais sans participer à aucune me-
» sure de violence, que *l'ambition de n'importe quelle puis-*
» *sance* pourrait dicter au delà de cet objet. »

La seule assertion nette et irréfragable de M. Wroughton
est celle, où il avoue que *Sa Majesté Britannique est forcée,*
par une étroite alliance avec la Russie (ou peut-être lisez :
M. Wroughton par sa soumission envers le prince Repnin),
d'assister la czarine dans ses actes de violence contre la
Pologne. Ce motif méprisable de la démarche du résident
anglais suffit pour expliquer l'oubli qu'il commet de la
justice, du droit des gens et de la dignité de sa mission.

———

Sa Majesté Britannique, toujours disposée à protéger, de toute manière, les chrétiens protestants,
et surtout ceux qui, en vertu des *conventions parti-*
culières, ont droit de prétendre à son assistance, se
voit obligée de réitérer ses pressantes représentations en faveur de cette partie opprimée de la nation
polonaise, connue sous le nom de *dissidents*. En
conséquence, le soussigné, conformément à *de*
nouveaux ordres du roi, son souverain, a l'honneur
de vous représenter, Sire, et à la république de
Pologne, que Sa Majesté Britannique, outre tant
de solides motifs *de justice et d'humanité*, qui lui
donnent lieu d'espérer un heureux succès des négociations actuelles relativement à cette affaire, se
trouvant forcée, par *une étroite alliance entre les cours*
de Pétersbourg, de Berlin et de Copenhague, à s'in-

téresser pour les dissidents dans toutes les formes de droit, et *en sa qualité de garante du traité de paix d'Oliva*, souhaite qu'en la présente diète, *cette vertueuse* (1), mais *malheureuse partie des sujets polonais*, soit rétablie, comme membres de l'État, dans la possession de leurs droits et priviléges, de même que dans la jouissance paisible de leur culte, que chacun sait *leur avoir appartenu avant la signature dudit traité d'Oliva.* En même temps Sa Majesté Britannique considère combien est grande la connexité des intérêts même de la république avec la justice de cette affaire, ainsi qu'avec les lois fondamentales du royaume ; lois qui, non seulement furent observées depuis deux siècles, mais renouvelées par des traités si solennels avec les puissances du Nord, qu'ils ne permettent pas que l'on entreprenne d'y rien changer, si ce n'est avec le consentement général des parties contractantes. Aussi Sa Majesté Britannique, pleine de confiance en l'équité et en la pénétration de Sa Majesté Polonaise, elle qui, dès le commencement de son règne, a donné tant de témoignages de zèle pour le bonheur du genre humain et d'amour pour l'administration de la justice et de la république, ne doute nullement qu'enfin on ne cesse d'opposer à ses justes désirs des constitutions inefficaces, éta-

---

(1) Ce certificat des vertus des dissidents est bien intempestif, car il est délivré au moment même où on les voit se prêter comme instruments aux ennemis de leur pays.

blies au milieu des troubles intérieurs, contredites par des protestations formelles et des déclarations expresses de la part des puissances étrangères.

Quoique les droits et les priviléges des dissidents soient fondés sur une doctrine dont les principes de charité et de bienfaisance donnent le vrai caractère du christianisme, et que la divinité de son instituteur, qui la prêcha le premier, la rende encore moins douteuse, c'est cependant cette religion dont on trouble l'exercice et dont ceux qui la professent *sont exclus de tous les emplois d'honneur et privés de tous moyens de servir leur patrie* (1). Néanmoins leurs droits et priviléges leur ont été confirmés par les ordonnances du royaume, assurés par les traités, appuyés sur des fondements si saints et si évidents aux yeux de toutes les nations, que le soussigné, ministre d'un monarque, qui conserve pour la république les plus sincères sentiments d'amitié et d'inclination à lui en donner des preuves en toute occasion, se flatte que la médiation du roi son maître produira les effets que l'on peut naturellement s'en promettre ; que la sagesse de la Nation assemblée apportera des remèdes aux maux qui déchirent l'État et oppriment les dissidents ; et qu'à l'égard tant des choses ecclésiastiques que civiles, elle les rétablira dans le même état qu'elles

(1) Et les catholiques d'Angleterre ?

étaient avant la conclusion du traité d'Oliva. Au reste, les souhaits sincères de Sa Majesté Britannique *pour la gloire du roi de Pologne et pour la prospérité de la république* sont si notoires, qu'il serait inutile de leur en donner de nouvelles assurances. Cependant le soussigné ne peut se dispenser de les réitérer, comme une preuve incontestable de leur réalité.

Signé **WROUGHTON.**

RÉSOLUTION

DE LA DIÈTE DE 1766,

A L'OCCASION DES DÉCLARATIONS DES COURS ÉTRANGÈRES.

(Volumina legum, t. VII, p. 484.)

———

La diète de Pologne, pressée par les déclarations menaçantes des cours
étrangères, et surtout par celle de la Russie, agit avec beaucoup de
modération et de dignité et avec un tact admirable. Elle déclare
maintenir aux dissidents le droit de pouvoir rendre, en toute liberté
de conscience, *à Dieu ce qui est à Dieu;* mais écartant par son silence
leurs prétentions législatives, elle les empêche seulement de rendre
aux ennemis de la Patrie ce qui est à la Patrie. Elle laisse au sacer-
doce catholique la décision quant à leurs griefs relatifs au culte,
afin de mettre en évidence qu'en Pologne, la religion catholique est
dominante et tolérante en même temps.

Nous avons reçu, avec les égards qui leur sont
dus, les déclarations en faveur des non unis et dissidents se trouvant dans le royaume de Pologne et
le grand-duché de Lithuanie, présentées d'abord
de la part de Sa Majesté l'impératrice de toutes
les Russies, par Son Excellence le prince Repnin,
grand ambassadeur; puis de la part de Sa Majesté

le roi de Prusse, par M. Benoît, son ministre plénipotentiaire; enfin de la part de Leurs Majestés
les rois de Danemark et d'Angleterre, par MM. de
Mestral de Saint-Saphorin et Wroughton, rési-
dents.

Nous assurons les susdites Majestés que nous
maintenons et maintiendrons, en leur entier, les
droits et les libertés de ces non unis et dissidents,
selon qu'elles leur profitent indubitablement, soit
d'après nos lois nationales, et nommément les constitutions de l'année 1717 et des années postérieu-
res, soit conformément aux traités.

Quant aux griefs des dissidents au sujet de
l'exercice de leurs rites religieux, le collége des
révérendissimes et révérends archevêques et évêques, sous la présidence du prince primat, ar-
rangera ces difficultés avec la justice et l'amour
du prochain accoutumés, et déposera ce règlement
par écrit dans les archives de la couronne, d'où,
ainsi que nous le stipulons par les présentes, chacun aura le droit d'en tirer copie.

ARTICLES

ACCORDÉS PAR LES ÉVÊQUES EN CORPS

AUX DISSIDENTS ET AUX GRECS NON UNIS.

(MANIFESTE DE LA RÉPUBLIQUE CONFÉDÉRÉE, IN-4°, 1770, ANNEXE IX.)

———

Quoique ces articles ne fussent rédigés que par les évêques, leur projet a été lu dans l'assemblée et approuvé par les États. Ce fait n'a pas été rapporté dans la constitution, mais il n'en est pas moins constant et notoire. — Les Articles des évêques polonais ont beaucoup de coïncidence avec l'*Iradé* de nos jours, du sultan Abdul-Medjid !

1° Que les dissidents et les Grecs non unis demeureront dans l'exercice paisible de leur religion, selon la tolérance permise par les lois, et resteront dans la paisible possession des églises qu'ils ont légitimement acquises, sans que l'on puisse les y troubler en aucune manière.

2° Les Grecs non unis et les dissidents qui n'abandonneront pas leurs églises, en devenant catholiques romains, ou qui ne les auront pas perdues par décret, pourront, selon les lois de 1630, 1660 et 1717, y faire les réparations nécessaires à leur conservation ou à leur restauration, en se munissant préalablement du consentement de l'évêque diocésain, et sous condition de n'en pas augmenter l'étendue.

3° On accordera aux Grecs non unis et aux dissidents un terrain convenable marqué par l'évêque diocésain, et attenant à leurs églises, où ils pourront enterrer leurs morts, mais sans convoi, sans pompe funèbre, ainsi que les lois l'ordonnent.

4° On permet aux Grecs non unis et aux dissidents de bâtir, près de leurs églises, sur le terrain qui leur est approprié, des habitations pour leurs prêtres respectifs, obtenant à cet effet la permission de l'évêque diocésain. On consent aussi que, dans les endroits où les Grecs non unis et les dissidents n'auraient point d'église, ils puissent dans le silence vaquer à l'exercice de leur religion, mais dans l'intérieur de leurs maisons, sans solennité et sans concours de peuple, selon la constitution de l'année 1717.

5° Les prêtres non unis et leurs familles seront jugés, pour cause quelconque dans tout le royaume, selon la teneur des lois. A l'égard des prêtres dissidents, ils comparaîtront *in foro competenti*, qui leur a été accordé par la constitution de l'année 1632.

6° Les causes relatives aux fonds annexés aux églises des Grecs non unis et des dissidents seront jugées dans les tribunaux ou juridictions prescrites par les lois du royaume.

7° Les prêtres Grecs non unis et dissidents seront tenus de contribuer à tous les impôts de la république, selon la teneur des anciennes lois.

8° Les seigneurs en possession du droit de présentation n'exigeront aucun paiement des prêtres Grecs non unis, et ne pourront déplacer ceux qui se trouvent en possession de bénéfices, sans le consentement de l'évêque diocésain.

9° Il sera permis aux prêtres Grecs non unis de baptiser, de donner la bénédiction nuptiale et d'enterrer dans leurs paroisses respectives, sans aucun empêchement, selon l'usage des religions tolérées. On permet aussi aux dissidents, dans les lieux où ils possèdent des églises, de baptiser et enterrer, sauf le droit d'étole réservé aux curés, dont la somme sera modérée, et pour prévenir les abus qui pourraient se commettre à l'occasion de cet article, ainsi qu'au sujet des étrennes et billets de confession paschale, le collége épiscopal aura soin que, sous prétexte de droit d'étole, on ne puisse exiger des dissidents aucun paiement qui excède ceux que l'on perçoit des catholiques, sauf les conventions faites antérieurement et celles que l'on pourrait faire à l'avenir avec les curés ou évêques diocésains, en payant une certaine somme pour l'extinction et l'abolition de tous les droits. Ce sont là les articles que le collége épiscopal promet de maintenir envers les Grecs non unis et les dissidents, avec toute l'exactitude possible, s'engageant en outre d'en recommander l'exécution par des mandements adressés à tous les curés des diocèses respectifs.

Fait à Varsovie, l'an 1766.

Venceslas SIERAKOWSKI, *archevêque de Léopol.*

Cajetan SOLTYK, *évêque de Cracovie.*

Antoine OSTROWSKI, *évêque de Cujavie,* etc.

LETTRE

DE STANISLAS-AUGUSTE

A CATHERINE II.

VARSOVIE, LE 5 OCTOBRE 1766.

———

Vous voulez, pour le bien de la Pologne, améliorer le sort des dissidents, mais leur admission à la législation est contraire à ce bien. — Ils n'y sont admis ni en Hollande, ni en Angleterre. — La raison de cette mesure. — Repnin nous menace d'exécution militaire; ce n'est pas sans doute pour notre bien. — En ce cas, que dira la Pologne qui me soupçonne déjà de connivence avec vous dans cette affaire? — Il faut que je m'expose à vos coups, ou que je trahisse ma nation. Je ne suis pas capable de ce dernier acte.

MADAME MA SOEUR,

Le désir de ne pas déplaire à V. M. Impériale a toujours été, vous le savez, le plus puissant mobile de ma conduite. Le même motif m'a retenu jusqu'ici d'écrire à V. M. Impériale sur l'affaire des dissidents. Mais enfin j'ai trop senti que je me privais à tort de la satisfaction toujours si douce pour moi de m'adresser avec confiance directement à l'amitié tant éprouvée de V. M. Impériale, et je crains d'avoir à me reprocher de n'avoir pas porté au secours et à la *préservation de mon État* tous les moyens possibles. Veuille le ciel disposer votre attention et votre cœur à m'écouter favorablement. Les principes de la bienfaisance générale ont guidé sans doute la grandeur de votre âme à souhaiter aux dissidents de Pologne un sort plus heureux, et par là même une amélioration dans ce royaume; mais le degré des avantages à accorder aux dissidents est ce qu'il faut déterminer bien juste pour produire, en effet, ce bonheur de la Pologne que V. M. Impériale veut lui procurer. La nature d'un État libre, tel que le nôtre, est incompatible avec l'admission, même la plus limitée, de ceux qui ne professent pas la religion dominante, à la *législation*.

Plus il y a de libertés nationales dans la constitution d'un gouvernement, plus il faut de conformité d'action et de soumission stricte et respectueuse aux lois de la part des citoyens admis au mouvement de la machine. Or, une diversité avouée d'opinion sur une matière même aussi politiquement essentielle que la religion ne peut que produire fréquemment des disparates d'abord fort dangereuses, là où l'autorité suprême, absolue et toute réunie dans la personne du souverain, n'offre pas un correctif aussi prompt que suffisant aux transgressions. L'exemple vient à l'aide du raisonnement : la Hollande et l'Angleterre ne sont pas soupçonnées d'être gouvernées par des préjugés, mais elles le sont par des lois qui excluent également de la législation directe et de la magistrature tout non-conformiste ; parce qu'elles ont envisagé dans la magistrature même une portion d'autorité qui, faisant corps dans l'État, peut l'ébranler. Le conseil aulique, composé de juges catholiques et non catholiques, est le résultat de trente ans de guerre, et fait le tribunal non pas d'une république comme la nôtre, mais d'un assemblage de souverains indépendants armés, et dont les guerres fréquentes prouvent assez l'incohérence politique.

Si j'étais moins persuadé que les grands principes de l'équité sont véritablement ceux dont vous faites la base de votre politique, j'aurais cru superflu d'employer le raisonnement vis-à-vis du pouvoir. C'est encore ce qui me fait penser, que lors même que votre ambassadeur nous annonce de votre part les plus terribles extrémités, lorsqu'*il nous dit que vos armées vont exercer dans ce pays tout le pouvoir de l'épée si la diète n'admet pas les dissidents à la législation ;* je pense, dis-je, que tout cela ne provient que de l'idée qu'*en nous obligeant par les moyens même les plus forts à ce que* Votre Majesté Impériale regarde comme notre bien, elle croit ne nous point faire de tort. Je crois avoir clairement exposé à Votre Majesté Impériale pourquoi nous regardons tout ce qui excède la tolérance comme un mal essentiel, auquel par conviction nous ne pouvons pas donner les mains ; et il m'est impossible, à moi, qui connais Votre Majesté Impériale, de croire *qu'elle veuille jamais forcer qui que ce soit à faire son propre mal.* L'usage que vous avez constamment fait jusqu'ici de votre immense pouvoir a produit la confiance politique que tant d'États s'accoutument à mettre en vous. C'est un avantage trop inestimable parce qu'il *vous fera réellement influer supérieurement à toute autre puissance et sans guerre sur l'Europe entière,* pour que vous le rejetiez volontairement. Non, encore une fois : je ne le crois pas, vous ne ferez pas la guerre à la Pologne, vous n'y ferez point agir hostilement les troupes que vous y avez, parce que la nation ne voudra pas admettre les dissidents à la législation et à la judicature. Vous êtes trop juste et trop humaine pour cela.

Après de si grandes vues qui embrassent le sort des nations entières, j'ai à peine à parler de moi personnellement ; mais qu'il plaise à Votre Majesté Impériale de jeter un regard sur ma situation particulière. *Soupçonné* dès l'instant de mon élection *d'intelligence secrète avec vous, Madame,* sur le chapitre des dissidents, calomnié à outrance à ce sujet par les malintentionnés, quelle sera l'opinion publique de la nation quand elle verra vos troupes exiger dans cette même matière des choses qu'elle abhorre, et que l'on m'a toujours opposées comme le terme véritable et fatal auquel aboutiraient pourtant les projets de simple tolérance que je leur ai proposés, et par ma propre conviction et de concert avec Votre Majesté Impériale ?

Lorsque vous m'avez recommandé au choix de cette nation, vous n'avez assurément pas voulu que je devinsse l'objet de ses malédictions; vous ne comptiez certainement pas non plus élever dans ma personne un but aux traits de vos armes. Je vous conjure de voir cependant que si tout ce que le prince Repnin m'a annoncé se vérifie, il n'y a pas de milieu pour moi : *il faut que je m'expose à vos coups, ou que je trahisse ma nation et mon devoir. Vous ne m'auriez pas voulu roi, si j'étais capable du dernier.* La foudre est entre vos mains, mais la lancerez-vous sur la tête innocente de celui qui vous est depuis si longtemps le plus tendrement et le plus sincèrement attaché?

Madame,

De Votre Majesté Impériale le bon frère, ami et voisin.

STANISLAS-AUGUSTE, *roi.*

RÉPONSE

DE CATHERINE II

A STANISLAS-AUGUSTE.

SAINT-PÉTERSBOURG, LE 17 OCTOBRE 1766.

L'affaire des dissidents peut occasionner des désagréments. — Mon objet est le salut de votre État. — Vous êtes pour la négative, soit. — Vos réflexions sont peu solides. — La politique ne doit pas être esclave de la spéculation. — L'exemple de la Hollande et de l'Angleterre ne peut pas s'appliquer à la Pologne. Plutôt celui du conseil aulique. — Une volonté plus décidée pourrait améliorer votre situation. — Votre conduite dissipe les soupçons dont vous me parlez. Entre mon amitié et vos devoirs votre choix est fait. — Vous me parlez de la tolérance pour les dissidents. Est-ce pour cela que je viens à leur secours? — J'abandonne cette affaire à son propre sort. Je ferme les yeux sur les suites. — En cas d'utilité, la force prononcera.

MONSIEUR MON FRÈRE,

Je ne me dissimule pas, à la lecture de la lettre de Votre Majesté du 5 de ce mois, la situation des choses presque désespérée pour les Grecs et les dissidents, non plus que tous les désagréments que cette affaire pourra occasionner. *Dans les disposi-tions faites de la part de votre ministère* et de tous ceux qui ont quelque influence dans les affaires de votre État, *les cordes sont tellement tendues qu'il n'est plus possible qu'il n'y en ait quelqu'une qui rompe.* Tout ce que je pourrais dire encore sur cet objet arrivera *trop tard,* et ne pourra plus changer une ré-solution méditée de longue main, et qu'on n'a voulu avouer qu'à l'instant de la crise, pour pouvoir l'exé-cuter avec plus de sûreté ; mais *mon amitié pour Votre Majesté et pour la république est trop pure et trop désintéressée,* pour que je balance jamais à vous faire connaître ma façon de penser, quelque atten-tion que vous jugiez à propos d'y donner : car c'est une chose qui m'est due, et non une pure complai-sance de votre part, que vous conceviez et vous représentiez, dans un point si juste, *le seul motif qui me guide* en demandant le rétablissement d'une partie de vos sujets, en proie depuis longtemps à l'oppression et à l'injustice, — *l'envie de faire le bien pour le bien,* sans autres vues que votre tran-quillité personnelle et *le salut de votre État.* Si j'avais trouvé *véritablement* dans Votre Majesté les disposi-tions que j'ai dû attendre d'un ami et souverain éclairé, pour l'avantage de ses peuples, à enten-dre et travailler avec efficace à une demande aussi juste, elle aurait déjà trouvé, dans les déclarations et mémoires que je lui ai fait communiquer confi-demment à ce sujet, matière à entrer en négocia-tions, et il aurait été facile dès lors de déterminer le degré d'avantages à accorder à cette partie des citoyens de la république. C'est donc à tort et uniquement pour se démasquer qu'on met cette difficulté en avant, et l'on voit clairement qui a refusé de la lever, ou plutôt était bien aise de la laisser subsister. *Le parti d'une négative absolue* qu'il plaît à Votre Majesté de prendre *si décidément* ne permet plus d'approfondir cette question; et il n'entre ni dans le plan de ma réponse ni dans celui de mes démarches ultérieures de travailler à vaincre cette résistance de sa part et de celle de son ministère.

Votre Majesté trouvera bon seulement que j'approfondisse la solidité de vos réflexions sur les inconvénients de la diversité de religion dans les personnes qui ont part à la législation. Les principes en sont admirables dans la spéculation. Le philosophe qui vise au grand, et qui veut tout élever à une perfection absolue, ne passera pas assurément sur un défaut de cette nature; mais il n'a jamais existé d'empire sur le plan et les principes du parfait. *La sage politique*, qui connaît les hommes, et sait qu'il faut se contenter avec eux du meilleur possible, *ne s'en rend pas l'esclave*, et il me paraît que c'en est ici le cas ou jamais. Je reprendrai ici les exemples que vous avez cités pour appuyer votre sentiment, et vous jugerez vous-même s'ils font beaucoup pour vous.

La conjuration des poudres a été la cause de

l'expulsion des catholiques de la législation en Angleterre, conjuration qui tendait à réintroduire
dans ce royaume une religion qui avait été réformée, et à détruire la dominante. La Hollande avait
à lutter contre *le despotisme de l'Espagne, qui ne
pouvait lui perpétuer ses fers que par la religion catholique: la religion protestante avait été son salut;* c'eût
été s'exposer à chaque instant à une perte certaine,
que de maintenir à la tête du gouvernement une
religion toute dévouée à ses anciens maîtres.

Peut-on faire l'application de ces deux exemples
aux Grecs et aux dissidents de votre royaume?
Après avoir joui pendant des siècles de la qualité
de citoyens libres et de membres du gouvernement
en vertu du droit public de la république, s'ils en
ont été privés, *la force qui les dépouille a-t-elle jamais
avancé contre eux quelques crimes, ou seulement quelques fautes,* qui aient pu colorer son injustice et ses
persécutions? Leur anéantissement a-t-il été autre
chose qu'une usurpation, conduite pas à pas, par
une suite d'abus accumulés qu'on ose leur opposer
aujourd'hui comme les titres les plus légitimes?

On ne trouvera pas dans ce qui est arrivé à l'Allemagne une meilleure raison de leur refuser de
participer à la législation. Le conseil aulique, composé de catholiques et d'autres religions, est, au
contraire, une preuve de la possibilité d'un tel établissement; puisque, si des rois et des princes

armés s'y soumettent et y portent leurs griefs,
même en matière de religion, on ne doit pas craindre d'y trouver de la difficulté en Pologne ; de
plus, au lieu de rendre ce tribunal responsable de
l'incohérence politique, il faudrait plutôt avouer
pour son éloge que, depuis qu'il est établi, il ne
s'est pas tiré un coup de pistolet pour la religion
en Allemagne, pendant qu'il y eut (sic) avant d'y parvenir une *guerre de trente ans que Votre Majesté présente comme une guerre de religion,* et ce serait dans
l'exemple de cet événement que la république devrait voir le motif de se décider à *faire chez elle par
raison ce que la nécessité pourrait peut-être un jour
lui arracher.*

Votre Majesté voit par tout ceci, si j'ai une juste
idée de la situation de la république, si ce n'est
pas par conviction que je l'invite aussi fortement
que je fais à pourvoir une fois pour toutes à sa
sûreté, et si je dois appréhender de lui faire tort,
ou plutôt si je ne suis pas sûre *de lui prouver toute
mon amitié.*

Votre Majesté me rend justice sur l'usage que je
me propose toujours de faire de mon pouvoir ; je
ne change point de sentiment dans l'occasion présente, quoique peut-être je le dusse, même pour
atteindre le but de la confiance publique et montrer si je sais la mériter. Ce serait méconnaître
mes sentiments pour elle, que de croire que je

puisse un instant me distraire de sa situation particulière. Elle m'est connue, j'en sens tout l'embarras ; mais *je ne puis me dissimuler qu'une volonté plus décidée y aurait paré et peut encore y remédier.* Je n'ai cependant à cet égard jamais entendu un mot de ces soupçons d'intelligence secrète, ni de cette calomnie à outrance par rapport à l'affaire des dissidents ; mais si quelque chose est propre à justifier Votre Majesté, c'est *la conduite qu'elle tient à présent*, et quand j'envisage un si puissant motif, *je m'étonne que vous ayez été embarrassé dans votre choix entre mon amitié et ces devoirs* que vous croyez en compromis avec elle.

Je ne saurais finir sans témoigner à Votre Majesté mon étonnement de ce qu'on parle toujours chez vous *de simple tolérance.*

Les Grecs et les dissidents n'ont jamais pu se considérer comme intolérés en Pologne, à moins que les persécutions accumulées contre eux n'aient dans le fait établi cette idée. Les juifs sont tolérés ; et je ne saurais assez admirer qu'on ait fait la même grâce à des membres de l'État, légitimés dans leurs religions par des constitutions de la république, que tant de rois vos prédécesseurs ont juré d'observer. Quel surcroît de faveur veut-on leur faire à présent encore de les tolérer ? Leur ruine totale et leur expulsion étaient donc résolues. *En vérité, il était besoin que je vinsse à leur secours*, pour leur assurer un traitement aussi avantageux. Il serait inutile de travailler à persuader ceux qui ne veulent pas même écouter. *Le seul parti qui me reste, est donc d'abandonner cette affaire à son propre sort et à la situation où elle sera à l'arrivée de cette lettre. Je ferme les yeux sur les suites* et les conséquences; flattée cependant que Votre Majesté ait cru voir assez de désintéressement dans tout ce que j'ai fait pour elle et pour la nation, pour ne pas me faire le reproche d'avoir cherché à élever en Pologne un but à mes armes. Elles ne seront jamais dirigées contre ceux à qui je veux du bien, comme *je ne les retiendrai point, quand je croirai que l'usage pourra leur en être utile.* Telle est ma façon de penser, que rien ne peut altérer ni faire changer. Elle a son principe dans *un intérêt qui ne se démentira jamais pour le bien de la république,* ainsi que dans les sentiments personnels aussi invariables dans lesquels je suis,

Monsieur mon frère,

De Votre Majesté la bonne sœur, amie et voisine.

CATHERINE.

———

EXTRAITS

DE LA CORRESPONDANCE DIPLOMATIQUE

DU MINISTÈRE ANGLAIS

SUR LES AFFAIRES DE POLOGNE.

1763-1766.

—

M. WROUGHTON (1).

« Varsovie, 12 mars 1763.

» Si l'on introduit la pluralité des voix au lieu de l'unanimité, qui est l'occasion de leurs troubles, la Russie et la Prusse aussi peuvent voir se former *une puissance qui leur deviendrait redoutable* à toutes les deux avec le temps. Souffriront-elles même l'essai d'un changement de cette importance? »

—◦◦—

M. WROUGHTON.

« Varsovie, 15 juin 1763.

» On pense ici qu'il y a certainement une entente entre le roi de Prusse et l'impératrice de Russie pour *le partage* de la plus grande partie des possessions polonaises. »

—◦◦—

(1) Partout où le destinataire de la lettre n'est pas nommé, elle doit être censée comme adressée au cabinet de Londres.

LORD STORMONT.

« Vienne, 3 décembre 1763.

» La famille Czartoryski a été autorisée d'assurer que ni l'impératrice de Russie ni le roi de Prusse *n'entendent ni ne veulent s'emparer d'un seul pouce de terre en Pologne*, et que loin d'entrer dans de pareilles vues, eux, les Czartoryski, auraient été dans ce cas les premiers à invoquer la protection de cette cour et à réclamer son assistance. »

LORD STORMONT.

« Vienne, 12 septembre 1764.

» Le comte Poniatowski a été élu roi de Pologne, le 7 du courant. On n'a jamais vu dans ce pays une élection plus pacifique et plus unanime. Il y avait près de 30,000 électeurs, ce qui est beaucoup, car ce n'était pas là le corps entier de la nation, mais seulement des représentants de chaque palatinat. Il n'y avait pas une seule voix opposante. »

BUCKINGHAM.

« Saint-Pétersbourg, 22 janvier 1765.

» Le comte Orloff, qui était toujours contraire à l'élection de M. Poniatowski au trône de Pologne, exprime *un grand mécontentement au sujet de sa conduite par rapport aux dissidents*. Il dit qu'il deviendra bientôt trop puissant et trop indépendant, et qu'en oubliant, selon toute probabilité, ses obligations envers l'impératrice, *il pourra devenir à la fin un voisin fâcheux et redoutable pour la Russie.* »

SIR G. MACARTNEY.

« Saint-Pétersbourg, 18 octobre 1765.

» Le roi de Pologne a résolu dernièrement d'envoyer un ministre en France, pour y notifier son avénement au trône. *Cette mesure déplaît très fort à l'impératrice*, et M. Panin m'a dit ouvertement ces jours derniers, qu'il désirerait que la cour de France ne reconnût pas du tout le roi de Pologne, *car ses efforts pour détruire l'influence française à Stockholm demeureraient, disait-il, entièrement infructueux, si cette influence devait réapparaître à Varsovie.* Votre Grâce aura observé que le plan de M. Panin consiste à tenir tous ses voisins *dans la plus grande dépendance possible*, et il y a réussi en grande partie. »

M. WROUGHTON.

« Varsovie, 3 septembre 1766.

» On s'était imaginé que la famille des Czartoryski s'opposait aux vues de la Russie relativement aux dissidents, mais j'ai eu occasion de parler avec le prince palatin de Russie, qui m'a assuré « que » lui, aussi bien que son frère, le chancelier, re-

» connaissent les avantages qui reviendraient à leur
» pays, si l'on y mettait les protestants à l'abri de
» toute espèce des chicanes que le clergé catholique,
» par son zèle malentendu et ses préjugés, n'était que
» trop disposé à leur susciter, mais qu'il ne dépendait
» pas de quelques personnes de diriger toute une
» nation dans une affaire de religion, » — et je ne
pouvais pas n'avoir pas observé moi-même l'agitation qui règne dans les esprits du peuple jusque
dans la capitale, agitation qui est montée à un bien
plus haut degré dans les provinces. »

CONWAY A M. WROUGHTON.

« Londres, 5 octobre 1766.

» Sa Majesté n'est pas *partie dirigeante* dans aucune des *vues politiques* relatives aux affaires de
Pologne, et n'agissant que par des motifs d'*humanité et de justice* envers des gens opprimés et mal-
traités, elle désirerait concourir à leur appui, tel
que leur cause le demandera, mais *sans participer
à aucune mesure de violence que l'ambition de n'importe quelle puissance* pourrait dicter au delà de cet
objet. »

SIR G. MACARTNEY.

« Saint-Pétersbourg, 23 octobre 1766.

» Panin m'a déclaré que si la diète de Pologne ne
consent pas de bonne grâce à ce qu'il lui a de-

mandé en faveur des dissidents, il fera entrer dans ce pays une armée de 40,000 hommes de son côté, tandis que le roi de Prusse y fera marcher un nombre égal de troupes du sien. Il ajouta que lorsque les choses en sont arrivées une fois à cette extrémité, *il se regarde pour dégagé de toutes les stipulations et libre de présenter de nouvelles demandes.* Il a dit : S'il faut recourir à des mesures violentes, elles nécessiteront des dépenses considérables, et je me flatte que *dans ce cas, la Grande-Bretagne nous fournira une assistance pécuniaire par un généreux effort, et effacera ainsi l'idée défavorable que sa parcimonie en Suède a laissée dans mon esprit.* Cette proposition me parut *si étrange et si bizarre,* que je ne pouvais pas parvenir à la regarder comme sérieuse, et quoiqu'il persiste de la déclarer comme telle, *je continuai à traiter cela comme une plaisanterie,* et je n'ai point voulu la prendre autrement.

❦❦

M. WROUGHTON.

« Varsovie, 27 octobre 1766.

» Le roi m'a représenté la situation de ses affaires, ainsi que la manière dont il est traité lui-même et sa nation, *sous les couleurs les plus touchantes.* Il se voyait, m'a-t-il dit, sur le bord des dangers les plus sérieux, mais déterminé à tout souffrir plutôt qu'à trahir son pays, ou à agir en malhonnête homme ; que *l'impératrice n'avait jamais prétendu procurer aux protestants que la plénitude du libre exercice de leur religion,* et que lui avait travaillé pendant plusieurs mois dans cette direction; mais voilà que la résolution soudaine et violente de l'impératrice de les placer sur le pied d'égalité politique avec les autres sujets ne peut que le convaincre que *la religion n'était qu'un prétexte dans toute cette affaire*, et qu'elle, aussi bien que le roi de Prusse, *se repentant d'avoir placé sur le trône un roi qui se dévoue à son pays*, prennent des mesures pour renverser ce qu'ils ont fait eux-mêmes. Il m'a dit que l'impératrice *s'oppose à tout ce qui tendrait à établir ici un bon gouvernement, il ne saurait donc être en amitié cordiale avec elle.* Mais comment le roi a-t-il pu se flatter que l'impératrice de Russie oublierait *les intérêts* de son propre empire et souffrirait l'élévation d'un voisin qui pourrait devenir un jour si puissant? Et le roi de Prusse ne lui avait-il pas déclaré, le jour même de son élection, que s'il s'avisait d'introduire le moindre changement dans la forme du gouvernement, il s'y opposerait de toute sa force? Repnin m'a dit que l'impératrice a écrit au roi : que toute sa conduite prouvait à la nation qu'il *n'agissait pas d'une manière franche avec elle*, que s'il pensait que ses devoirs étaient incompatibles avec son amitié, il devait choisir; mais que, quant à elle, sa résolution par rapport aux protestants était prise, et le résultat en sera dans les mains de Dieu, qui dispose des événements selon sa volonté.